積極的関わりによる新たな展開

キャリアカウンセリング

ノーマン・アムンドソン 著
高橋美保 監訳　石津和子 訳

ACTIVE
ENGAGEMENT
edition three
the being and doing
of career counselling

誠信書房

ACTIVE ENGAGEMENT
edition three
the being and doing of career counselling
by NORMAN E. AMUNDSON

Copyright © 2009 by Norman E. Amundson
Japanese translation rights arranged with ERGON COMMUNICATIONS
through Japan UNI Agency, Inc.

日本の読者へ

　この"Active Engagement"（積極的関わり）の日本語翻訳を知って，とても嬉しく思っています。この本はキャリアカウンセラー，とりわけ，柔軟性，創造性，行動，問題解決，総合的なサービスの提供を重視する視点に関心を持っている人にとって，重要な理論的かつ実用的なリソースになると思っています。Active Engagement はキャリアガイダンスの実践で標準的とされている前提に対する挑戦であり，21世紀に向けて，それに代わる枠組みを提示しています。
　皆さんは，この本がキャリアカウンセリングの「being」と「doing」の両方に焦点を当てていることに気づかれるでしょう。キャリアサービスは，その人の安寧と魂の静寂に根ざしているときに最も効果的です。そしてまた，積極的な行動を起こす段階では，強力な関係性の基盤がクライエントを気遣う雰囲気を作り出すことに役立つのです。
　行動に関しては，物語ることと比喩の重要性にも重点が置かれています。視覚的なイメージを駆使したり，それを調整することは，キャリアカウンセリングを前に進めるための重要な要素となります。また，カウンセラーとクライアントが意図的に比喩を使うことによって，理解が促進されて変化が起こります。
　これは単なる理論的な本ではなく，それ以上のものがあります。本のなかには，刺激的で効果的な実践演習がたくさん含まれています。最近，私が携わっているある一連の研究プロジェクトで，この本に書いたアイデアを，失業者のクライエント，移民，難民，大卒者といった実生活のシナリオのなかで試す機会がありました。これらのプロジェクトでは，Active Engagement のエクササイズの効力が証明されています。
　この本を最大限に活用するためには，創造性と勇気の両方が必要です。介入戦略のいくつかを使う際には，キャリアカウンセラーは快適なエリアから外に出て，何か新しいことを試す準備ができていなくてはなりません。私た

ちはクライエントに対して全力を尽くさなくてはならないのです。私は，クライエントとカウンセラーがこの道のりを歩むうえで，Active Engagement が大いに役立つことを確信しています。

ノーマン・アムンドソン

まえがき

　私は地域のカウンセリング・クリニックと大学のカウンセリングセンターで，カウンセラーの教育者として，個人カウンセリングだけでなくキャリアカウンセリングにも携わってきた。数年前から，私は（自分や他者の）カウンセリングセッションを見るにつけ，「ここでは実際のところ，一体何が起こっているのだろう」という根本的な疑問を抱くようになった。そして，この根本的な疑問は，現在の多くのカウンセリングの理論と実践が，新たな現実にみあっていないという感覚が増すにつれ，いっそう高まっていった。私は，今こそキャリアカウンセリングのプロセスを，もっと積極的なアプローチを用いるものととらえるべきだと思っている。このアプローチが，私が積極的な関わり（Active Engagement）と呼んでいるものである。たいていの人は，人生の問題を抱えてカウンセリングにやってくる。しかし，その問題はキャリアの問題なのか，個人の問題なのかがはっきりしないことが多い。というのも，人生そのものがそんなにきちんと定義されないからである。また，キャリアの問題を抱えた人が，キャリア以外の問題や人に関する問題について語ることも，避けがたいことだろう。たとえば，薬物依存から立ち直った人のケースを考えてみよう。その人は安定した仕事を見つけられず，キャリアカウンセリングを受けようと思って，地域のカウンセリングを訪れた。しかし最初のセッションで，求職活動以外にも，人間関係の問題や不安定な家庭環境，怒りのマネジメントが加えられたのである。ほかにもこんな女性のケースがある。彼女には幼い二人の子どもがいるが，仕事に復帰するためのサポートを求めて，キャリアカウンセリングを受けることにした。はじめは，自分自身で起業するか，あるいは政府機関でソーシャルワーカーとして働くか，このどちらかの二者択一と見立てられた。しかし，さらに検討していくうちに，不安定な夫婦関係について議論されるようになった。そして，この不安定な夫婦関係こそが，キャリアの選択肢を考えるうえで重要な部分だったのである。ほぼ間違いなくキャリアの問題だと思って

キャリアカウンセリングを受けにくるような場合であっても，キャリア以外の問題が浮上する可能性は極めて高い。したがって，私たちがクライエントにアプローチをする際には，広い視野で問題をとらえること，そしてカウンセリングにおいても広い視野でアプローチをしていかなくてはならないのである。このような個人カウンセリングとキャリアカウンセリングの統合は，近年，Herr（1997）などのキャリア理論家にも見られる。

　近年私は，特に地域のカウンセリングで，複数の障害を抱えてカウンセリングに訪れる人の数が，だんだん増えていることに気づいてきた。わかりやすいケースが減っているように見える。私は，主に「周辺的な」クライエントを抱えていると感じているカウンセラーに，コミュニティミーティングに来るよう呼びかけた。ここでいう周辺とは，複雑な問題（たとえば，メンタルヘルス，依存，文化適応，片親，性犯罪歴，長期間の失業，カウンセリングを受けるよう命じられた経験など）に直面し，それに立ち向かうためにキャリアカウンセリングを受けている人のことである。このミーティングの反響は驚くべきもので，大会議室があっという間に満席になり，このミーティングへの参加を待つカウンセリングの専門家のリストができたほどであった。これではっきりしたのは，周辺的なクライエントは，もはや主流となりつつあるということである。カウンセラーたちは，複合的な障害を持ってカウンセリングを訪れるクライエントは，ますます増えていると報告した。この新たな事実は，私が Guiding Circles Project（先住民のキャリア発達プログラム）に携わるようになって，いっそう確かなものとなった。

　カウンセラーの立場からすると，複合的な問題を持つクライエントと座って向き合うと，こちらが圧倒されるような感じがする。こういった問題に向き合うとき，「ここでは実際のところ，一体何が起こっているのだろうか」という疑問は，よりいっそう大きな意義を持つ。変化はステップ一つでいっきに起こる。そして往々にして，最初のステップこそが最も重要である。私は，初めの一歩は個人カウンセリングでも仕事に関するカウンセリングでも，どちらでも起こりうると確信している。というのも，個人と仕事の両領域の相互関係が，人を前進させるからである。

　実際のカウンセリングセッションの構造は，観察すると面白いものである。たいていのセッションには，それを特徴づける特定のパターンがある。

通常,最初は関係性の構築と問題の同定に焦点が当てられる。私が関わってきた大学院生の多くは,この段階ではいくらか自信を持ってやれているようだ。これは,Egan (1986) によって定義されたカウンセリングアプローチの初期訓練によるものかもしれない。言い換え,明確化,共感,質問,要約といったコミュニケーションスキルが,うまく活用されているようである。

しかしながら,この初期のカウンセリング段階の後になると,多くのカウンセラーの訓練生は,このあとカウンセリングをどう進めたらいいのかまったくわからなくなってしまう。クライエントが抱えているたくさんの問題を何とか把握し,それに立ち向かおうとする段階になって,「さあ,それでどうしましょうか」となることが多い。彼らは何とかして,クライエントが問題と実行可能な解決の間にあるギャップを乗り越えられるように,援助しなくてはならないと感じる。同時に,クライエント中心という関係性のなかで,クライエントが自らの行動に責任を持っていると思えるようにしなければならない,とも思う。こうした変化を起こすことは,多くの訓練生にとってフラストレーションになる。自分たちが依然として,問題に焦点化した対話パターンに閉じ込められていることに気づくのである。このようなときに私はスーパーバイザーとして,学生たちに,セッションのなかではもっとクリエイティブで積極的であるように励ましている。たとえば,比喩や描画,深層を探るスキルや,詩作,物語,解決志向の質問,行動リハーサルなどの技法を,もっと使うように言う。こういったタイプの戦略を用いることで,面接室がより「ダイナミック」な雰囲気になり,クライエントの解決を促進するようである。私はまた,セッションの勢いを保つような実践的な宿題(インターネットで調べる,インタビューをして情報を集める,ネットワークを作るなど)を課すことによって,セッションとセッションの「合間」をより有効に活用するように勧めている。この,より行動的なアプローチこそが本書で最も大事なところであり,これについては後の章でより詳しく述べる。

この問題解決で強調されるのは,一貫して,カウンセラーを「リフレーミングの仲介者」と見なすという点である。通常クライエントは「行き詰まって」カウンセリングを訪れる。彼らは問題に取り組む必要性を感じており,

自分でいくつかのステップを踏んできていることもある。カウンセリングに来ること自体がまさにそういった行動の一つでもある。クライエントは問題を「一定の枠を持って」とらえているので，彼らには解決策を見いだす方法がわからないのである。そのため，彼らはカウンセリングに来て，難攻不落に見える問題に対する別の意見や，違う問題のとらえ方を求めるのである。このような状況で，カウンセラーに問題解決を望むクライエントがいかに多いかは，想像に難くないであろう。しかしながら，多くの場合，カウンセラーは「専門家」の役割を拒む。そして，クライエントの内なる資源を使って，問題に対して新しいものの見方ができるように促し，その問題について少なくともある面ではより望ましい解決が得られるように支援するのである。

　問題解決のプロセスは，新たなものの見方ができるようになることと大いに関係している。それは想像力や創造力の使い方次第である。クライエントは，「想像力の危機」に瀕しているともいえる。私が述べているやり方でカウンセリングをしているカウンセラーたちは，まずはカウンセラー自身が想像的になるように促される。そしてその想像力を使って，クライエントが新たな見方ができるように働きかけるように言われるのである。このような状況のなかで，クライエントはカウンセラーとともに，自らの想像力を問題解決のために働かすように励まされる。クライエントは問題を語ることだけでなく，直感と感覚を，新たなものの見方を獲得するために使うことを学ぶのである。

　また，創造力と想像力の使用は，カウンセリングが行われる構造そのもの（慣習）にも広がる。私はカウンセリングをより柔軟でひらかれたものにするために，これらの慣習的な構造に挑戦し，それを変化させてきた。こういった変化には，面接室で説明用のフリップ（訳注：台木上に複数の紙があり，めくれるようになっている道具）やフェルトペンを使うといった簡単なことも含まれる。ほかにも，カウンセリング過程そのものに焦点を当てることもある。私は，カウンセリングのセッション中に，クライエントとカウンセラーがセッションを振り返る時間を残すようにしている。セッションを行うタイミングについても，より柔軟なスケジュールにするようになった。これらの変化やそれ以外の変化は，現在実践している幅広いカウンセリング技

法にとって，より適応的なカウンセリング構造となる点で役立つものである。

　終結に際しては，個人的な洞察と問題解決の両面において獲得したことを改めて確認し，獲得できたことを祝福するようにする。終結するためには，短期的・長期的な行動計画が重要な要素となる。情緒的な側面や，カウンセリング関係に対する気持ちにも注意が向けられる。不確かな感覚や喪失感は，終結のプロセスではよく見られる。

　本書は「キャリアカウンセリング　積極的関わりによる新たな展開」というタイトルなので，職業ガイダンスにおける「Doing」の側面だけに焦点を当てることは簡単である。しかし本書には，カウンセリングプロセスの折々で使えるさまざまなエクササイズがたくさん含まれている。そして，すべてのエクササイズで想像力や創造力，可能性を考えることが強調されている。しかし，効果的なキャリアガイダンスの提供は，単なるエクササイズの寄せ集め以上のものであり，それは「Being」であるための方法でもある。「Being」には，混乱の局面にあっても平静さを保つこと，そして他者と関わる際にはオープンで，遊び心を持って，柔軟に接することが含まれている。

目　次

日本の読者へ　*iii*
まえがき　*v*

第1章　カウンセリングのプロセスと構造 ────── *1*

Ⅰ　変化のダイナミクス　*1*

1. 影響力のある人
2. 関連性があり記憶に残る，人生を変えるような経験（粘着性）
3. 文脈のなかでの変化

Ⅱ　キャリアクラフト　*4*

Ⅲ　カウンセリングの慣例を考える　*6*

Ⅳ　カウンセリング関係を構築する　*10*

1. 純粋性
2. 無条件の肯定的関心
3. 共感的理解

Ⅴ　「Being」とDoing　*14*

Ⅵ　気遣いの雰囲気を作り出す　*16*

Ⅶ　共通の立脚点を見つける　*18*

Ⅷ　カウンセリング関係を交渉する　*20*

Ⅸ　一緒に決めたカウンセリングのゴール　*24*

Ⅹ　クライエントの抵抗に対処する　*25*

1. わからないことへの恐れ
2. 問題を認めること，そして（あるいは），問題の責任を取ることへの拒否
3. 失業，そして求職活動のバーンアウト
4. クライエント 対 組織

5．二次利得

　XI　振りかぶる必要性　29

　XII　コミュニケーションスキル——伝統的で比喩的なもの　32

　　　1．伝統的コミュニケーションスキル
　　　2．比喩的コミュニケーションスキル

　XIII　本章のまとめ　39

第2章　問題の定義　　41

　I　問題を述べ，期待を調整する　41

　II　カウンセリングで扱う問題を明らかにする　45

　III　比喩を使って問題を定義する　51

　IV　事例分析　54

　V　本章のまとめ　60

第3章　問題解決の方法1
　　　——系統的なセルフ・アセスメント　　62

　I　情報による探索　62

　　　1．インターネット
　　　2．セルフヘルプの本
　　　3．心理教育的教示

　II　文脈に基づいた面接　64

　III　可能性を強調する質問戦略　65

　　　1．セッション間の変化の記述
　　　2．ほかの状況の対処方略
　　　3．例外を発見する質問
　　　4．スケーリングクエスチョン

5．ミラクルクエスチョン

　Ⅳ　二次的な質問　70

　　　1．証拠（確認と反対）
　　　2．経過
　　　3．他者の見方
　　　4．影響力

　Ⅴ　包括的なキャリア探索　73

　　　1．キャリアパスウェイ（短縮版）／キャリアスコープ
　　　2．ガイドサークル
　　　3．ほかのプログラム

　Ⅵ　興味関心の詳細な探索　78

　　　1．パターンの特定
　　　2．強みの輪
　　　3．キャリアフロー

　Ⅶ　課題分析　85

　Ⅷ　職場の魅力　87

　Ⅸ　キャリアアンカー　90

　Ⅹ　拡張版インテリジェント・キャリアアプローチ　92

　Ⅺ　カードソート　95

　Ⅻ　幼少期について　98

　ⅩⅢ　本章のまとめ　100

第4章　**問題解決の方法2**
　　　　ダイナミック・セルフアセスメント ―――― *101*

　Ⅰ　マインドマッピング　101

　Ⅱ　テクノロジーの使用　103

Ⅲ　二つか三つの椅子による「分裂」の解決　104

Ⅳ　複眼的観点　108

Ⅴ　企業家の視点を適用する　109

Ⅵ　比喩と象徴　111

　　1．時間関係の比喩
　　2．道あるいは旅としてのキャリア
　　3．凧揚げ
　　4．典型的な比喩
　　5．劇場の比喩
　　6．役割の比喩

Ⅶ　ゲームを通しての学び　123

Ⅷ　物語を語る　125

　　1．クライエントが生成する物語
　　2．カウンセラーが作る物語

Ⅸ　書くことと詩　131

Ⅹ　投影的な方法　134

　　1．タスクを描く
　　2．物語を作る

Ⅺ　本章のまとめ　140

第5章　問題解決の方法3
——つながる，決定する，準備する　141

Ⅰ　労働市場の情報　141

　　1．労働市場の動向
　　2．インターネットとほかの情報源
　　3．労働市場の選択肢を広げる

Ⅱ　サポートと情報とのつながりネットワークを作る　147

　　Ⅲ　重要な他者をカウンセリングに巻き込む　150

　　Ⅳ　意思決定方略　153

　　　　1．知的意思決定
　　　　2．直感的な意思決定

　　Ⅴ　パラドキシカルな解決　157

　　　　1．ポジティブな不確実性
　　　　2．計画的偶発性
　　　　3．Sカーブ
　　　　4．カオス理論

　　Ⅵ　行動リハーサル方略　165

　　Ⅶ　事前の学習アセスメント──対話　168

　　Ⅷ　履歴書と推薦状のコーチング　170

　　Ⅸ　本章のまとめ　174

第6章　終結の方法　175

　　Ⅰ　カウンセリングプロセスを要約する　175

　　Ⅱ　喪失と不確実な感情を認める　176

　　Ⅲ　行動計画を発展させる　178

　　Ⅳ　自己の方向づけ　181

　　Ⅴ　終結の儀式　184

　　Ⅵ　本章のまとめ　185

第7章　カウンセリング能力を高める　186

　　Ⅰ　コンピテンシー（能力）の一般的なモデル　186

1．目的
　　　2．問題解決
　　　3．コミュニケーションスキル
　　　4．理論的知識
　　　5．実践的知識
　　　6．組織への適応能力
　　　7．人間関係
　　　8．自信

　Ⅱ　内省的な瞬間　*190*

　Ⅲ　共感の三つの要素　*192*

　Ⅳ　カウンセリングモデルの実践への適用　*195*

　Ⅴ　録音・ビデオの振り返り　*197*

　Ⅵ　スーパーバイザーの直接的なフィードバック　*198*

　　　1．場面をセッティングする
　　　2．カウンセリングの訪問
　　　3．デブリーフィング

　Ⅶ　比喩的なケースの概念化　*200*

　Ⅷ　本章のまとめ　*202*

付　　録　*204*
監訳者あとがき　*229*
文　　献　*232*

第1章 カウンセリングのプロセスと構造

I 変化のダイナミクス

　人が人生の変化を実際に体験するのは、どういう感じだろうか。このような大きな問いを投げかけることで、カウンセリングの特定の役割と活動を解きほぐすことに注目するのではなく、根底にある、より一般的な変化のプロセスを理解することができる。これについて考えを発展させるうえで、私はGladwell（2000）のアイデアが役立つことに気づいた。彼は、悪いものが急速に流行したり、あるいは流行が加速度的に変化していく際の力動について分析している。急速な成長に関する彼の研究によって、変化のプロセスにおけるいくつかの重要な特徴が明らかになった。彼のオリジナルの概念から少し離れることにはなるが、概念の枠組みを私なりに解釈して、変化を促進する三つの要因について述べる。

1．影響力のある人

　人にはそれぞれ違いがある。ある人には特性があり、変化のプロセスにおいて説得力を持ち、人を動かすような役割を担うことがある。あなたの人生のなかで影響力のある人について考えてみてほしい。その人を特別にしているのは、いったい何なのだろうか。こういった問いを持ち、どんな可能性があるかを考えてみたところ、これについて実にさまざまなことが言われているのがわかった。それは以下のようなものである。影響力のある人は温かく気遣いができる。知識がある。優秀である。勇気があり、援助するためなら喜んで職業的役割の枠を超える。アドバイスする前に耳を傾ける。忍耐がある。多大な努力をする。プロセスのなかで各ステップについてきちんと説明する。自らの間違いを認めることを恐れない。粘り強い。自分が人より優れ

ていると考えたり，人より優れているかのように振る舞わない。誠実である。あなたがしていることに関心を持ち，喜んで助ける。あなたの要求が重要であると感じさせてくれる。このリストと同じように考える人もいるかもしれないし，これ以外の特性を加えることもできるだろう。重要なのは，影響力のある人は，ある種の対人スキルと特性を持っているということである。それによって，彼らは影響力を持つポジションを得るのである。特別な職責があるからといって，必ずしも影響力があるわけではない（たとえば，キャリアカウンセラーであるなど）。たしかにそれがあることによって，職業上の役割と責任を果たすのに役に立つかもしれない。しかし，その人の人格的特性やスキル，そして価値がにじみ出ることで，はじめてその役割が全面的に表現されるのである。

２．関連性があり記憶に残る，人生を変えるような経験（粘着性）

　変化というものは，有用な情報を得たときや，魅力的で個人的に意義のある活動をしているときに起こる。手に入る情報は限りなくある。だからこそ，情報を意味のあるものにまとめていくことがとても大変なのである。Wurman（1989）は，ローデータは，意味のある情報となるためのかたちや目的を持たなければ，本来的な価値はないという。情報だけでなく，考えを記憶に残るかたちで示すのは，難しいことではあるが必要である。そして，これこそが「積極的な関わり（Active Engagement）」の本領を発揮するところである。日常生活のなかで，あなたを四方から襲ってくる情報を思い起こしてみてほしい。何があなたの「心に残る」ポイントなのだろうか。このことを教えるにあたって，同僚の Gray Poehnell の研究を紹介しよう。私たちは，人々にある概念（たとえば，援助関係）に注目するというエクササイズを開発した。最初に，グループのメンバーに辞書的な定義を調べるように言う。しばらくしてから，今度は援助関係を比喩を使って表現するように言う。最後に，援助関係を身体を使って表すとしたらどのようになるかを考えるように言い，後で実際に身体で表現するデモンストレーションを行った。三つの方法はどれも価値があるが，多くの人にとって，比喩か身体的な活動が最も記憶に残ったであろうことは疑う余地がない。もし，私たちはこのように記憶するのであれば，なぜカウンセリングは言語的なやり取りをこ

んなに重視するのだろうか。おそらく，視覚や運動をもっとたくさん使ったアクティビティを通して学ぶこともできるはずである。私は徐々に，言語的な議論だけでなく，全感覚を用いたカウンセリングの方法を模索するとよいと思うようになってきた。もちろん，記憶に残るアクティビティを行えばよい，ということではない。アクティビティが変化を促し，究極的には人生を変えるためには，そのアクティビティ自体が個人にとって意義のあるものでなくてはならない。つまり，アクティビティは楽しいから行うのではなく，アクティビティとクライエントの個人的な問題の間に，密接な関係がなくてはならないのである。

3．文脈のなかでの変化

　面接室の外の変数は，変化の可能性を決定づける重要な役割を担う。良いと思うことを思いついたとしても，生活環境によって阻止されてしまうことは多い。カウンセラーはクライエントの世界で起こっていることを頭に入れて，その世界のなかで変化できるようにサポートし，変化するように働きかけなければならない。私たちがカウンセリングを思い浮かべるとき，このような実践的な行動については最小限のことしか考えないことが多い。しかし，私たちがカウンセリングをとらえる際には，認知や感情の変化だけでなく，行動の変化も組み込む必要がある。

　Andrea Fruhling は，どちらかというと一風変わった職業カウンセラーだが，影響力のある人である。彼女は，カウンセリングのなかでいかに記憶に残る変化の体験をさせるかについて，良い例を考え出した。彼女は，物静かに話す内向的な人物との面接について述べている。その人は採用面接に難しさを抱えていた。面接室の中での採用面接スキルの練習には限界があったので，彼女はクライエントを駐車場に連れ出して，駐車場の端と端で練習を続けた。間違いなく，これがクライエントの「心に残る」体験だったと思う。より行動的あるいは状況に応じたレベルでは，彼女はクライエントに面接用の洋服を提供するために，衣装バンクを始めた。採用面接でどのように話すかを考えるだけでなく，彼女はクライエントの装い方を変えるという具体的な手助けをしたのである。繰り返すが，装いを変える体験はとても実用的であっただけでなく，クライエントの心に残る体験にもなったのである。

こういった行動はすべて，カウンセリング関係に対してより創造的で，積極的に関わるものである。私は，キャリアカウンセラーはこれら三つのすべての次元で援助活動を行い，それらを統合していかなくてはならないと考えている。私たちはクライエントとの関係を今一度見直し，私たちの役割を広げ，新たなスキルを学び，そしてクライエントに認知的・感情的・行動的な援助活動を通して，進んで関わっていく必要がある。

Ⅱ　キャリアクラフト

　キャリア発達のプロセスはしばしば，論理的で，体系化されて，統制された連続的な活動として，概念化される。「キャリアマネジメント」という言葉はこのような方向性に沿うものであり，キャリアとは，私たちが明確なゴールを持って計画を立て，それに向かっていくようなものであることを示唆している。こういった点に注目することには一定のメリットがある。しかし一方で，社会のスピードは極めて速く，そのなかでは，変化が最も変わらない現実であるようだ。こういった社会では，革新や柔軟性に焦点を当てた新たなパラダイムが必要となる（Herr, 1999）。このようなダイナミックで不安定なキャリアプロセスをより適切に表現する言葉の一つに，「キャリアクラフト」という言葉がある（Poehnell & Amundson, 2002）。
　クラフトという概念には，三つの異なる要素が含まれている。クラフトには機能という概念があるという点で，美術品とは異なる。ここでいうクラフトは，もっと実用的で役立つものを作ることに重点が置かれている。また，作品を作るためには訓練とスキルが必要である。最終的に，創造力と革新が必要である。特定のクラフトを使いこなすためには，スキルに創造力を組み合わせて，文化的にも文脈的にも適切なものを生み出す必要がある。これらの要因はキャリアプロセスにも適用できる。かくして「キャリアクラフト」なのである（Poehnell & Amundson, 2002）。
　キャリア発達をこのようなレンズを通して見ることには，多くの利点がある。利点の一つは，それによって異なるタイプのさまざまなキャリアプロセスを描き出せることである。第一に，キャリアクラフトには関わりという概念が含まれている。キャリアクラフトのプロセスでは，クライエントは受動

的ではなく，積極的に関わる参加者である。Arthur ら（1999）は，求職者はさまざまな制約に対処しながら，新たな機会を作ることを通して積極的に道を選んでいくとしている。Csikszentmihalyi（1991, 1997）はこの関わりのプロセスを，最適な「フロー」が達成されたものと述べている。目の前に敷かれたキャリアの道を注意深く進むのではなく，人々は積極的に関わって「フロー」に乗る。それによって，新たな being と doing のあり方を見いだすのである。

　キャリアクラフトに積極的に関わっている人は，通常，そのプロセスから多大なエネルギーを得ている。興奮と情熱，そして，時としてほとんど使いきれないほどのエネルギーが湧き上がることもある。しかし同時に，創造的なエネルギーが供給されるような企画に携わるなかで，ある種の平和と休息がもたらされる。Fritz（1989）は，現実と理想の間には創造的な緊張があり，その緊張によって創造的なエネルギーが生み出されると述べている。このエネルギーをキャリア開発に向けることによって，個々人が満足できるようなプロセスを作り上げることができるだろう。

　最後に，キャリアを作る（クラフトする）ことは，個々人のエンパワーメントの感覚を生み出すのに役立つ。このエンパワーメントは，二つの異なるレベルで感じられる。一つは，現在障壁となっているものや隠れた習慣を見越して，新たな道を創造するプロセスを歩み始めるレベルである。もう一つは，新たな可能性や関係性のスタートを切るというものである。より多くの気づきを得ること，そして自分に対する自信を持つことによって，人は新たな方向性を見通し，自分自身の努力をモニタリングするためのより良い立ち位置に立つことができるのである。

　キャリアの変更あるいは転職をしようとする多くの人は「行き詰まり」を感じ，自身の新たな未来が想像できなくなる。このような想像の危機に瀕したときには，より創造的で勇気づけられるような新たな考え方を持つ必要がある。こういうときにキャリアクラフトは，自らの創造力を再発見し，考えや行動を今までとは違った新しいやり方でリフレーミングするのに役立つ。私たちの社会では，多くの人はまるでお店で商品を選ぶのと同じように，外に出て仕事を見つけられると思っている。しかし，このような消費者的な意識しか持ち合わせていないようでは，たとえば，企業が作り，新聞に掲載さ

れるような既存の仕事がなければ、私たちは誰かが仕事を作ってくれるまで待ち続けなくてはならなくなる。小規模ビジネスの成長や企業家の活動は、より積極的な活動をする余地がまだまだ残されていることを示唆している。仕事が現れるのを待つより、クライエントは新たな可能性を自らの手で作り出すこともできるのである。

　キャリアカウンセリングの一つの見方として、キャリアクラフトという概念を用いることによって、トレーニングとカウンセリング実践への示唆が得られる。たしかにキャリアクラフトでは、積極的な関わり（Active Engagement）と、さまざまな次元（身体的、精神的、感情的、スピリチュアル）で、クライエントに関わろうとする意欲が重視される。また、クライエントだけでなく、カウンセラー自身も自らの創造力と想像力に挑むことが強調される。カウンセラーのトレーニングでは、学習とは生涯続くものであるといわれる。クラフトを行っている人は、習得はプログラムのあるコースに入ること、あるいは熟達した人に弟子入りすることから始まる、ということがわかっている。そこには継続的に発展することに対する意欲と、そうしたいという希望がなくてはならない。Regensteiner というある熟練工は、トレーニングの必要性について次のように述べている。

　　すべての製品（クラフト）にいえることだが、あらゆる創造的な可能性を取り入れる前に、まずは基礎と理論をしっかり学んでおかなくてはならない。ただし、革新は学習とともに始まる。だから、完璧な技術を身につけることは決して退屈なことではない。

(Regensteiner, 1970, p.7)

Ⅲ　カウンセリングの慣例を考える

　いかなる対人的なやり取りにおいても、相互作用のためのルールと境界を設けるという、ある種の社会的慣例がある。しかし、時の流れとともに、慣例がどのようにして起こったのか、どんな目的があったのかは、しばしば忘れられてしまう。多くの人は慣例を当たり前のこととして受けとめているので、社会的交流の慣例について述べようとすると、かなり懸命に考えなくて

はならない。日常生活における社会的慣例の場面を説明するために、夕方、ある人のところに社交的な訪問をする場面で起こることを考えてみてほしい。このようなときに、訪問者にはよく、ちょっとした贈り物（ワインのボトルや花など）を持参することが期待される。約束の時刻が午後 7 時に設定されているのであれば、通常は数分遅れて到着するのがよいだろう（決して早めではない！）。訪問相手によって、どのような話題が適していて、どのような話題は適さないのか、ある種の期待がある。政治と宗教の二つは、明らかに微妙な話題である。どのような食べ物が出されるのか、どの程度食べるのか、一人の人とどのくらいの時間話をするのか、そしていつお暇するのかなどについては、指針が存在する。私たちが従って生きている多くの慣例は、新たな状況に遭遇したときや、自分とは違う慣習を持つ人と出会ったときに初めて明らかになる。

　カウンセリングにおける関係性にも、ある種の社会的慣例がある。カウンセリングに行くときの訪れ方、挨拶の仕方や歓迎の表し方、クライエントのために設けられた時間の長さについて考えてみてほしい。また、カウンセリング機関の物理的な構造や、そこに用意されているものについても考えてみてほしい。社会的交換においては（この場合であれば、カウンセラーとクライエントの間の社会的交換）、どういうことが期待されているだろうか。そして、それらは性別や年齢、社会的階級や文化によって、どのくらい異なるのだろうか。

　社会的慣例の歴史的な変化について考えることも、役に立つだろう。ジグムント・フロイトのオフィスに足を踏み入れるときには、いったいどんな感じがするか想像してみてほしい。あるいは戦時中、カウンセラーとクライエントの間に立派な机が置かれたカウンセリングオフィスを訪れるときは、どんな感じがしただろうか。今日では多くのカウンセラーは、部屋の中に外との境がないようにオフィスをしつらえている。

　私は長年にわたって、多くの不文律のカウンセリングの慣例に沿ったカウンセリング空間を受け入れてきた。しかし、私は次第に疑問を持つようになっている。そして、私が提案する積極的なカウンセリングを行うための十分な空間を確保するために、今の慣例をどのように再構築したらいいのかを考えている。私が今の状況で思いつく既存の慣例や前提には、以下のような

ものがある（あなたはほかのことにも気づくかもしれない）。

① カウンセリングはまとまった時間（通常は 50 分）で構成されており，時間を柔軟に使う余地はない。
② セッションでは本来，言語を第一義とするという不文律の前提がある。部屋には通常，紙やペンはない。たとえそれらがあったとしても，使うスペースはない。部屋の大きさは限られているので，カウンセリングのなかで行える身体的な運動量はかなり限られている。
③ 多くの場合，部屋の物理的な環境，たとえば絵や配色，植物を使うなどといったことには，ほとんど関心が払われていない。カウンセリングにおける想像力の重要性を考えるなら，もっと創造的なプロセスを省みることができるような空間を作る必要があるだろう。
④ カウンセリングは，基本的には 1 対 1 で行うものであるという前提がある。カウンセリングに配偶者や他者が同伴するということは，めったに起こらない特殊な状況である。私はクライエントが不意に娘を連れてきたセッションを観察したことがある。カウンセリングで娘が父親の口を手で防ごうと躍起になっているにもかかわらず，二人の大人はそれでも話そうとするいささか滑稽なことが起こったのである。
⑤ カウンセリングが始まると，会話が続くという暗黙の前提がある（たまには息をつくこともあるが）。通常，語りが中断されるのは，特段難しいことが起こった特別な場合に限られる。振り返りやコンサルテーションのためにセッションを中断するのは，一般的には新しい考え方である。
⑥ クライエントと公園を散歩するために面接室を出ることは，不確実なものが関係してくるようである。たしかに，責任については気に留めるべきである。しかし，私には，このような不確かさは法的限界を超えているように思える。カウンセリングは，カウンセリングのために決められた場所で行われることになっているようである。
⑦ カウンセリングの予約は，特別な事情がない限り週に一度の頻度で入れる。週に一度会うことは特別なことではない。しかし，予約はク

ライエントのニーズや、クライエントがセッション外で行う課題の量によって、多くも少なくもなりうる。

⑧「良い」カウンセリングを行うために必要な時間の長さについては、暗黙の前提がある。良い成果を得るためには、1回以上は必要とされるのが普通である。1回のセッションでゴールが達成された場合でさえ、次のセッションを行わねばといったプレッシャーがある。ここで述べたいのは、カウンセリングは1回でできるものであるということであり、1回で行われるべきだということではない。1回のセッションで終わることはあり得ないことだとして排除すべきではない、ということである (Talmon, 1990)。それによって、カウンセラーは使える時間を最大限活用しようとするなど、1回1回のセッションにより熱心に関わるようになるため、いっそう効果的な援助ができるようになる。

この社会的慣例を描き出すことで、やたら批判的になりたいわけではない。慣例のなかには、私が提案しているようなカウンセリングに役立つものもある。たとえば、私たちのカウンセリングセンターの受付係や予約係は、気遣いができて感じも良く、どんな人も歓迎する。誰でもコーヒー、紅茶、ココアやスープを飲むことができる。待合室も広々としており快適である。こういった構造は明らかに「気にかけている」という雰囲気を伝える。しかし、私が必要だと思っているのは、すべてのカウンセリングの慣例を、もう一度検討し直してみることなのである。

慣例があることそのものが問題なのではない。私たちがしようとしているカウンセリングの方向性に、慣例がいかに影響しているかについて、考える時間を持たないことが問題なのである。より積極的なカウンセリングのアプローチは、新しい慣例を必要とする。そうでなければ、私たちは「新しいワインを古いワイン用皮袋に注ぐ」リスクを冒してしまう。私のカウンセリングセッションでは、フリップチャートを置く場所や使い方に、特に注意を払っている。また、オフィスの色の明るさや、植物の配置などの装飾にも気づくだろう。

慣例を変えることは、まずは私たちが従っているルールを理解することか

ら始まる。そして，私たちがやっている慣習のなかでも支持する必要があるものは使う。私は慣例を，想像力，創造力，生命力に価値を置くカウンセリングアプローチに合うようにしているのである。

　積極的な関わり（Active Engagement）では，カウンセラーにはカウンセリングのなかで幅広い戦略（芸術，比喩，動作，象徴）を使えるようにしておくことが期待される。カウンセラーがそうしたアクティビティに必要な素材を持っておくこと，そしてそのような可能性について幅広く考えるように促す。基本的にカウンセラーには創造力と想像力をフルに使うこと，しかもそれを全力でするように働きかける必要がある。こうした状況で，クライエントは自分の問題を解決するために，（クライエントが変化する必要のある状況で）創造力や柔軟性をより発揮できるようになる。セッションにおける熱心さは，「ここはことを進める場であり，私たちはセッション中そしてセッションの間の時間を最大限に活用するために，懸命に取り組んでいる」というメッセージを伝える。カウンセラーがこういった期待を前面に押し出すことによって，カウンセリングに「ここでは，私たちはともに懸命に取り組む必要がある」といった説明責任がもたらされる。

　積極的な関わり（Active Engagement）に基づくカウンセリングの哲学と実践をするようになると，カウンセラーは自分がしていることに全力で取り組むようになる。彼らはまた，今ある境界を批判的に吟味して，想像力やアクティブラーニングにつながるような新しい限界を設ける。とはいえ，このアプローチをすることで，カウンセラーは際限なく何でもやっていいと言っているわけではない。たしかに，クライエントとカウンセラー双方の身体的・情緒的安全を担保するために，境界は必要である。法的，倫理的，対人的境界は尊重されるべきである。私が言いたいのは，今の境界はおそらく狭すぎるので，もっと拡げられるということである。

Ⅳ　カウンセリング関係を構築する

　カウンセリング関係を考えるにあたり，カール・ロジャーズの研究（Rogers, 1951, 1961, 1980）は良い出発点となる。彼が発展させたカウンセリング関係における重要な条件は，多くのカウンセリング理論にとって

も重要な礎である。ロジャーズの関係性の枠組みは，認知行動療法の理論や実践と一致することが，ますます認識されてきている（Tursi & Cochran, 2006）。カウンセリング関係における三つの主な条件は，純粋性，無条件の肯定的関心，共感的理解である。

1. 純粋性

カウンセリング関係において，純粋で偽りなくあるということは，通常の専門職としての役割を脇に置き，腹蔵なく率直に向き合うことを意味する。純粋性の精神をもって他者とつながることは，行動，感情，思考の一致を促す。クライエントとカウンセラーの間には，隠れた下心や防衛的な反応はない。カウンセラーにもクライエントにも自発的に関わること，そして共有することが求められる。純粋性を持つことは欠点を受け入れることにつながる。カウンセラーは「専門家」としての役割に厳しく縛られる必要はない。そのため，混乱したときにもそれをオープンに共有したり，間違いを冒してもそれを認めることができる状態にある。

2. 無条件の肯定的関心

無条件の肯定的関心は，肯定や尊敬，受容や気遣いといった概念と密接に関係している。ここで強調されるのは，評価しないで他者を喜んで受け入れる態度である。無条件の肯定的関心を持つことは，クライエントを行動に関わりなく，かけがえのない価値ある存在として受容することを意味する。カウンセラーがクライエントを受容しながらも，同時に彼らの行動を認めないということは可能である。この行動と内的な価値の区別はよく吟味すべき重要なことだが，誤解されやすい点でもある。無条件の肯定的関心の態度によって，カウンセラーはクライエントに温かく接すると同時に，クライエントには自身の問題を解決する力があると強く信じていることを伝えることができる。

3. 共感的理解

共感的理解とは，カウンセラーがクライエントの経験的世界（感情や思考）を正確に理解しようとすることである。理解の手がかりは言語だけでな

く，非言語的な行動でも見られる。比較的理解しやすい状況もあるが，潜在的な感情についてはより深く検討する必要があることもある。カウンセラーの訓練では，私たちは皆共感性があるので，あとは理解したことをどう表現するかを学べばよい，という暗黙の仮定がある。しかし，私は事態はもう少し複雑だと思っている。つまり，私たちは共感性はあるが，それにはかなりの個人差がある。共感がどこからくるのかはっきりしていないが，Schwalbe（2007）は，無力さを感じる体験や，自分とは異なる他者との接触，他者との人間関係が，共感性を発達させるための重要な要素だと指摘している（これについては，第7章で詳述する）。カウンセリングをする人には，強い共感性が必要なのは疑いの余地がない。共感性の感情以外にも，カウンセラーは自らの感情を，言葉あるいは言外に表す方法を学ぶ必要がある。共感性を表現する際にはリスクがつきものであり，繊細さと敬意を持って行われなくてはならない。「あなたは〜と感じたのですね，なぜなら……」という言い回しを学ぶことから始まって，さらに深いものにしていく必要がある。時として，絶妙なタイミングで抱きしめることが，最適な表現となることもある。

＊　　＊　　＊

これらカウンセリングの三つの重要な条件を考える際には，これらの三つが結びついて統合された全体となるという観点を失わないことが重要である。(84歳の) ロジャーズが早期のカウンセリングを振り返った以下の引用は，これらの統合の感覚をうまく表している。

> 私はクライエントが持ち込むとは思いもしなかったことを持ち込んできたために，彼女との面接をとても難しいと感じたことを覚えている。そして私は自分自身に問う。「まだわからないことや，予期していないこと，自分では思いもしなかった考えが面接で出てくることに対して，準備ができているだろうか。評価から自由になり，何にでも耳を傾け，それを評価することなく受け入れることができるだろうか。クライエントがその瞬間に本当に思ったことを，とらえることができるだろうか。カウンセリングが始まった頃に，自分が間違いをおかしうることを認められるだろうか」。自分は正しく理解していないかもしれない，間違う

かもしれないという事実を受け入れることができる。それゆえ，クライエントの本音を把握するために，自分自身の間違いを正すことができるのである。また，私は正しい意味を理解することに困難を感じたとしても，自分を責めることはない。そして，おそらく私が自問していた最も重要な点は，「自意識を緩めて自分からいったん離れ，他者の世界に入りこみ，彼ないし彼女のように世界をとらえることができるだろうか」ということである。すると，私は別のことを思いついた。それは，たった 15 分の短い面接でのことだ。15 分ではそんなに大したことは起こらないかもしれないという事実，あるいは，15 分でとても重要なことが起こるかもしれないという事実に対して，私は心構えができているか。言い換えると，私は何が起きても，ただ柔軟性とオープンさを最大限にできることだけを望んでいた。

(Boy & Pine, 1990, pp.143-144)

「柔軟性」と「オープンさ」という言葉は，ここで提案しているアプローチのあらゆる側面をうまく言い表している。このアプローチに到達するために，私たちは自ら進んで，自分自身を注意深く振り返ってみなくてはならない。ロジャーズが難しいと感じた面接に向かうために，自身に問うた一連の問いに注目するのは，興味深いことである。というのは，これらの問いは前述の純粋性，無条件の肯定的関心，共感性を反映したものであり，自分は何をしているのかを問い続けようとする意欲を反映しているからである。カウンセリングに重要な条件を考えるにあたり，私は四つ目の側面として，いわゆる柔軟性を加えるとよいのではないかと思っている。柔軟性の概念は，ロジャーズが提案する精神にそぐうものである。それはまた，変化しつつある労働市場や社会的背景に適応する必要性に反映される。Herr（1993, 1997）は，21 世紀にはカウンセラーの柔軟性が不可欠だと指摘している。柔軟性は，想像力や創造力，新たな状況に自ら喜んで向かっていくことにも反映される。柔軟性はまた，「遊び」の態度，つまりイメージやものを新しいかたちに変えることにもつながる（Thorsted, 2008）。

関係性は，膝を突き合わせて意味ある議論を一緒にしているような状況で，発展することがある。次の **SOLER** という頭文字は，個別に行われる

慣例的なキャリアカウンセリングに携わるカウンセラーの姿勢を記述するのに使われる。

- **S**quarely facing the client——クライエントに正面から向き合う
- **O**penness of posture——オープンな姿勢
- **L**earning forward——（少しずつ）前のめりになる
- **E**ye contact——アイコンタクト
- **R**elaxed——リラックス

このプロセスは，ある種のカウンセラーとクライエントにとっては確かに役に立つものであるが，人と関わる方法はこれだけではないことを認識しておく必要がある。間接的なコミュニケーションを好むクライエントは多い。私は，考えや比喩を走り書きした紙を使ったほうが効果的な人もいることに気づいた。計画的に取り組んだほうが良い人もいるし，ほかの人とちょっと散歩に出たほうがよいような人もいるかもしれない。

V 「Being」と Doing

前項で，ロジャーズ派の「純粋性」「無条件の肯定的関心」「共感的理解」に，「柔軟性」を加えるという提案をしたが，これは円熟した積極的な関わり（Active Engagement）の立場をとるための重要なステップである。これは前に進むための重要なステップではあるが，考慮すべき重要なステップがもう一つあると考えている。次のステップでは，「Being」と「Doing」の関係に焦点を当てる。私は，キャリアカウンセリングの行動部分は確かに重要だと思うが，カウンセリングは多くのアクティビティ以上のものである。カウンセリングの行動的な部分は，「Being」の状態と関連づけられる必要がある（Hansen & Amundson, 印刷中；Thrift & Amundson, 2005）。活動と忙しさの真っ最中には，台風の「目」のような静けさを求め，それに気づく必要がある。静けさのなかでは，そこにただ存在し，何かが起こるのをただ待とうとする。何かに決めつけようとしないで，ただそこにいて，全面的にそれに関わり，物語が自ら語り始めることを信じるのであ

る。「精神の静けさ」によって，人は優しい内なる声，いわゆる直感的な感覚に耳を傾け始める。この「静かなる」意味の探索が，キャリア発達の中心となる「Being」なのである（Amundson, 2008）。

　私は，クライエントが自らの物語を語る余地を残すために，椅子に深く座って，意味が訪れるのを待つことを学んだ。もし私が素早く動けば，交わされようとしている重要なことを逃してしまう。待つためには，忍耐，自己信頼と，ただ静かに待ちさえすれば意味が現れることを信じる力が必要となる。このプロセスはそれ相応のペースで進んでいくので（しばしば私が思うよりゆっくりしたペースである），私は何かが起こるのを待つだけである。

　静けさは人生の神秘を探るような感覚とともに生き続けるという意味では，私が述べているプロセスは積極的なものである。これについて，単純な答えはない。積極性と静けさが共存する「Being」は，本当に何か逆説的な状態である。こういう状態の「Being」を得るために，人は外面だけでなく内面を見る必要がある。

　スローダウンしてペースを落とすことの重要性は，私が最近経験した身体的なリハビリテーション（人工股関節置換手術）でも感じた。エクササイズプログラムの一環で，私は道路をゆっくりと上がったり下ったりして歩いた。これまでなら10分で歩くことができた距離に，1時間かかることもあった。「ゆっくり歩く」状態では，世界はいつもと異なる様相を呈していた。私は，水たまりに影が映っていることや，舗道に沿って草が生えていることに気づいた。私はこの宙ぶらりんの状態にとどまりたくはなかったが，その一方で，スローダウンをするだけで，現実の体験がいつもと違ったものになることを確かに感じていた。

　私は年月をかけて，複雑さを扱う最も良い方法は，早く動こうとせずむしろゆっくり動くことであるということを学んできた。洞察が起こったり，新しいアイデアが生まれる余地があるのは，より静かな空間の中である。しばしば，ここに本当の戦いがある。私は十分深く理解しないまま早く動きたいという衝動に，抗わなくてはならない。

　それでは，どのようにしてこのような静かな空間，すなわち「Being」の感覚を得ることができるのだろうか。Finn Thorbjorn Hansen 博士のような哲学的カウンセラーは，私たちが普通の生活（ordinary life）や職業

(profession) の神秘に開眼するのは，哲学や詩，芸術，ある種の瞑想を通してであると述べている。これらの実践を通して，私たちは自らの行動をより強い「Being」の感覚で見られるような，新たな気づきを得るようになる。たしかに，こういった議論の趣旨に私は同意している。また，精神性と公平さが重要であり，自分の優しい内なる声に静かに耳を澄ましさえすれば，答えは浮かんでくると信じている。

VI　気遣いの雰囲気を作り出す

　カウンセリング関係を考えるためのもう一つの切り口は，カウンセラーとクライエントの間で経験される，いわゆる「気遣い」の程度である。気遣いは当初，RosenbergとMcCullough (1981) によって，自己概念の統合的側面として概念化された。Schlossbergら (1989) は，高等教育においては，気遣いは「善し悪しにかかわらず，人が誰かを気にかけていること，あるいは誰かから注意を向けられていること，そして誰かがその人たちを気にかけ，好意を持っていると信じていること」と定義されるとしている。人は気遣いを感じると，自分自身についてより良い感じを抱き，人とのつながりを感じ，人としての主体性(Human Agency)が高まっていると感じる(Chen, 2006)。気遣いが感じられないと，人とのつながりが弱まり，通常はある種の引きこもりや自尊心の低下が起こる。気遣いの概念は，失業者 (Amundson, 1993) や職場の健康 (Connolly & Myers, 2003) にも適用されている。Dixon Rayle (2006) は，「気遣い」はカウンセラーや社会学者，心理学者から，急激に関心を持たれるようになりつつあると指摘している。

　Schlossbergら (1988) は，気遣いは複数のレベルで起こるものと述べている。最も基本的なレベルは，**目に見えるレベル**である。すなわち，自分の存在を誰かによって認識され，歓迎されているとクライエントが感じられるように努力するのである。これらの努力は最初の接触から始まり，カウンセラーだけでなく，オフィスのスタッフも含まれる。私はこれについてカウンセラーに話すとき，もし重要な人が訪ねてきたらどうするかを考えてみるように言う。そのために，どの程度の準備をするだろうか。カウンセリン

グ・クリニックでは、人々は受付で迎えられ、カウンセラーに付き添われてカウンセリングルームに入り、温かい（冷たい）飲み物を供され、コートを置く場所があり、訪問中は電話に出ることはない。クライエントを「気遣う」対象とすることは、カウンセリングルームに入ることを示唆することになる。

　気遣いの第2のレベルは、単に注意を向けることを超えて、他者の**価値**を表現することである。他者の重要性を伝えるためには、根底にある感情とともに示された問題に、じっくりと耳を傾ける時間を取る必要がある。カウンセリングセッションに独特なのは、クライエントが他者（カウンセラー）から集中的に注意を向けられるという点である。

　気遣いの第3のレベルは、クライエントが助けられるだけでなく、**他者を助ける**機会を持つことである。多くの人にとって、自分自身が何かを提供する人であると感じることは、自信を取り戻す重要なステップである。グループカウンセリングでは、ほかのグループメンバーを助ける機会をたやすく手に入れることができる。たとえば、失業者をもっと直接的に雇用センターの運営に巻き込む、という手もあるだろう。おそらく彼らは、スタッフやカウンセラーとともに働き、提供されているサービスに対してより責任感を持つであろう。

　気遣いの最終段階である第4レベルは、クライエントがカウンセラーと**専門的な関係だけでなく個人的な関係**を確立したと思えるときに起こる。多くの場合、このポジティブな感情は、共感、純粋性、無条件の肯定的関心、柔軟性を持ってクライエントに反応した、自然の帰結である。これは専門的な境界を超えて個人的な友情が確立されたことを意味するわけではなく、むしろ個人的な気遣いが専門職の境界を超えたということである。このレベルのつながりになると、クライエントはカウンセラーが人として彼らを気にかけてくれており、時間を超えて彼らの今後の成長に関心を持っていると感じる。フォローアップが行われると、気遣いの感情が強化される。フォローアップの電話や電子メールのメッセージの力も、相当のものである。

　カウンセリングセッションで気遣いを示すことができるかどうかは、幅広い文脈においてカウンセラーに他に何が起こっているかによる。仕事やプライベートで混乱しているときに気遣いを示すのは難しい。そのような状況で

はカウンセラーは容易に焦点を失い，気が散ってしまう。

Ⅶ　共通の立脚点を見つける

　クライエントはカウンセリングに訪れると，すぐに「問題」について話し始めようとすることがある。問題について話すという「仕事」をする前に，より個人的なレベルで，簡単にでも強みについて話すことが役に立つことがある（Harris et al., 2007; Schutt, 2007）。強みや個人的な真実を見つけるための時間を取ることは，ラポールを築き，その後のカウンセリングで役立つ情報を得るためには良い方法である。私は，多文化カウンセリングで新たなクライエントに会うときの原理を用いることが役立つことを学んだ（Amundson et al., 1995）。人種的・文化的力動にかかわらず，新たな状況はいくつかの面で多文化間交流といえる。カウンセラーとクライエントは異なる「世界」からやって来たため，しばらくの間はお互いの類似性と相違点に焦点を当てる必要がある（Pedersen, 1997）。

　この初期のやり取りは，「尋問」ではなく「日常会話」というかたちで枠づけられるべきであろう。純粋性，尊敬，共感的理解と柔軟性という重要条件は，このプロセスに統合される。私の経験では，多くのカウンセラーはクライエントとさりげない会話をするのに抵抗を示すようである。これは「専門的である」ことへのこだわりと関連しているが，それよりもむしろ，ある種の質問をすることは侵襲的になるのではないかという個人的見解と関係している。カウンセラーが公私の会話の間に引く境界は，しばしば過剰に保守的なので，クライエントが自らの話を進んで話したがる気持ちを反映したものにはならない。しかし，多くの人は自分について話したがることが多く，実際に，カウンセラーの「気遣い」が示されているときに，この手の会話は中断されることが多い。

　ある質問をしてもよいかどうか不確かなときには，一般的には，クライエントにその質問をしてもよいかを直接聞いてみるとよい。その質問が善意と自然な関心に基づいたものであれば，普通はほとんど難しいことにはならない。こういうことでクライエントに接する際には，私は通常，次のように話し始める。

「本日は来談いただきありがとうございます。「本題」に入る前に，お互いのことを知り合う時間を少し取りたいのですが，よろしいでしょうか。（もし OK なら）何かご自身についてお話いただけますか。たとえば，お住まいはどちらか，そこにどれくらい住んでいるか，ご家族は何人か，あるいは暇なときには何をしているかなど，何でも結構です」

こうした「その人を知るための方法」をより構造的に行う方法の一つに，「私が好きな 20 のこと」というエクササイズがある。このエクササイズがどこで作られたかは知らないが，私の授業に出ていたある学生から教えてもらったものである。彼女によれば，ニュージーランドの廃墟となった教会に落ちていた紙に，それが書いてあったらしい。その後，私は多くの場面でこのエクササイズを使うようになり，今ではお気に入りである。まずはじめに，クライエントに新しい紙を渡して，その左端に好きなことを 20 個まで書き出すように伝える。好きなことは，仕事だけでなくプライベートも含めた生活全般から選ぶ。リストが完成したら，各々の活動について，クライエントに以下の質問をする。

① どのくらいこの活動をしていますか。
② どのくらい費用がかかりますか。
③ その活動は一人でするのですか，誰かと一緒にするのですか。
④ その活動は計画的にするのですか，やりたいときにするのですか。
⑤ その活動は，どういった点で（心理的，感情的，身体的，精神的）あなたの人生を満たすのですか（一つの活動につき，一つ以上の点にわたってもよい）。

これらの質問を使うことによって，クライエントは自分自身が満足する感覚を探求できる。また，カウンセラーはこのエクササイズで，クライエントの人生の状況をよく概観することができる。

クライエントが自分の状況を話すのを聞きながら，私は自分と共通すると思われる点についてコメントすることが役立つと考えている。たとえば，クライエントがテニスを好きなら，私もテニスというスポーツが好きだと言う

だろう。こういったつながりは関係性を強化し，適切な比喩を用いるための材料にもなりうる（これについては，第2・4章で述べる）。ここで得られた情報は，後々キャリアの探索がより深まっていく面接でも有用である。

　共通の立場という概念の原理は，多様性が問題となる多くの状況にも用いることができる。文化的な相違はもちろん重要だが，年齢，性別，障害，教育レベル，宗教，経済的地位，性的指向などの違いにも，敬意を払う必要がある（Weinrach & Thomas, 1996）。見解の相違は認められなければならないが，同時に共通点にも焦点を当てる必要がある。

Ⅷ　カウンセリング関係を交渉する

　クライエントとカウンセラーは一緒に取り組んでいくにあたり，新たな関係性におけるお互いの役割について合意しておく必要がある。Vahamottonen（1998）はこのプロセスを，カウンセラーとクライエントがカウンセリングプロセスの各段階をどのように進めていくかを理解するうえで必要な，協働のための交渉の一つと述べている。ここで行われる交渉は，それに関与している人が持っているアイデンティティに大きく影響される。

　解決志向のアプローチを使う Peacock（2001）は，三つのタイプのクライエントが想定されるとしている。一つ目は「ビジター」，すなわち誰かほかの人からカウンセリングを紹介された人である。彼らは自らが問題を持っているとは考えておらず，すべてのプロセスに懐疑的である。二つ目の「顧客」は，問題がわかっていて，行動の準備ができている。このタイプのクライエントは，たいていのカウンセリングモデルに適している。最後の「告訴人」は，問題があることを知ってはいるが，何の準備もできていない人である。彼らはこちらからの提案に対して，「はい，でも」という反応をする。あなたの提案は役に立ちます，でも，それはうまくいかないと思うので「お断りします」。告訴人は受動的な被害者のスタンスなので，自分は状況を改善するために何もできないと感じている。

　これらのタイプに応じて，カウンセラーは異なる反応をする必要がある。「ビジター」に対しては，行動を急かさないで状況を観察し，何が自らのためになるのか決める時間を与える必要がある。ビジターは，自分と自分の可

能性について勇気づけられ，ポジティブなフィードバックを受ける必要がある。告訴人には，プロセスのペースを緩めて，否定的側面に焦点を置くより，物事がうまくいったとき（例外的に）を探して，ある種の観察的活動に携わることがおそらく重要となる。顧客はしばしば活動の準備ができていて，宿題や直接的な課題に挑戦する必要がある。Peacock（2001）は，これらのカテゴリーはかっちりと固定されたものではなく，同じ会話でも常に変化と変動の余地があるとしている。

　交渉のほかの側面としては，アイデンティティ形成の社会的側面がある。GilbertとCooper（1985, p.83）は，「自己概念は他者が自分に対して持つ概念によって決まる。社会的現実を一緒に構築することによって，人はお互いのアイデンティティを決定するのである。ある意味で，私たちは，他者が信じるものになる」と述べている。このように，クライエントとカウンセラーはお互いの役割を定義・再定義しようとすることで，相互に影響し合うのである。

　実践をするうえで，最初にきちんと述べておかなくてはならないのは，守秘義務についてであろう。クライエントは，カウンセラーが情報をどのように扱い，他者と何について話すかを知る必要がある。他者がスーパーバイズやコンサルテーションのかたちで関わるときは，これは特に重要となる。

　実際のカウンセリング場面では，失業したクライエントは，しばしば求職活動をするなかで無力さを感じることが指摘されている（Westwood & Ishiyama, 1991）。BorgenとAmundson（1987）の研究では，多くの失業者の体験をもとに，「感情のジェットコースター」を指摘している。この不安定な状況では，カウンセラーはカウンセリング関係に注意しながら，まるで交渉事に挑んでいるように感じるかもしれない。信頼関係に入ることに対して疑義的で慎重な人もいる。「打ち負かされた」と感じ，カウンセラーが元気づけてくれたり，問題を解決してくれることを期待する人もいる。出発点がどんなものであっても，カウンセラーは自然なカウンセリングのプロセスをどういうものにするかについて交渉するために，ある程度時間を割く心づもりをしておく必要がある。

　多くのクライエントはキャリアカウンセラーを，短期間の最小限の情報で彼らの問題を解決できる，ある種の「魔法の力」（通常はテストのかたちで）

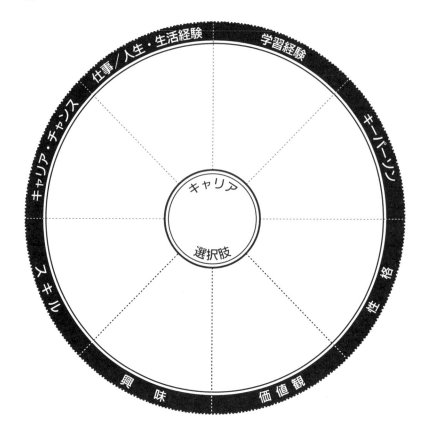

図1　車　輪

の持ち主と見ている。交渉のプロセスの一部として，カウンセラーはクライエントにキャリアの方向性を選ぶ際のおおよその要因について教え，より協働的な関係性を示す必要があるかもしれない。この話し合いで私が用いるものの一つは，図1のような車輪 (Amundson, 1989; Amundson & Poehnell, 2004) だ。

　私が車輪の要素を話すと，クライエントは，カウンセリングとは自らが相当関与しなければならない複雑なものだ，ということを理解し始める。私は通常，最初に，私のできることは客観的なデータを集めた後，意見を言うことだけだと明らかにしておく。普通，探索のプロセスで方向性が明らかにな

り，私の意見はサポートや勇気づけというかたちでしか必要なくなる。この間，私は関係性に対する期待，たとえば協働的なアプローチへの期待を明らかにする。

　キャリアカウンセラーに対して慎重なクライエントは，たいてい，いくらか強制されてカウンセリングを訪れる。これはカウンセリングの始まりとして望ましいかたちではないが，ある種の機関では起こりうる。そしてもしそれが本当ならば，カウンセラーは交渉の準備をしておく必要がある。クライエントが考えや感情を表す余地を残しておくことは，カウンセラーがクライエントが述べることに対して，攻撃的でないことを示すために重要である。最初の発散のプロセスに続いては，通常，現在のクライエント・カウンセラー関係と，このセッションの間に効率的に成し遂げられることに，注意を向けていくとよい。最もうまくいくのは，クライエントがカウンセリングセッションで行うことについて，複数の選択肢を持っている立場にあることである。彼らはカウンセリングに来なければならなかったかもしれないが，どのようにカウンセリングを進めるかを決めることができる。クライエントにこの自由を与えることは，満足な治療的関係を構築する鍵となることがある。しかし，たとえクライエントが参加しなくても，それをいとわずに受け入れる必要がある。古い諺で，馬に水を与えることはできるが飲ませることはできない，というのはこの状況に当てはまる。

　交渉は多くの異なるレベルで起こり，ある時点では再度交渉する必要がある（Amundson, 1994）。クライエントが自分自身に対してより良いイメージを持ち始めると，カウンセリングプロセスの状況を少し変えたいと思うかもしれない。たいていの場合，このように個人の主体性の表現はカウンセラーに歓迎され，クライエントが前進してきたことを示唆するものでもある。

　もちろん，カウンセリング関係における役割とアイデンティティは，起こりうるさまざまな交渉のプロセスの一側面にすぎない。公私の生活における関係性は，カウンセリングで起こる変化によって影響される。キャリアカウンセリングは，人々がより良い自己イメージを持ち，ネガティブな自己陳述をコントロールする方略を立て，より良い自分の売り込み方を学び，より成功しやすくなるような系統的な行動計画を立てるのに役立つのである。

IX 一緒に決めたカウンセリングのゴール

先に述べた交渉のプロセスは，個別のセッションやカウンセリングの全プロセスのゴール設定にも当てはまる。通常，クライエントは何か達成したいことがあってカウンセラーを訪れる。達成したい目的は現実的で，そこで行えるカウンセリングに適していることもあれば，そうでないこともある。カウンセラーとクライエントはともに，ゴールを実際に実現できるようなものにする必要がある。WalterとPeller (1992) は，ゴールを作るために，次のようなガイドラインを作っている。

① 達成したいことを述べる際には，ポジティブな言葉を使う。
② ゴールは名詞より動詞で表す。
③ 今すぐに起こることに焦点を当てる（カウンセリングの面接が終わってクライエントが部屋を出ていった後に，何が起こるだろうか）。
④ 特定のことについて，詳細に考える。
⑤ クライエントがコントロールできるゴールであることを強調する。
⑥ ゴールについて述べるときは，ふだん使う言葉で言う。

達成可能で具体的なゴールを設定することは，カウンセリングの各ステップで行われている。クライエントとカウンセラーは明確な方向性を決めるために一緒になって協働する。私は何人かのクライエントとカウンセリングをするなかで，十分に理解するためにはゴール達成尺度を使うことが役に立つことに気づいた。このアプローチでは，クライエントに現在の状況（ベースライン：0）について考えてもらい，当然達成できること（+1），理想的な結果（+2）を考えてもらう。そして今度は逆の状況として，少し悪くなったらどうなるか（-1），まったく絶望的な状態はどうか（-2）を考えてもらう。このプロセスを説明するため，リストラを行っている組織に勤務していた，33歳の独身男性のケースについて考えてみよう。カウンセリングでクライエントは，ほかの仕事を探し始めるべきか，あるいは現在の組織に留まるべきか（ベースライン：0）を決めかねていた。ゴール設定にあたり彼

がカウンセリングに望んだのは，決定について何か助言をしてもらうことだった。彼は自分で決断しなくてはならないことはわかっていたが，カウンセリングによって何か追加で情報をもらえることを期待したのである（＋1）。理想としては，彼はカウンセラーから次に何をすべきか教えてもらうことを望んでいた（＋2）。ネガティブな面としては，カウンセラーを訪れたことでさらに混乱したくない（－1），最悪のシナリオは間違った決断をしたとき（－2）である。このケースの場合は，ゴールそのものについて話し合い，変更することに主眼が置かれた。考慮すべき二つの問題は，責任を持つこと，そして不安定な労働市場を受け入れる必要性である。個人の主体性を強調することも重要であるが（これについては第5章で詳述する），ここで最も重要なことは「ポジティブな不確実性」という概念であった。

　クライエントによってゴールがうまく設定され，実現されるには，個人の動機づけと環境の変数に注意を払う必要がある。多くの場合，柔軟性と粘り強さが重要であり，クライエントは難しい状況に適応するための準備ができている必要がある。あなたはクライエントをサポートしたり（勇気づけやフォローアップ），ガイダンスを行うことで（考え方について，あるいは実際的な），クライエントが状況に挑戦する準備をするのを助けることができる。

X　クライエントの抵抗に対処する

　カウンセラーのクライエントを助けたいという欲求は常に報われるわけではなく，状況によっては，カウンセラー自ら「トライアングルゲーム」の危険を冒すことがある。トライアングルゲームでは，カウンセラーはクライエントを助けたいという熱烈な興味と欲求からスタートする。残念ながらカウンセラーの期待に応えることができないクライエントもいて，人を助けたいという欲求は結局失敗に終わってしまうこともある。これが欲求不満につながり，カウンセラーの「強制的な救済」は，救済者となるよりも迫害者となることが多い。結果的に，ほとんどの救済は失敗に終わり，カウンセラー自身も犠牲となって終わるのである。

　トライアングルゲームにならないように熱心さを適度に保つのは，容易で

はない。しかし、カウンセラーは自分自身を成長させなくてはならない。カウンセラーの熱心さは、クライエントが自分で問題解決するやり方を尊重していなければならない。セッションに熱心に取り組んでいないクライエントはメッセージを送っている。カウンセラーが早く先を行きすぎているかもしれないし、今はモチベーションが湧かないだけかもしれない。

抵抗がどこから来るか、その源を理解するのは、クライエントの難しい状況を扱うための重要な出発点である。一般的に抵抗が起こるのは、以下の五つである。

1．わからないことへの恐れ

多くのクライエントは、こういったカウンセリングという関係を経験したことがほとんどないか、まったくないため、カウンセラーに会うのを躊躇する。彼らはカウンセリングで何が起こるかを誤解しており、これがカウンセリングプロセスの妨げになることがある。クライエントは、カウンセラーは魔法使いみたいに、知りたいことが全部わかるような特別な心理検査を持っていると思っていることもある。あるいは、何かを暴かれてしまうのではないか、どのくらい守秘義務が守られるのかを不安に思っているかもしれない。新奇な場面で不安を感じるのは自然な反応であり、このような状況にあるカウンセラーは、カウンセリングのプロセスについて十分に話し合い、クライエントとラポールを作る必要がある。

2．問題を認めること、そして（あるいは）、問題の責任を取ることへの拒否

カウンセリングに訪れることは、「狂ってしまうんじゃないか」とか、問題への「責任を負う」ことにいくらか社会的な恐れを抱いているため、難しいステップとなる。援助を求めることは、強さや自立的なことに価値が置かれる社会では、弱さのサインと見なされる。キャリアカウンセリングは、個人カウンセリングよりは社会的に受け入れられやすいというメリットはあるが、それでも誤解されているところはある。また、実は個人的な問題で援助を求めていても、キャリアカウンセリングを装って援助を求める人は多い。したがって、クライエントが直面している問題があったり、その責任を認め

ることが難しいようであっても，驚いてはいけない。しかしこれは，クライエントが難しい状況に対して全責任を負う必要があるということではない。実際に，不当解雇などさまざまなことがある。ここで必要なのは，自分自身や外界の環境について，現実的にアセスメントしようとすることである。

3．失業，そして求職活動のバーンアウト

私の同僚の Bill Borgen が行った研究では，失業経験は多くの場合，気持ちのジェットコースターのようなものとされている（Borgen & Amundson, 1987）。この経験では，喪失感情（ショック，怒り，心配，不安）と，バーンアウト（勇気がなくなる，停滞，怒り，自暴自棄，恐れ）が起こる。このように気分状態が変化しているときには，動機づけが低く見えたり，怒りっぽく見えることがあるかもしれない。そういうときは，カウンセラーがこういった反応に気付き，それが自然な反応であると伝える時間をもつことによって，抵抗をいくらか減らすことができる。

4．クライエント 対 組織

多くのクライエントは，さまざまな政府機関や教育機関と悪い関係になったことがある。このような「組織」との間で以前に持った経験は，特にカウンセラーがどこかの政府機関に属している場合には，カウンセラーへのアプローチの仕方に影響するだろう。こういう状況では，人は防衛的になりやすい。批判の集中砲火に反応するよりも，むしろ傷ついた感情を発散する時間を設けて，今の状況でできることについて今後の見通しを持つことが役に立つようである。

5．二次利得

クライエントのなかには，カウンセリングは現在受けている経済的援助（失業保険，社会保障，支援給付）を脅かす，と思っている人もいる。特に，カウンセリングに連れてこられた場合には，今の状況についてオープンに話すことを拒むかもしれない。カウンセラーはこういった力動を最初にきちんと話し合っておく必要がある。そうしないと，カウンセラーはその後起こるであろう反応に不満を感じたり，混乱するだろう。

抵抗がどこから来るのかを理解することは，クライエントの抵抗的な行動に取り組むための，重要な最初の一歩である（Vogel et al., 2007）。さらにカウンセラーは，自らの反応がいかにクライエントの抵抗を後押ししたり，時として促進してしまうかを，よく理解しておく必要がある。

　私は，政府から助成を受けた Starting Points needs assessment program で，多くの抵抗的なクライエントと関わる機会があった。そのなかで，最初は抵抗していた多くのクライエントが，積極的になっていくのを見た（Amundson & Borgen, 2000）。最初はプログラムについて非常に不安を感じていたクライエントが，力強い推奨者になることもある。この変化は，クライエントが歓迎されて，脅威を感じないようなカウンセリング環境によって起こる。このような環境では，明確なコミュニケーションが行われ，クライエントをコントロールするのではなく，ともに歩みたいという想いが伝わるのである。

　抵抗をうまく扱うには，忍耐，共感，役割や責任についての明確なコミュニケーション，防衛的でないことが重要であるが，必要であれば快くリファーすることも大事である。Bezanson ら（1985）は，抵抗を扱うためには，カウンセラーには以下のことが必要だという。すなわち，①抵抗的な行動に対する反応を操作すること，②クライエントにとって安全で公平なカウンセリング状況を作ること，③クライエントを動機づけるようなカウンセリング環境を作ること，④具体的なカウンセリングの対処スキルを使うこと（抵抗があることを知っておく，クライエントと一緒にゴールの再設定をする，クライエントとリスクを査定する，適切な直面化技法を用いる）。

　ここで，カウンセラーがすべてのクライエントと，意味のあるカウンセリング関係を築けるわけではないことも伝えておきたい。単にカウンセリングの準備ができていない人もいる。どういうときに，一度立ち止まって，カウンセリングがうまくいっていないと率直に伝えるべきかを知っておくことが，大切である（必要であればリファーする）。カウンセラーは援助関係の一部分にすぎないのであり，クライエントの協力なくして成しうることはほとんどない。

　抵抗の扱い方を学ぶのはとても難しいことだが，すばらしい満足の源ともなりうる。「カウンセラーというボタンを押して」カウンセリング能力の限

界を試すようなクライエントは，難しいクライエントであることが多い。しかし，カウンセラーがこのような難しい状況にうまく対処できれば，新たなカウンセリングのスキルが身につき，強化され，自信が育つのである。そのため，カウンセラーはより革新的で柔軟であるべきであり，積極的に関わる（Active Engagement）カウンセリング方法に挑戦する必要がある。

XI 振りかぶる必要性

　心理的なプロセスの力動の比喩として，身体的な表現が役に立つことがある。その一例が，振りかぶり（backswing）（Amundson, 2003）である。あなたが金槌を打ったり，ゴルフクラブを振ったりするときに最初に行うのは，前にあるものを後ろに振りかぶることである。この振りかぶる動きは，次の前進へのエネルギーを生み出し，前に向かうためのはずみになる。同じ力動が，人がキャリアプランを考えるときにもあると思う。早急に作られた行動計画に突入するよりも，むしろ，まずは過去を振り返り，強みや楽しみの源を特定し，自信を深める（これらはすべて振りかぶりの活動である）ことで，重要な利益を得ることができる。私たちはカウンセラーとして多くの面でこの振りかぶりに携わっており，この振りかぶりのプロセスを，クライエントがゴールに向かって進むにつれ，その動きが最大限に効果的になるようにしていく。

　振りかぶりの必要性は，ストレスフルな状況によって人がいかに打撃を受けるかを考えると，明らかである。同僚のBill Borgenと私は，失業者におけるこのプロセスについて研究を開始し（Borgen & Amundson, 1987），その後，この考えを職業生活のあらゆる面に適用した（Earnshaw et al., 1990; Amundson et al., 2004）。すべての場合において，数ヵ月間プレッシャーが続いた後，自然な引きこもりが起こり，自尊心が低下した。比較的短期間の間に，どれほどの自信が失われるかは驚くほどである。

　低い自信の結果の一つとして，他者からのポジティブなフィードバックを受け入れられなくなる。ポジティブなコメントを聞くことは好きではあるが，精神的には言われていることが信じられないのだ（まるでアヒルの背が水をはじくように）。一方，ネガティブなコメントはまったく逆の効果を持

つ。ネガティブなコメントは，嬉しくないにもかかわらず心に残り，ネガティブな自己イメージを強化したりする。自信がある人の逆である。この低い自信によるコミュニケーションの障壁を取り除く唯一の方法は，与えられたフィードバックは実際の生活状況に密接に関係していると伝えることである。つまり，彼らを生活状況につなげるのである。第3章で詳述する，深い（in-depth）インタビューアプローチは，振り返りのための良い礎を築く，カウンセリングアプローチの好例である。

　自信を失っているときは，行動計画を立て始める時期ではない。こういうときには，「動くこと」はできるかもしれないが，明らかにバイタリティがない。このような状況でカウンセラーが行動計画の立案に固執した場合，その計画が実行されなくても，驚くべきではない。効果的な行動計画は，計画にコミットしているかどうかが重要であり，自信がないのであれば最初からその計画は「流れて」しまう。BorgenとMaglio (2007) が，うまく進められ達成される，良い行動計画に注目した研究を行ったところ，90%以上の調査協力者が，自分と状況に対して自信を持った態度が促進の鍵である，と報告したのである。

　政府の助成担当者は，なぜ行動計画に取り組まない人をサポートすべきなのか，理解できないことがある。私が議長を務めた政府高官の会議で，私はほとんどの出席者がしているゴルフについて話した。そこで，彼らに，もし振りかぶらなかったらどの程度ボールを飛ばせるか考えてもらった。この質問は彼らの注意をひき，たちまち納得してもらえた。

　問題はカウンセラーが振りかぶりを好んで，しばしば「何ラウンドも」いつまでも振りかぶってしまうことである。振りかぶったまま放たれないために，焦点が探索的な活動から別のものに変わってしまったのである。良い振りかぶりでは，短く焦点づけられた振りかぶりの後に，振りかぶった状態から前に向かって動き始め，フォローされる。つまり，振りかぶりは終わりのない振り返り期間ではなく，自己理解と自信を持つための，シンプルで短い人生の振り返りなのである。振り返りのプロセスを終えると，クライエントは行動計画に戻っていく（時には新たな方向性へと）。

　振りかぶりを説明するために，梃子の原理を紹介することがある。(犬と遊ぶときの)ボール遠投用器具で腕を伸ばすことによって,投げる動きの大きさ

でボールの飛距離をいかに伸ばせるかがわかるだろう。ある意味，これは人間関係のネットワークを作るのにも似ている。他者をプロセスに巻き込むことで，異なる仕事に到達する可能性を拡げることができる。

The Starting Point needs assessment program は，振りかぶりをうまく使ったアプローチの例である（Westwood et al., 1994）。最初のステップは関係構築である。そして焦点は，情緒的な反応と将来計画に対する期待へと移っていく（第2章で述べるロードマップと失業のジェットコースターを用いる）。続いて焦点は，スキル，態度，価値を特定する質問に移り，このプロセスを通して自信が構築される。このアクティビティには振りかぶりの要素が絶対的に含まれているため，自己理解が進み，自信を高めていく。追加のアクティビティとして，（家族や友人などの）支えてくれる人が強みやキャリアの選択に加わることもある（第5章の「重要な他者をカウンセリングに巻き込む」）。これらのアクティビティでは，先に使われたロードマップにもう一度戻って，振りかぶりをすることがある。また，これらのプロセスを通して，変更が加えられることもある。たとえば，スクーリングに対してまったく自信がない人がいた際には，自信を持った態度をとることによって，教育訓練プログラムに参加することができた。また，ほかにも，求職を回避するために教育を受ける人もいる。彼らは求職の能力に自信がなかったのだが，振りかぶりのエクササイズが求職に向けて動き出すのに役立った。計画の変更がいつもそんなに劇的なものとは限らないが，自信に関する行動計画を持つことは確かに意味がある。

振りかぶりのアクティビティには，もっと多くの多様なタイプのものがある。そのため，本書で紹介するアクティビティの多くは，この一般的原則に沿ったものである。これらの振りかぶりに共通する要素は，生活のなかの経験に「根拠」があるということである。つまり，単に他者にポジティブな言葉を発するのではなく，言葉と現実の間につながりが感じられなくてはならない。このつながりなくしては，サポートをありがたく思ったとしても，ほとんど効果はないだろう。人が自信を持って闘っているときには，彼らには現実に基づいたポジティブで建設的なフィードバックが必要なのである。

XII コミュニケーションスキル——伝統的で比喩的なもの

　本章は，特にポジティブな作業関係を確立するために重要な，多くの課題に焦点を当ててきた。この目的を達成するためには，良好なコミュニケーションスキル（伝統的なものと比喩的なものの両方）が必要である。一連のコミュニケーションスキルについて述べる際には，スキルの体系化には実にさまざまなものが多くあることを知っておくことが重要である。下記の伝統的なコミュニケーション群は，カナダ連邦政府によるカウンセリングトレーニングプログラムが発展させたものである（Borgen et al., 1989）。各スキル領域の端的な定義と例について説明する。

1．伝統的コミュニケーションスキル
(1) 言い換え（paraphrasing）
　このスキルを使うときは，受け取ったメッセージを自分の言葉にする（オウム返しではない）。言い換えが強調するのは，メッセージの内容である。たとえば以下のような言い方である。
　　「もし私が正しく理解していれば，明日予定されている面接のために，今日少し時間を使いたいということでしょうか」
(2) 明確化
　正しく状況を理解しているかを確かめる（ないしは特定の質問をする）必要があることもある。この懸念を伝えるにあたり，あなたが聞いたことを述べ，混乱していることを伝え，それを明確化するために相手を見る。
　　「あなたが直近の仕事をしていたときに，私はあなたが仕事を楽しんでいたのか，あるいは本当にほかの仕事を探していたのかが，よくわからなかったのです」
(3) 基本的共感
　基本的共感は言い換えの延長線上にある。共感では内容だけでなく，感情を繰り返す。よく使われるかたちは「あなたは〜と感じたのですね。なぜなら……」だ。共感では，形式ばって見えないように，（決まり文句を使いすぎることなく）言い方を換えることが重要である。

「あなたはどういうつもりでそう言ったのかについて，きちんと説明させてもらえなければ，怒りますよね」

(4) 要約

要約では，語られた主要なポイントをまとめて体系化し，統合する。これは，結論や認識の確認，次の話題へ移る意味を持つ。

「端的に言うとどうでしょうか。あなたは電話をしようと思っていたのに，電話器が壊れたことや睡眠不足のために，電話できなかったということでしょうか」

(5) 情報提供

情報を提供する際には，明確で，脅威を与えないようなかたちで，なおかつ簡潔に提供する。このスキルは，さらなる情報を得る方法について助言するときにも使える。

「あなたにご紹介できる単科大学の情報があります。ほかの可能性も見てみたいようでしたら，図書館のコンピュータを使うこともできるでしょう」

(6) 緩和

緩和することによって，問題のあらゆる側面が見えてくる。特に集団の場合には，メンバー一人ひとりに自分の意見を言うように働きかける。

「私たちは長らく，学校に戻ることの利点について話し合ってきました。学校に戻ることによって直面するかもしれない潜在的な難しさはないでしょうか」

(7) 関連づけ

関連づけは，さまざまな人の意見の共通点や相違点を示すために使われる。また，異なる考えがどのように関連しうるかも示すことができる。

「あなたはコンピュータ分野に傾いているけど，ご両親は医学について検討してほしいと考えているのですね」

(8) 阻止

面接のなかで，時として望ましくない，非倫理的ないし不適切な行動を止める必要があるかもしれない。阻止を使うときには，言葉と身体言語が一致しているとよいだろう。

（カウンセラーはまっすぐ手を上げ）「あなたは混乱しているように見

えます。あなたが大声を上げている状況で話をするのは難しい。声量を下げてください」

(9) 支持

支持のスキルには，励ましや賞賛が含まれる。相手を支持するためにポジティブなことを言うときは，できるだけ具体的に特定して伝えるとよい。

「とてもよかった。面接訓練の冒頭の質問の仕方が，とてもいいですね」

(10) 限界設定

限界設定は，クライエントに境界や限界を設けるときに使うスキルである。阻止と違うところは，限界設定ではしばしばその瞬間は止めるが，後で解除することがあるという点である。

「私はあなたがこの新しい考えにワクワクしているのはわかります。でも，別の方向に動き出す前に，宿題を片付けてしまうというのはどうでしょうか。15分かけて宿題を見直して，その後，この別の考えを試してみましょう」

(11) 合意形成

合意形成では，行動を始める前に，完全に合意する必要があることが強調される。合意形成にあたっては，沈黙を了解と解釈してしまわないことが重要である。そういうときには，さらに質問をする必要がある。

「さらに進む前に，私たちがこれから取り組もうとしている計画に，完全に合意しているかどうかを確かめたいと思います」

(12) 開かれた質問

開かれた質問を使うときは，相手が自分の考えを振り返り，拡げるように尋ねる。「なぜ」という質問は普通，クライエントがまだわからない状況について考えることを求めるので，冒頭から「なぜ」と聞くのは役に立たない。

「そのコースが来年まで開講されないと聞いたとき，どんな考えや気持ちになりましたか」

(13) 高度な共感

高度な共感では，直接的に表現されたものよりも，むしろそれとなく示された感情や体験を理解したことを伝える。その際，意図や願望，恐れ，そしてニーズといった，まだ認識されていないようなことに焦点を当てる。

「あなたは売り込みの電話をすることに、ある程度自信があるように見えます。でも、どこかためらいがあるようにも感じます。知らない人に電話をするのは大変な仕事ですよね」

(14) 強みへの挑戦

　強みへの挑戦は、クライエントの欠点との比較において、欠点よりも強みに挑戦するというのではなく、ただ強みに挑戦するという考えに基づく。ここで強調するのは、クライエントは否定しているけれど、観察では確かにあることがわかっている、特定の行動や態度である。多くの人は自分を安売りしがちであるが、自分が確かに持っている強みを、（特定の行動を観察することにより）再認識する必要がある。

　　「自分ではすぐに決定することができないとのことでしたが、この前の活動の様子からは、あなたはプレッシャーのなかで自分をよくコントロールできているように見えました。本には書いていないような質問をしたとき、あなたは時間をかけてよく答えてくれました」

(15) 直面化

　直面化では、クライエントの行動や態度の不一致に挑む。通常これは、こちらが何かを述べるより質問のかたちでなされるものであり、慎重にすべきである。

　　「前回のセッションであなたはこのワークブックに興味を持ち、いくつかの課題はできそうでした。しかし、今日、どの課題にも手がつけられていません。これはどういうことなのでしょうか」

(16) 直接性

　直接性は、現在の関係性のなかで起こっていることについて、相手と率直かつオープンに話し合うことが含まれる。コミュニケーションはさまざまなレベルでなされるが、底流の力動に焦点を当てるようにするのである。

　　「あなたは今日の面接では、ずいぶんと不快そうに見えます。今日、私が何かしたことで、そういう気持ちになったのでしょうか」

(17) 自己開示

　自己開示では、あなたは自分自身の個人的な経験を他人と分かち合う。自己開示は、本人には認識されていないものの、実はクライエントが前に進むことを妨げている深層の感情（怒り、恐れなど）を解き放つのに役立つ。自

己開示をするときには，あなたは純粋であるべきであり，同時に，状況に適した量と質で開示するように気をつけなくてはならない。

「あなたが受け入れられなかった話を聞いていると，私自身の数年前の経験を思い出します。私は他人からの関心を示されず，とても落ち込みました」(関連づけと自己開示)

(18) 経過観察

経過観察では，カウンセリングプロセスのなかで，一定期間観察された力動について，振り返ったり，言葉にしたりする。

「今日のあなたの笑顔は本当に素敵ですね。初めて来談したときのことを思うと，あなたがどんなに変わったか，信じられないくらいです」

見過ごされがちだが，コミュニケーションスキルの最後は，ユーモアである。自分自身や人生における困難な状況を笑う能力は，すばらしい贈り物だ。適切なユーモアによって関係を築いたり，緊張を和らげることができる。ユーモアはさまざまなかたちを取りうる。状況をひねることでユーモラスな部分を見る人もいる。より構造的なアプローチをとる人もいる。雇用という文脈におけるユーモアの例は，インターネットで見つけたこの手紙である（Riley Guide, www.rileyguide.com）。この手紙の出所はわからないが，明らかに大学の部門長から送られた不採用に対して返信されたものである（名前は仮名である）。

親愛なる Hombre 教授

拝啓　3月6日付けのお手紙，ありがとうございました。
　よくよく考えましたが，私はあなたの学部（慎重に検討した結果，貴学部の）准教授職への不採用というお返事を受け入れることは致しかねます。
　本年度，私は稀に見る大量の不採用通知を受け取るという，素晴らしい幸運にあずかりました。

> このように多様かつ有望な不採用通知がたくさん来ておりますので，すべての不採用を受け入れることはできません。
> 　Towanda 大学は，候補者の不採用において顕著な実績をお持ちではありますが，貴殿の不採用は，私の今回の要求に見合わないと考えました。したがいまして，私はこの5月に貴校の准教授職に就きたいと思います。お目にかかるのを楽しみにしております。
> 　未来のほかの候補者が不採用となりますよう，健闘をお祈りします。
>
> 　　　　　　　　　　　　　　　　　　　　　　　　　　　敬具
>
> Goddard Youville

2．比喩的コミュニケーションスキル

　上述したコミュニケーションスキルは，大半のカウンセラーの訓練プログラムで使われる，極めて典型的なものである。私はコミュニケーションの一つとして，比喩的な言葉に関心を持っている。比喩は，私たちが日常会話において使う視覚的なイメージである。Lyddon ら（2001）によると，比喩はいくつかの目的でカウンセリングに使えるという。すなわち，①関係構築，②クライエントの感情への接近と象徴，③クライエントの暗黙の想いの表面化と挑戦，④クライエントの抵抗を扱う，⑤クライエントが事態を今までとは違った見方でとらえられるようにする，の五つである。

　比喩は，感情状態を定義する方法としても，大いに役に立つ。たとえば「欲求不満」の状況について，比喩的に「タイヤがスピンする」と表現するかもしれない。あるいは，「壁で頭打ち」と言う人もいるかもしれない。また別の人は，「オールなしで小川をさかのぼる」と表すかもしれない。これらはいずれも欲求不満を表す方法だが，比喩から，これらの体験が明らかに異なるものであることがわかる。私は，比喩が自分の今の感情をより正確に特定するのに役立つことに気がついた。「欲求不満」や「楽しみ」といった言葉には多くの異なる意味があるため，比喩は実際に感じていることを明確

にするのに役立つ。

　コミュニケーションスキルとしては，比喩は共感的な理解を示すこともできるため，カウンセリングプロセスを前進するのにも使える。次の会話を見てみよう。

> **クライエント：**（キャリアと個人的な挑戦！について，長く複雑な話をする）
> **カウンセラー：**ここに来るまでに実にさまざまなことがあって，あなたはクモの巣にからまって，前に進めなくなっているように見えます。
> **クライエント：**そうです。私は本当にここで立ち往生していて，息苦しく感じます。
> **カウンセラー：**その息苦しい感じについて，もう少し話すことはできますか。その感じはどこからくるのでしょう。

　この例では，「クモの巣」の比喩が，クライエントの「息苦しい」感情を特定して，さらにそれを探求するのに役立った。このプロセスは，重要な社会的力動に焦点を当てるのに役立つことがわかった。

　比喩はまた，絵（ないしは他の比喩）と密接に関係している。たとえば，ある人が「頭打ちになっている」と感じているとき，あなたはそのイメージを描いてもらおうと思うかもしれない。というのも，絵から窮地をいかにして脱するかを探ることができるかもしれないからだ。その窮地から逃れるためには，おそらくはしごや金槌が必要である。たぶん，これは物事をより良い観点から眺めるために，後ろに下がって見るというにすぎない。初心者には打撃を和らげるために，ヘルメットが役立つかもしれない。何が必要とされるにしろ，クライエントとカウンセラーは，よりポジティブな視覚的な結果を得るために，協働してイメージを使うことができる。

　カウンセラーはクライエントが表す比喩に挑戦することもできる。ある女性とのやり取りのなかで，彼女は自らを「ドアマットのようだ」と表現した。皆が彼女を当たり前のように思っており，家に入る前に，彼女の背中で靴をきれいにする。このイメージに対して，私から見た彼女を表すために「壁掛け」という比喩を使った。ラグは床に敷かれることもあるが，芸術品

としてつり下げられることもある。

　比喩の使い方を学ぶための出発点は，日常会話のなかで，日常的に使われている比喩をいかに特定するかを学ぶことである。私は比喩を使ったことがないというカウンセラーと仕事をしたことがある。会話が進み，私は彼女に，オフィスの仕事の調子はどうかと尋ねた。彼女は良い状況ではないと答え，まるで卵の殻の上を歩いているように感じるときがあると述べた。このとき，私は何も言わずに立ち上がり，彼女の椅子の周りを爪先立ちで（！）歩き始めた。まさにそういうことなのだ。私たちは皆，比喩を使っており，カウンセラーの訓練では，人が使っている比喩を特定できるようにする必要があり，キャリアカウンセリングの一部として視覚的なイメージを使う方法を学ぶ必要がある。本書では，さまざまなところでたくさんの比喩が使われている。第2章と第4章では，比喩の使用に関する情報が多く掲載されている。

　本章で述べた伝統的・比喩的コミュニケーションを適用するためには，継続した実践をすることと，建設的なフィードバックに開かれていることが必要である。本章で紹介したスキルは，幅広いコミュニケーションスキルにわたる。これらのスキルは，すべてのカウンセリングプロセス（たとえば，問題の定義，問題解決，終結）で用いられる。本章ではスキルを個別に紹介したが，経験豊富で熟達したカウンセラーは，これらのスキルを組み合わせて用いる。第7章では，優れたカウンセリングスキルと戦略を，より高める際の問題について述べる。

XIII　本章のまとめ

　本章で示したポイントは，キャリアカウンセリングの流れをつくるうえで重要である。カウンセリングの会話は，セッションがより想像的かつ創造的なものとなるために，試したり，つくり変えていく必要がある。実際にカウンセリングは，カウンセリングに対する期待と目標を明確にし，ポジティブで明確なカウンセリング関係がつくれているかどうか次第である。ポジティブな関係がつくれるかどうかには，多くの要因が関係しており，時として難しいものでもある。しかし，クライエントの抵抗の力動を理解したり，伝統

的あるいは比喩的な幅広いコミュニケーションスキルを身につけ，実践してみることによって，多くの場合，建設的なカウンセリングの雰囲気をつくることができる。

　次章より，焦点はカウンセリングのプロセスと構造から，実際のカウンセリング実践に移る。これはキャリアカウンセリングの定義にもつながる。カウンセリング実践は問題を特定するところから始まり，問題解決に移っていき，終結に至る。

第2章　問題の定義

I　問題を述べ，期待を調整する

　クライエントが自発的にカウンセリングに訪れた場合には，主訴は大変率直である。多くの場合，さりげない会話や，彼らについて尋ねるといった最初の「歓迎のやり取り」に続いて，すらすらと主訴が語られる。カウンセリングルームで席に着くと，多くのクライエントはすぐに問題について語り始める。クライエントが沈黙したり，躊躇したりしている場合には，カウンセラーは「今日はどのようなことでいらっしゃいましたか」といった質問をして，話を切り出すだろう。この質問は，信頼関係の形成から，より問題に直接的に焦点化する会話へと移行するためになされる。この質問に対する反応は実にさまざまである。問題を明確に述べるクライエントもいれば，漠然としていたり，あるいは同時に起こっている2，3の問題を述べるクライエントもいる。

　この時点では，問題を額面どおりに受け取る。そして，クライエントが問題解決やカウンセリング関係について抱いている期待に関して，話を進めるのがよいようだ。この会話を始めるのに，次のような質問が役立つ。**「この面接で，特に何を達成したいと思いますか？　あなたがおっしゃったことを達成するために，私たちはどのように取り組めるでしょうか？」**。ここでは，カウンセリング関係における，役割の交渉プロセスに注目している。前章の「カウンセリング関係を交渉する」では，これに関連する多くの問題について詳しく述べている。

　期待について話し合った後，最初に述べられた問題の話に戻る。焦点がはっきりしていない場合には，クライエントが達成したいことを具体化するために，いくらか時間を費やす必要があるかもしれない。問題が複数ある場

合には，クライエントは問題を整理して，その重要度で順序をつける必要があるだろう。これをはっきりさせるためには，言い換え，明確化，共感，緩和，要約などのコミュニケーションスキルを使う必要がある。

　Patsula（1992）は，この時点でクライエントに自分の問題に関する制約を言葉にしてもらうことによって，クライエントの問題を理解するための予備的なアセスメントをするという。制約を言葉にするというのは，クライエントが問題の難しさとその理由を述べるということである。下記にいくつかの例を挙げる。

　　「工場が閉鎖されたが，この地域には仕事がないので，私は仕事を見つけることができない」
　　「私は受付の仕事にもっとたくさん応募するために，コンピュータのコースを受講する必要がある」
　　「私はキャリアの方向性がはっきりしていないために，どこから求職活動を始めたらよいかわからない」

　クライエントが明確に制約を言葉にできるように，問題に焦点化した要約をすることもできる。たとえば，上記の例には次のように応えることができる。

　　「あなたの認識では，工場閉鎖とこの地域に似たような仕事がまったくないという事実があるために，仕事が見つからないと思っている，ということですね」

　あなたの要約に対して，クライエントは同意したり，明確化をして反応するかもしれない。

　問題を明確化する過程の一つとして，一連の雇用適性の次元を用いるとよい。それによれば，クライエントは通常，以下のことについて助けを必要としている。

　①キャリア探索と意思決定

②職業的ないし一般的なスキルの発達
③求職のスキル
④仕事を維持するスキル

　一つの領域に焦点化するクライエントもいれば、より幅広い課題に立ち向かっているクライエントもいる。クライエントは、ロードマップの例えを使って、問題を特定することができる（Starting Points program〈Borgen, 1995〉から改編した図2を参照）。クライエントは転職しようとするとき、さまざまな課題（障害）にぶつかる。しかし、図2の中継地に示された活動をすることによって、問題を克服することができる。このロードマップはたまたま一本道だが、クライエントは同時に一つ以上の課題に取り組むこともできる。

　ロードマップの絵は、課題のうちの四つはエンプロイアビリティの次元と一致しているので、うまい比喩である。もし、クライエントがプロセスを始める準備ができているかわからないと思っているようなら、ロードマップの最初にさらなる課題を加える。このわからなさは、アルコールや薬物依存、デイケアの問題あるいは他の多くの問題を振り返ることによっておこっているのいるのかもしれない。

　ここでもっと複雑な状況を見てみよう。それは多くのカウンセラーにとって、カウンセリングに行かされているクライエントと取り組まなくてはならないという現実である。こうした状況では、問題について考え始める前に、強制的に来させられたという問題について話し合う必要がある。カウンセラーは話し合いに先立って、次のように述べたいと思うかもしれない。

> 「あなたはカウンセリングを受けるように言われて、こちらにいらしたと思います。まずは、このことについてのあなたの考えや気持ちを考えることから、始められないかと思っています」

　前章で述べたように、ここでの要点は、強制参加という指示に対する反発を発散する余地を残すことである。この状況では、カウンセラーはクライエントに対して理解がある、判断しない態度で聞く。しばらくしてから、クラ

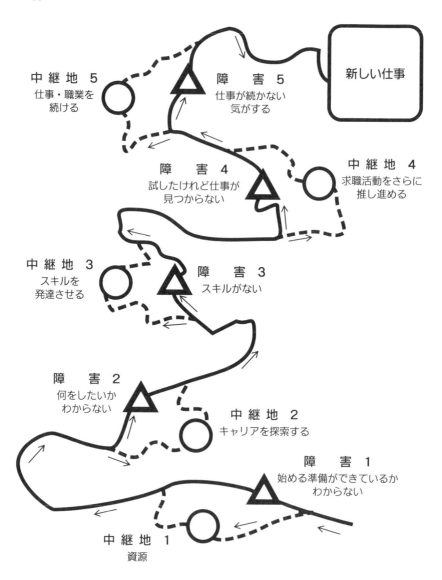

図2　ロードマップ

イエントに，ここで時間をともにしなければならないのであれば，探求したい問題があるかどうかを尋ねてみるとよい。これは，初期に問題を特定する際の基礎となる。もし，問題が特定されないようなら，面接を終えたほうがよいかもしれない。興味深いことに，最初に発散する機会が設けられると，クライエントはたいていカウンセリングを続けることを選ぶものである。

Ⅱ　カウンセリングで扱う問題を明らかにする

　カウンセリングに訪れるクライエントは，通常，何らかのかたちで「行き詰っている」ために，カウンセラーを求める。彼らは，直面している問題に対する新しい見方（**再評価**）を求めている。カウンセラーは，クライエントが直面する問題の克服を助ける，「再評価する人」と見なされる。しかしながら，この再評価に取り組む前に，起こっていることの全容を把握することが重要である。つまり，あなたはクライエントが再評価を求めるに至った問題のすべて（たとえば，これまでにしたこと，問題の最初の枠組み，意思決定のきっかけ，あるいは一役を担った外的な要因）を知っておく必要がある。図3の意思決定の相互作用モデルは，これらのさまざまな要素の関係を示している。

　物語の全容を理解するには，状況のすべての側面（認知，感情，行動，文脈）について，注意深く調べる必要がある。キャリアカウンセリングのプロセスでは，クライエントを物語の詳細なところに引き戻すことが重要である。この探索は，原点である**意思決定のきっかけ**を振り返るところから始めるとよい。意思決定のきっかけは，外的なこともあれば，内的なものもある。外的なきっかけの例としては，失業，教育機関の卒業や訓練の終了，婚姻状態の変化，家族の死などがある。一方，内的な引き金は，ある年齢（30，40，50，60，65歳）に達したことや，人生早期に立てた目標が達成できなかったときなどである（Schlossberg & Robinson, 1996）。キャリアのきっかけの力動を理解するために，次のような質問をする必要がある。

①**第一印象**「そのこと（失業することになる）を初めて聞いたのはい

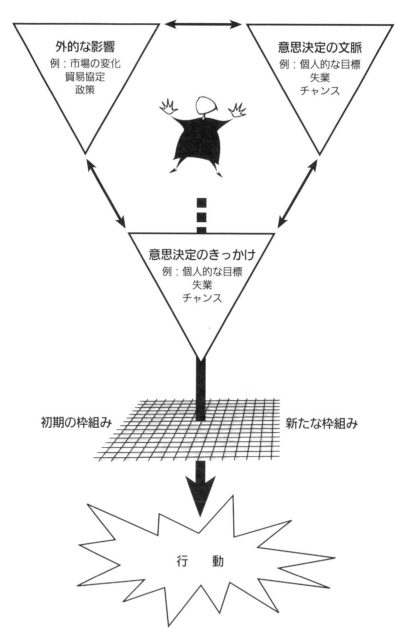

図3　意思決定の相互作用モデル

② **移行期**「最初に聞いた（考えた）ときから実際に離職するまでの間に，何が起こったのですか。この間，何を考えたり感じたりしましたか」
③ **重要な他者**「起こっていることに対する，ほかの人の反応（行動，考え，感情）は，どのようなものでしたか」

ここでのポイントは，物語とその始まりを理解することである。ここで特に重要なコミュニケーションスキルは，開かれた質問，言い換え，明確化，共感，要約である。

意思決定のきっかけには，通常，問題に影響したかもしれない**外的な影響**が含まれることがある。外的な影響とは，意思決定のきっかけを導くような，環境的な状況のことである。たとえば，二国間の貿易協定，株式市場の変化，労働市場の移行などは，普通に働く人々の生活に重要な影響を及ぼす可能性がある。これらの影響はグローバルなものであり，制御しがたい。しかしながら，キャリアプランニングに重要な影響をもたらす可能性がある。

意思決定のきっかけとしてしばしば挙げられるほかの要因として，**意思決定の文脈**に関連するものがある。これについては，文化，家族，ジェンダー，対人関係，トラウマ的経験，基本的な自己構造などの影響がある。ただし，この時点での意思決定の文脈についての話し合いは予備的なものにすぎず，カウンセリングプロセスの後期（物語をすべて探索したあと）には，さらに拡がるであろう。

きっかけについての話し合いに続き，この後，焦点は問題に関する**初期の枠組み**と，実際にとられた**行動**へと移る。焦点を過去から現在に動かすことによって，当初，問題はどのように見なされていたのか，そして，問題解決のためにどのような行動が試みられたかを，（感情とともに）より深く探索することができる。この段階では，次のような質問がよい。

「それでは仕事を辞めてから（あるいは転職しようと決めてから），どのようなことが起こったかを見ていきましょう。この頃，どのような考

えや感情がありましたか。行動としては何をしましたか。あなたが成し遂げたことは他者にどのような影響を与えましたか。この間，どのような情緒的ないし経済的サポートを受けましたか」

　この時点では，クライエントに，うまくいかなかったことだけでなく，成功したこと（学んだこと）を思い出させることが重要である。また，彼らがどのように自己試行的行動をしたかに注目することも必要である。よく見過ごされがちだが，自己試行的行動といえる明らかなステップは，彼らがカウンセリングを訪れたという，まさにその事実である。もし，カウンセリングへの来談が自発的なものなら，それは彼らが意図したことであり，解決を見いだすために動機づけられていたことを示すものである。

　クライエントが問題を定義するとき，展開される物語に埋め込まれている感情を見失わないことが大事である。詳細に足をとられて，この重要な点を

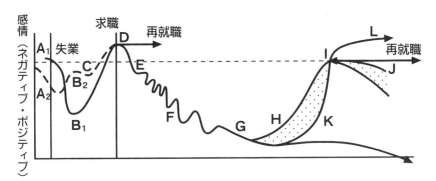

A₁. 失業に対する初期のネガティブな反応（ショック，怒り）
B₁. 失業についての考え（心配，不安）
A₂. 失業の受容（心配，懸念，否認）
B₂. 失業への初期反応（安堵）
C. 失業の受容（決心，制御）
D. 失業の受容（希望的，楽観的，誇らしい）
E. 求職活動に伴うストレスへの急性反応（プレッシャー，落胆，恐れ，怒り，自暴自棄）
F. 求職活動に伴うストレスからの回避（無気力）
G. 内面的拒絶（無価値，孤立，孤独，成り行きまかせ）
H. サポート／再訓練（希望的，明るい，励まされた）
I. 求職活動の持続
J. ストレス反応の減少
K. 自己，価値の再評価
L. 落ち着き（ポジティブ，変化した）

図4　失業のジェットコースター

見落とすということはたやすく起こる。クライエントが失業に関する感情に焦点を当てるためには，自分の感情を，図4に示した失業のジェットコースターと比較してみるとよい。

ジェットコースターの図は，失業の力動に関する初期の研究（Borgen & Amundson, 1987; Amundson & Borgen, 1987）に基づいている。図を参照することで，彼らが体験しているかもしれない感情を自然な反応として平準化するのに役立つ。

ほかにもよくあるのは，クライエントが語る物語について，正確な順序を確認することである。私がそのためによく用いるカウンセリングツールは，ライフラインの図である。ライフライン図は株価指標（一定期間の上下動を記録する）のように見える。ライフライン図の一例を図5に示す。

クライエントにこの方法を使って語ってもらうことは，物語のなかの重要な出来事を特定するのに役立つ。ライフライン図はしばしばクライエントが状況を説明した後のまとめとしても使われる。クライエントと一緒にこの図を作ることによって，クライエントがその出来事をどう理解しているか，

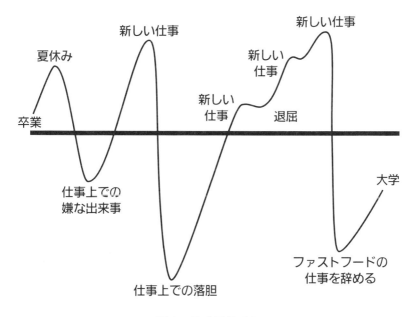

図5　ライフライン

各々の状況での相対的な感情についてどう理解しているかを確認することができる。

　物語がきちんと語られた時点で，理解は次の段階，すなわち意思決定の文脈に移っていく。前述のとおり，意思決定の文脈とは，文化，家族，性役割，ほかの対人間役割，トラウマ的経験，自己の構造（価値観，パーソナリティ，自尊心，関心）などである。意思決定に対する決定要因の影響は，次の例によって示すことができる。ある若い男性は，父親が起業に失敗し，結果的に破産した家庭に育った。この出来事が家族や彼に及ぼした影響はかなりのものだった。彼がキャリア決定をする際には，より安全性が高いと思えた専門職を慎重に選んだ。教育職という選択は合理的であったため，しばらくの間生活はうまくいった。しかしながら，経済状況の変化により，学校での人員削減は避けがたいものとなった。そこで彼は，失業するという考えに，トラウマがあることに気づいた。この問題に加え，彼は自分は本当は教職を楽しんでいないということを実感していた。初期の決定要因を理解することなしに，このような状況にある人のカウンセリングをすることは不可能であろう。初期のトラウマ的な家族の出来事がすべてを説明するわけではないが，リスクを冒すことを避ける理由が，ある程度わかるであろう。

　決定の文脈は，多少の質問やエクササイズをしただけで探求できるものではない。もっと複雑なものである。手はじめに，ラポール形成や問題の定義をする間に，手がかりとなるようなことをいくつか聞いておく。クライエントはしばしば，キャリアや人生の問題について述べるときに，状況について説明する。これは，これらの特定の領域についてさらなる質問をする際に役立つ。意思決定に際して，影響した他者が誰かを聞いてみるのも役立つだろう。時として，単刀直入なアプローチが問題の核心への近道となり，主要な問題に焦点化するのに役立つこともある。もし十分な時間と関心があれば，構造化されたインタビューのかたちでもっと深い質問をすることもできる。どのような方法を使おうと，問題の初期の枠組みは，初期の経験にかなり影響されている可能性があることを知っておくとよいだろう。

　決定に影響する別の側面として，自己構造がある。自己構造はほかの外的な影響に対する緩衝要因として機能する。その一例が，ある状況に耐えられる主体性のレベルや，自己効力感の程度である。「自己への気づきや自己の

主体性が高い人は，外的な環境に対してより率先して対応し，より長期間にわたって影響を制御することができる」(Amundson, 1995a, p.12)。自己とは，価値観，興味関心，パーソナリティ，態度を含むものであり，それらはまた，意思決定のきっかけや枠組み，それに続く行動に対しても重要な役割を果たす。いくつかの点で，古い諺「論より証拠」(seeing is believing) は，新しい格言，「証拠より論」(believing is seeing) に書き換えられる必要がある。私たちの世界観が，私たちが見るものを決めているのである。

Ⅲ 比喩を使って問題を定義する

　ここまでは，主に出来事・感情・文脈的変数について注意深く探索し，検討することを通して，まずは問題を定義することに焦点を当ててきた。多くの人にとって比喩的なイメージは，状況の本質をとらえる有用な方法である。比喩とは，私たちが理解したり経験したりしたことを，ほかの出来事と関連づけて述べるやり方である。たとえば，有頂天になったとき，「高く飛んでいるようだ」と言うかもしれない。比喩によって状況を視覚化しやすくなり，比較的単純な視覚的イメージを使うことで，行動が推測しやすくなる。比喩には状況に秩序と構造をもたらす力がある。あいまいさと混乱の最中にあっても，比喩によって「物事をまとめる」ことができる。この過程で，新しい「図」と「地」が創造される (Bryan et al., 1998)。Pistole (2003) によると，比喩によって可能性が開かれ，経験に焦点が当てられ，一貫性と意味がもたらされる。LakoffとJohnson (1980) はさらに，「私たちの概念構造，すなわち私たちの考え方や行動の仕方は，基本的にもともと比喩的である」と述べている。

　キャリアの探索や開発をしようとするとき，自らのキャリアを理解するために概念的な比喩に頼ることがよくある。これらの比喩は，探索とコミュニケーションのための芳醇な土壌となる。キャリアを比喩のレンズを通して見ることによって新たな洞察が得られ，これから行われるキャリアの問題に関する話し合いのなかで，クライエントとカウンセラーが使う言葉の基礎となる。このような共有言語を持つことは，共感的理解を促進する (Wickman et al., 1999)。

比喩は協働的な関係を通して，共有され，探索され，拡がっていく。経験的な事実と比喩との関係は流動的である。知覚した経験をよりよく理解し記述するために比喩を使うが，一方で，比喩と現実の間を行ったり来たりすることは珍しいことではない。片方の表現がもう片方の表現を助けるからである。

　また，比喩は柔軟性や創造性とも密接に関連している。CombとFreedmanは以下のように述べている。

> 　たとえ一つの比喩でも，それは世界のある特定の部分に関する特定のバージョンなのである。ある状況に対して比喩が一つしか思いつかないのであれば，その人たちの想像力は限られている。与えられた状況に対してより多くの比喩を選べるほど，状況をうまく操作する選択肢と柔軟性が増えるであろう。多くの比喩を見つけることは，想像力の幅を広げる。
> 　　　　　　　　　　　　　　　(Combs & Freedman, 1990, p.32)

　変化する現実にうまく対処しようとするのであれば，多くのクライエントは，変化する労働市場によってより柔軟で想像的になるように求められる（Amundson, 2006a）。クライエントが現在の比喩に気づき，新たなイメージを発展させるように援助することは，キャリアカウンセリングの主な仕事である。

　クライエントはしばしば，比喩的なイメージを使って語る。これらのイメージを聴くことは，重要なカウンセリングスキルである。イメージには，彼らがどのように問題をとらえているのか，あるいは直面している問題を克服するために自分はどんな能力があると思っているのか，といった情報が含まれている。たとえば，ある失業したクライエントは，彼女の状況を，テーブルの端に座って店員から無視されているようだと話した。たくさん食べている人がいる一方で，脇に座って食べ残しを待っている人もいる。このとき政府や大企業が，食べ物を供給する側である。彼女は明らかに「持たざる」人側であり，望むものを得る術はないように感じている。この比喩は，クライエントが状況を本質的に受動的な立場から見ていることを示していて，興味深い。彼女は可能性はなさそうだと思い，何かが起こるのを受動的に待っ

ている。この比喩を使って問題の状況を描き出し、私はクライエントに、今の比喩を個人の主体性や行動がより大きくなるように変えるよう伝えた。クライエントは自己主張をすることを学び、食べ物を得るほかの方法（起業）を探した。比喩は問題を述べ、ありうる解決方法を探索するための格好の伝達手段であった。

スーパーバイズのなかで（第7章で詳述する）、私はカウンセラーに対し

図6　描画の事例

て，クライエントについて観察に基づいた比喩をすることで，より積極的な役割を担うように伝えている。比喩はまとめのようなものであり，カウンセラーによる問題の理解を表すものともなりうる。このプロセスを説明するために，あるカウンセラーの視点から問題を示した図6の絵を見てほしい。

　この絵は，最初のセッションの終わりに共有されたものであるが，この絵は物語の本質的なポイントをつかんでいる。この絵で，クライエントは雨雲の下に立ち，雨，すなわち問題の集中砲火を浴びている。彼女は，両親との関係が難しく，部屋はジメジメとして耐えがたい状態にあり，お金はほとんどない。そして，学校の進級は危うく，ボーイフレンドとも別れた。クライエントは遠くに太陽を見ているが，どうしたらそこにたどり着けるかはわからない。この絵によって，何が問題となっているかがはっきりするとともに，どこか別の場所に行きたいと思っていることがわかった。この時点では，どうしたら雨から抜け出せるかや，どうやったらせめて傘が得られるかについてのアイディアは，ほとんど得られなかった。

　比喩は，問題を人から引き離して（外在化），別の次元に動かすためにも良い方法である。外在化によって，比喩を変えるためのさまざまな方法を考えることができる。ここまで述べた例によって，比喩を楽観性や主体性，方向感覚を高めるように変えていく方法がわかるだろう。問題をもっと外側に位置づけることができれば，もっと簡単に解決できるようになる。

Ⅳ　事例分析

　本項は問題の定義に関するものであるが，これについて，比喩的な想像力と相互作用しながら意思決定をしていった，実際の事例を分析することによって説明してみたい。私が選んだキャリアの物語は，詩人のCarl Leggoが彼自身のキャリア選択について吟じたもの（Roads to Nineveh：ニネベへの道）である。詩を選んだのは，それが想像と創造の感覚を高めるものであり，相互的な意思決定という概念を広く用いていると思ったからである。

■ ニネベ[†1]への道

〔Corner Brook　1970, 1988〕
　　高校の校長は言った
　　君は教師になるべきだと
　　私は言った　それはまずないと
　　それから 20 年余り
　　私は母校に戻ってきた
　　校長はとっくに退職してしまっていた
　　驚いたことに　私は教師だった

〔St.John's　1970-1976〕
　　私は教師にはなりたくなかった
　　私は宇宙飛行士になって天空を見たかった
　　あるいは詩人になって，天空を吟じたかった
　　私は職業興味テストを受けた
　　蹄鉄工になるべきだという
　　馬が怖いのに

〔Robert's　Arm　1976-1978〕
　　お金がつきて，私は教師になっていた
　　初年度，私は第 7 学年の 48 人の生徒を教えた
　　異星人の世界にいることに気がついた
　　皆が御心を知っている世界で
　　なじもうとした　できなかった　離職した

〔Toronto　1978-1979〕
　　大都市で一人
　　牧師になろうとした

---
†1　古代アッシリアの都市のこと。

が，2ヵ月の神学校の後——そこはまるで共同墓地のようだった
天職ではなかった
今では，牧師は殺菌されるべきものであるとわかる
もし，私自身が不純で粗野でばい菌だらけで
それでも成長したいと思うのであれば
だから，私は去った

〔Stephenville　1979-1984〕
　　海辺の街の小さな学校にとって
　　小さな農場はおそらく避難と休息の場である
　　私はそこになじもうと決めた
　　しかしあまりに熱心に教えすぎて
　　ついに，教育委員会に私を危険だといわれてしまった
　　確かにそうだった，私は離職した。

〔Fredericton　1984-1986〕
　　離職した

〔Edmonton　1986-1988〕
　　離職した

〔Corner Brook　1988-1989〕
　　離職した

〔Vancouver　1989-現在〕
　　The University of British Columbia が私を招いたとき
　　私は自分を詩人だと言った
　　なじめないし，しっくりこなかった
　　詩人としての憩いの場を見つけた
　　そんなところを探していたわけではなかったが
　　そして今，私は教師を教えている

そして彼らに職業センスとは何かを尋ねている

ニネベを訪れた預言者ヨナ[†2]のように，
天職を拒否した，天職を拒否しようとした
反対方向に走った
しかし，結局ニネベで終わった
大きな網に捕らえられて，逃れられない
ニネベの海岸に吐き出され
まだ気が進まないし，しばらくは不機嫌だ

私は，文章における，言い回しを知らなかったし
職業の位置づけもわからなかった
天職はどこからくるのか？
誰が私に天職を与えるのか？
私は，名詞の職業を持たない
でも，私は，動詞では働いてはいる
少なくとも私は職業を営んではいない

私は職業に応えていない
私は職業そのものである，職業の動詞なのである
ずっと続いている，現在も，今も
預言者ヨナは走り去っていない
預言者ヨナは職業を営んでいた
私が職業を持ち，そうしていたように

[†2] 旧約聖書《ヨナ書》の主人公。ヨナは，異教の帝国の首都ニネベへ行って滅亡を預言するよう神の命令を受けるが，これに背いて船で逃げる。途中大嵐となり，海中に投げ込まれたヨナは巨大な魚に飲まれ，腹の中で三日三晩過ごす。ついにニネベに行き，預言すると，人々はみな悔い改めたので，神はこの町を滅ぼすのを思いとどまる。これを不満とするヨナは神に向かって怒る。神はトウゴマを一日で成長させ，その陰でヨナが涼むのを見るや次の日にそれを枯らす。ふたたび激怒するヨナに，神は，ニネベの人々が滅びるのはなおさら忍びないことであると教える。本来の預言書とは異なる教訓的な書で，神の愛は広く異教徒にも及ぶことを語っている。

すべての奇妙な曲がり道は，文字通り私の役割の一部だ

　　私は，教育という天職を得たわけではなかった
　　私は教師だ，常に教えている
　　職業に休みはない，本業はない
　　私の天職がすべてだ　私は教育を生きている
　　私は教育を生きている
　　私は円を一巡した，まわり回って
　　私は教師であり，蹄鉄工でもある

　　誰が生徒を追い払うために，
　　生徒に靴を履かせるのか
　　ためらわずに彼らと歩み，
　　ただ彼らが自らの旅のなかで，詩を聴くことを望む
　　私は教師だ　そして
　　自ら靴を履き，生徒に靴をはかせる蹄鉄工でもある

　詩に描かれるキャリアの物語には，興味深いイメージや力動が含まれている。詩人は，キャリアは何か選ばれるようなものであり，一種の運命であるというイメージと戦っている。詩を通して，「天職」という考えが流れている。預言者ヨナが，天からニネベへと誘われたイメージによって，常に在る存在に焦点化される。校長は，早期に教育が天職であると予言する鍵となる役割を果たしている。数年後，カールは自分が天職を避けようとしたにもかかわらず，母校で教えている。この皮肉はギリシア神話の悲劇を示唆する。しかし，常に次の展開がある。この例ではそれが詩人になっている。教師という役割は名詞から動詞に変わり，教育はライフワークになっている。

　このキャリアの物語の別の伏線に，牧師になるためには殺菌されなければならないと知った，神学校への進出がある。より生き生きとした人生を求めて，彼は教育界に戻った。職業から回避するために農耕や田園生活にも目移りしたが，成功することはなかった。

　物語の内容には，カールが杓子定規な教育システムと戦ったような節も含

まれている。彼はある程度まではなじんで，良い生活を送ろうとしたが，必要な犠牲を払うことができないことに気づいた。彼は戦い，違う生活を切望する。耐えられない状況下で，彼はしばしば脱出の方法として，さまざまな教育プログラムに逃げ込む。これらのすべての戦いを通して，そこには，自己への嘘がある。最終的に UBC でのインタビューのとき，彼は古いアイデンティティを脇に置いて，詩人の衣をつけて世界に向かうことを選んだ。この新しい自己構造を持って，詩人は新たなキャリアの方向性を作り出したのである。

　多くの面で，カールの詩は現代の凡例である。校長の予言の呪文によって天職，苦闘の舞台が設定された。この始まりに続き，彼が自由になりたいともがき続けるにもかかわらず，次々と天職の罠にかかって戦い，そして失望する。数々の失敗の後，真実は新しいアイデンティティを受け入れることにあることがわかってくる。このとき魔法は解け，カールは新しい場所で新しいアイデンティティを作り出す。しかし，古い寓話と異なり，物語は続き，カールは教育領域における詩人であり続けるための手段を見つけなければならない。これは，これからの挑戦である。

　比喩という次元で仕事をするカウンセラーとして，私はカールに，これらの力動に気づき，物語の次章を作り出す（クラフトする）ように援助するかもしれない。ここで特に重要なことは，カールが一連の体験を突破することになったアイデンティティと主体性を，今も維持していることである。大学レベルにおいても，教育機関には不用心な罠がある。詩的存在の自由を見つけ，それを保つには，警戒と先見が必要である。はじめに述べた雇用適性を使うと，カールは仕事を維持するスキルを働かせ続ける必要がある。

　このような物語を，相互作用による意思決定モデルに当てはめるのは，一見適切でないように見えるかもしれない。物語がとてもうまい具合に，比喩的なイメージの確かな流れにつながっているのは間違いない。そして，意思決定の文脈，意思決定のきっかけ，初期の枠組み，行動，リフレーミングを示すような要素があることも間違いない。たしかに，結果的にはある種のリフレーミングをして，教育を受け入れられる範囲のものに置き換えるという体験が起こった。これに先立って，結果としては欲求不満や絶望に至るような多くの枠や行動の例が示されている。「教えること」にまつわる多くの困

難は，カールの価値観やパーソナリティ（意思決定の文脈）にそぐわない，厳格な教育システムのなかに職を得た結果とする議論もあるかもしれない。教職という仕事を見つけたきっかけは現実的なものであり，経済的な必要性にも関連した，成長する家族を養いたいという欲求のように見える。

　ある一定の期間，特定のキャリアの道のりを見ると，ある種のネガティブなことが繰り返し起こるのは明らかである。カールはさまざまな時点で自由を求めてさらなる教育を受けるが（多くの人が不満足な職から逃れる戦略である），こうしたときはポジティブで迅速である。サイクルは崩れたままで，ほかにはっきりとした選択肢もないまま，教職に不満を感じたままでいる。そういう意味でカールは，ネガティブのサイクルで行き詰っているように感じている多くのクライエントと似ている。このような状況では，人は自身のことを容易に，逃げる選択肢がないシステムの駒のように想像してしまう。しかし，カールは早期のイメージの失敗を脇に置き，自分自身を人が詩的に生きることを助ける詩人と見なすことで，道を見つけた。彼は自己探索を通して，自己効力感を胸に，新たな見方（アイデンティティ）を見いだした。キャリアカウンセラーの仕事は，この自己探索のプロセスを促進する。クライエントが直面する挑戦（この事例ではキャリアのセルフマネジメント）を発見することも，キャリアカウンセラーの仕事である。変えたり，リフレーミングをする体験は新たな文脈を作り出す。しかし，早期の罠が再発するのを防ぐためには，気づきと継続した警戒が必要である。カールの比喩的なイメージは，自己理解を発展させ，潜在的な新たな挑戦への気づきを促すための有用な礎である。

V　本章のまとめ

　クライエントの問題を定義するプロセスは，しばしば問題が明確化されると同時に，新たな解決法が見いだされるという二重の機能を果たす。多くの場合，主たる問題は，クライエントにとって，問題のさまざまな中身を整理することが難しいということである。こういう状況では，問題定義と問題解決の区別ははっきりしなくなる。いったん問題の焦点が明らかになると，問題解決への道筋はより明確になり，ときには完全に明確になることさえあ

る。

　続く 3~5 章で，クライエントを問題解決へ動かすさまざまな方法について述べていく。問題解決の方法に向かってこのステップを踏む際，私はまず組織的かつ動的なセルフアセスメントアプローチ（第 3・4 章）を概観し，第 5 章で実践的なつながりや意思決定，準備の方法について述べる。ほかの問題に移ることで，問題の定義に関する門を閉じたりはしない。カウンセリングが進むにつれ，問題の新たな側面が現れうるし，問題全体がほかの領域に移ることもありうる。プロセスの各ステップで，クライエントの問題が移行する性質を把握しておく必要がある。明らかにされた問題が，変化する瞬間を特定することは役立つかもしれない。したがって，いつも完璧に前進し続けるわけではない。ドラマチックな動きが強調されるが，行きつ戻りつの動きや期間限定の動きがあるのが普通である。これは，多くのクライエントが個人的な問題を隠してキャリアカウンセリングを使うために，キャリアカウンセリングには特に当てはまる。

　もちろん，すべての状況がクライエントの問題を解決するのに適しているとは限らない。多くの場合，次のステップは，ほかのカウンセリング機関を探すことを含む，ある種の行動計画である。これらの状況では，あなたはリファーをして，クライエントに適切なサービスを示す必要がある。先述したロードマップは，クライエントに，さまざまな停止点（カウンセリングや教育プログラム）を使って，どのように困難を克服するかを述べてもらうために役立つ。第 6 章は，終結とリファーについて，より詳細に述べていく。

第3章 問題解決の方法1
——系統的なセルフ・アセスメント

I 情報による探索

1．インターネット

　インターネットは，仕事の情報を得るための素晴らしいリソースを提供する。それは，単なる事実や図の蓄積以上のものである。インターネットは，通常，キャリア探索を幅広く行うために使われる。さまざまな訓練や情報が多くの一般的なウェブサイトで手に入る。

　もちろん，インターネットを活用する際には，新しいサイトを継続的に集めたり，当たり外れのある情報に曝されたりすることもあるため，とても骨が折れる。さまざまなサイトを探索する際には，クライエントは自分の経験を，熟達したキャリアカウンセラーと共有するとよいだろう。サイトは，多くの場合，ある程度そのサイトのなかで完結するように設計されているが，学びを確かなものにするには人と議論する必要がある。

　もしあなたがクライエントにインターネットの活用を勧めようとするのであれば，Wurman（1989）の情報利用についての基準が参考になるだろう。第一歩は，クライエントが，実際に自らが収集する新しい情報に本当に興味を持っていて，それについて考えたいと思っているかどうかを確かめることである。また，クライエントが理解できるように，情報の構造や枠組みが体系化されていなければならない。実際にこれができているかどうかは，新しい情報が既存の情報にどのように関連づけられているか，によることが多い。クライエント自身に情報に触れてもらい，そこで提示されたことの妥当性を確かめてもらうとよいこともある。Wurman が定義した情報の目標に到達するには，キャリアカウンセリングのプロセスに継続的に関わっている必要がある。何年も前に，キャリアカウンセリングに初めてコンピュータが

導入されたとき，カウンセラーの需要は減ると考えられた。間もなく，クライエントの多くはコンピュータに触れることを好むものの，その後で共有する体験が必要だということが明らかになった。コンピュータ技術がいかに進化したとしても，状況が逆行すると考える必要はない。最終的には，人は，自分の状況を他者と話し合う機会を必要としているのである。

Sampsonら（1997）の書籍は，インターネットの使用に関する可能性と問題をうまくまとめている。インターネットは情報にアクセスできる素晴らしい機会をもたらしたが，適切な訓練を受けていないカウンセラーや，オーバーワークのカウンセラーによって誤用される可能性がある。

2．セルフヘルプの本

セルフヘルプ本のマーケットの盛況は，人々が心理学的知識を渇望していることをよく示している。しかしながら，情報をいろいろな側面で仕分けることは容易ではなく，カウンセラーがクライエントに実践的な援助が行えるところでもある。特定の関心事について話すために，特定の本や記事を推薦するとよいと思うことは多々あるだろう。こういった読み物は，今後のカウンセリングセッションのなかで，話し合いの土壌となる。私は，人生の問題（ライフバランス，自己探索，目標設定など）の探索を助けるために，『Physics of Living』（Amundson, 2003）という本を著した。この本は，人生の心理学的な原理を探求する素地として，身体的比喩を用いたものである。この本は，専門用語を使わず，シンプルで率直に書かれている。比喩は，私が多くの人の人生を理解するために役に立っている。

3．心理教育的教示

具体的なセルフヘルプの書籍を示すことに加え，私はカウンセリングのなかで，直接的に教示することがある。教示の際には，いろんな話題を取り上げる。たとえば，動機づけや対人関係，繰り返される行動パターンについて話し合うために，基礎的な「交流分析」の原理に立ち返って話すことがある。あるケースでは，女性が復職するためにスキルアップしようとしていた。彼女の子どもは成長して独立しているし，夫は稼ぎの良い仕事をしている。状況的には明らかに「正しい」にもかかわらず，彼女は自分の決定に葛

藤していることに気づいた。家族のダイナミクスを振り返る際，私は交流分析（Berne, 1964）の原理を使って家族パターンを示すことが役立つと考えた。この教育的な「瞬間」は，彼女がカウンセリングのプロセスのなかでほかの人との対人交流を振り返るときにも役に立った。彼女は自分が繰り返し「養育的な母親」に陥っており，そのときも自らの援助的な行動が自身のキャリアの方向転換の試みを邪魔していることに気づいた。

II 文脈に基づいた面接

　キャリア探索の出発点として，その人が生きてきた文脈を定義するような質問をすると，役に立つことがある。これは，文化的ないしライフスタイルの違いがある場合には，極めて重要である（Ponterotto et al., 2000; McCormick & Amundson, 1997）。
　文脈的な状況を明確にするための質問を行うと，クライエントは通常は喜んで情報を提供してくれるが，カウンセラーの方が質問するのを躊躇するかもしれない。というのも，その情報があまりに個人的すぎると感じるからである。情報は確かに個人的なものではあるが，それは援助プロセスにおける重要な要素である。多くのクライエントは文脈的な議論をプライベートへの侵入とは見なさず，むしろ興味関心の表れととらえる。ただし，質問の際には，相手への気遣いと関心の気持ちを持つようにすることが重要である。
　移民や避難民にとって，自然な出発点は，ある国からほかの国への旅がどのようなものであったかである。下記のような質問は，この点を検討するのに役立つ。

> 「私は，本国へのあなたの旅についても，もっとうかがいたいと思っています。どちらの国からいらしたのでしょうか。どのようにお国を離れる決心をなさったのでしょうか。それから，どのような体験をなさったのでしょうか」

　ほかにも，面接では，クライエントがキャリアカウンセリングをどのようにとらえていて，それは彼らにとってどういうことを意味するのかに焦点を

当てる。これが，家族やコミュニティでの生活に関する話の始まりになることがよくある。ここで特に興味深いのは，家族やほかの重要な他者が，キャリアの意思決定プロセスでどのような役割を果たしているかである。これは，たとえば下記のような多くの質問につながる。

　　「キャリアについて，どのようなアドバイスを受けましたか。それを聞いてどう思いましたか。ご家族で，高い価値が認められている（あるいはいない）職業は何ですか。ご家族のなかでは，キャリアの意思決定はどのようになされますか」

　多くの人にとって，キャリアの意思決定の一部として，スピリチュアルな側面を探索することも重要である。このスピリチュアルな側面は，**「キャリアの意思決定に，スピリチュアルな側面は重要でしょうか」**（もし，はい，ならより一層の探索がなされる）というような率直な質問で扱われるべきである。カウンセラーの目標は，単にその人にとってスピリチュアルな側面がどの程度重要かを判断することである。私は，この領域に特に注意を払う。なぜなら，これはあまり探索されない文脈的な領域の一つだからである。

　考慮すべき多くの文脈的な要因（たとえば，人種，ジェンダー，性的志向，年齢，障害など）がある。これらの領域に踏みこむ方法の一つは，クライエントが直面していると感じている課題について，尋ねることである。この質問に答えるなかで，人は自分の状況における重要な文脈的問題を明らかにするだろう。

　文脈的な理解は，さらなるキャリア探索を促す。この理解なくして，それ以上進展することはない。文脈はほかのすべての問題を考える際の枠組みの役割を果たすのである。

Ⅲ　可能性を強調する質問戦略

　ナラティブや短期／解決志向カウンセリングのように（De Shazer, 1985; White & Epston, 1990; Friedman, 1993），より将来に焦点を当て，問題よりも可能性を強調する戦略を用いる潮流がある。この立場では，

最初は問題に耳を傾けるものの，困難を解決する方法を見いだすことを強調し続けることが重要である。このアプローチでは，強みを見つけたり，ポジティブな変化を強調したり，可能な解決を示唆するような独特の質問戦略を用いる。下記に，さまざまな質問戦略の例を挙げる。

1．セッション間の変化の記述

　この質問は，セッション間の変化に焦点を当てる。そこにはポジティブな物事が起こっており，カウンセリングのセッションで報告すべきということが前提とされている。この種の質問を行うに際し，あなたはポジティブな期待を持って質問をする必要がある。たとえば，この間ポジティブなことが起こったかどうかを尋ねるよりも，むしろ**「今週あなたが気づいた良い変化について教えてください」**というかもしれない。質問は何か良いことがすでに起こっているという前提に立っている。

　このアプローチをサポートするために，ポジティブな変化に焦点を当てた「宿題」が出されることもある。あなたはクライエントに対して，協働的なやり方で，次のセッションまでの間，問題がいかに軽くなったかに特に注意するように，というかもしれない。たとえば，クライエントが雇用者に電話することを憂うつに感じていたとしよう。カウンセリングの進展に伴って，この憂うつさが軽くなることが期待されている。そのため，変化を注意深くモニタリングすることがポジティブな変化を強化するのに役立つのである。

2．ほかの状況の対処方略

　問題に直面しているクライエントは，しばしば問題に焦点化しすぎて，それに直面したのは今回が初めてではないことを忘れてしまっている。人生のほかの領域では，うまくやっていたり，あるいは成功裏に問題に対処しているのであれば，これらの強みは強調されるべきであろう。たとえば，移民と会っているなかで，彼らはこの国の主流文化の人々ほどには失業を心配していないことに気づいた。これについて考えてもらうと，爆弾や難民キャンプに直面した後は失業はむしろささやかな挑戦なのだ，と語った。生き残っているということ自体が目覚ましい達成であり，彼らは失業という挑戦に立ち向かう自らの能力に自信を感じるのである。多くの人は，このような，人に

語れるような劇的な物語は持っていないにせよ，誰もがさまざまな語るべき経験を持っている。クライエントが抱えている問題を視野に入れて援助することは，彼らが内的・外的資源を相当量持っていることを実感させるのに役立つ。

　問題に直面したクライエントは，しばしば混乱し，次に何をすべきかわからなくなっている。かつて直面したほかの問題について考えることによって，クライエントはまた問題解決のためのステップを見つけ始める。ほかの状況で成功した戦略のいくつかは，現在の問題にも適用されるかもしれない。

　このアプローチを使う際には，クライエントの対処方略が成功した状況を突き止め，その出来事をさらに分析して，その際に効果的だった具体的な戦略を特定するように援助する必要がある。

3．例外を発見する質問

　クライエントの問題に焦点化することによって，すべてがネガティブに見えてくることがある。この破壊的な筋書きを受け入れるより，問題がそんなに深刻でなかった瞬間を探すことができる。たとえば，クライエントが採用面接に行くときはいつも，「固まって」臆病になり，質問への反応が堅苦しくなると報告したとする。この種の自滅的な行動の例をクライエントはいくつも挙げることができるかもしれない。例をいくつか聞いた後，私はクライエントの焦点を，よりリラックスできた採用面接に移す。多くのネガティブな例がある一方で，彼が「固まらなかった」ときもある。ポジティブな例を示すよう助けることは，ポジティブな変化が起こりうる素地を提供する。

　例外探しは宿題としても使える。そこでは，クライエントがセッション間の体験を分析し，問題が深刻でなかった状況を報告するのである。クライエントが自分の人生はネガティブ一色ではないということを実感するよう援助するのは，重要な洞察となる。強みを実感できるのは，「ポジティブな情報」（例外）においてなのである。

　例外の特定は，クライエントにとって単なる休息ではない。あなたは自分が観察したことを議論に持ち込むことができる。たとえば，クライエントの考えと，観察された行動の間の矛盾に気づいたようなときには，特にであ

る。クライエントの強みに基づいた挑戦は、変化への重要な弾みになる (Borgen & Amundson., 1996b)。

　カウンセラーの下記の発言は、強みに基づいた挑戦を示している。

　　　「当初あなたは、採用面接で機転を利かせることができないとおっしゃっていました。しかし私は最近のアクティビティにおいて、あなたは、今自分がやっていることがうまくいっていないとわかったら、焦点を素早く変えるのがとてもうまいことに気づきました。これはあなたが機転を利かせている例なのではないでしょうか」

　こういった強みに挑戦する観察例を示す際には、挑戦の前提として、行動について述べることが極めて重要である。コメントがあまりに一般的であれば、クライエントは言われたことに気をよくするかもしれないが、観察の信憑性を低く見積もるだろう。ポジティブなコメントをしながらも、観察したことについて具体的に述べないためにインパクトが乏しいという人は、恐らくたくさんいるだろう。

4．スケーリングクエスチョン

　多くのクライエントは問題を見て、どこにたどり着きたいかはわかるが、どうやってそこにたどり着くかについてはほとんど考えていない。比喩を使うなら、彼らは山の麓にいて、頂上に行きたいと思っている。しかし、彼らは山頂までの間にステップが少ないために、心のなかで行きつ戻りつすることになる。問題解決を旅ととらえて、その途中には休憩するところや困難があると考えてもらうと役に立つこともある。スケーリングは、クライエントが、最も望む結果や現状で達成しうること、後退したときの一例を示すのに役立つ。第2章で述べたスケーリングシステム（クライエントと一緒に決めたカウンセリングのゴール）は、このプロセスの良い例である（たとえば、2＝理想的、1＝現実的な目標、0＝現状、−1＝否定的な結果、−2＝絶対的な危機）。このスケーリングは、クライエントが10件法で現状をどのように感じているかを知るためにも役立つ。あなたは、彼らが今どのように感じているか、先週どのように感じていたか、物事がどの程度改善したと

第3章 問題解決の方法1——系統的なセルフ・アセスメント　69

感じているか，などを知ることができる。私は，これらの評定において，クライエントにさまざまな位置を体で示してもらうことが役立つことに気づいた。たとえば，部屋の一方の壁を10点，もう一方を0点として，クライエントは，現在の位置に立つよう求められる。そして過去に大変だったときの位置と将来到達したい位置を示すように促される。

　スケーリングには，ゴールや感情を具体的なかたちで明確化するのに役立つというメリットがある。クライエントは現状を知り，どのように変化したかや，これから起こりうる変化について考えることができる。この点で，スケーリングは内的な問題を外在化して可視化することになる。そして，それによってもっと直接的に表現することができるのである。

5．ミラクルクエスチョン

　人は問題を解決するとき，通常，過去や今日の現状，そして将来達成したいことを見る。このように直線的な時間軸でとらえることによって，問題解決も真っすぐ進むかたちでなされる。

　時として視点を変えて，クライエントに自らが設定したゴールに到達したと想像（視覚化）してもらうことが役立つことがある。達成したい目標について考えるよりむしろ，（奇跡が起こって）目標を達成したと想像してもらう。この目標について述べるときに，彼らの達成の要因についてすべて詳述してもらう。彼らが達成したいと思うところに到達したことを確信するように援助するのである。この目標を達成した地点から，目標を達成するためには何が起こったのかを振り返る。前方を見る視点から振り返る視点への移行は，現状に対する新たな洞察を生み，現状と到達したいところの間にあるステップをよりよく理解できる。先のスケーリングクエスチョンのように，クライエントに行動で示すよう求めることもできる。たとえば，部屋の一方に立って他方まで歩いてもらい振り返ってもらう。身体的な動きは，カウンセリングに新たな側面を加え，今やるべきことに焦点化することを助ける。

　クライエントがゴールを達成したと（視覚的に）実感するポジションに立つと，もともと考えていたよりも多くのことが必要だと感じることがある。このとき，あなたはクライエントにすべてのステップについて考えるように援助し，彼らがそれにコミットするつもりがあるかをアセスメントする必要

がある。クライエントはしばしば非現実的な目標を設定するが，このエクササイズによって，実際に何が起こるかを実感することができる。状況によっては，より現実的な小さな目標を設定したほうが良い場合もある。

このエクササイズのバリエーションとしては，クライエントが自分で設定したゴールにたどり着くために，ほかにどのくらいたくさんの道があるかを尋ねて柔軟性を高めるというものがある。このようにして課題にアプローチすることで，クライエントは彼らが進むべき道は一つではないことに気づく機会を得る。クライエントにより広く考えるように促すことは，途中で現れるかもしれない予期せぬ障害に備えるのに役立つ。

Ⅳ 二次的な質問

二次的な質問の開発は，グラウンディッドセオリー理論の面接調査をするなかで始まった（Strauss & Corbin, 1990）。この研究の枠組みは，いくつかの異なる情報源から情報を集め，それをその人によって生きられた経験の基礎として用いる。面接プロセスは，系統的（詳細かつ連続的）でありながらも創造的である。そこには，特定の出来事からより一般的な理論的概念への帰納的な移行がある。クライエントと協働して作られた理論は，観察した事実に合致するものであり，多くの異なる文脈に適用することができる。

質問プロセスの性質そのものに，より密接に焦点化してみたときに，このプロセスはカウンセリングの有用なツールになりうると感じた。私はまたこの研究で尋ねられる質問にある種の法則を見出した。これが，私が，二次的な質問と呼ぶ一連の質問であり，それはあるテーマについてより深い探索をするという意味で「二次的」なのである。この質問をする面接者は最初に与えられた情報を受け取り，そこからさらなる探索を行う。

入念に作られた物語はどれにも多くの側面がある。その物語のどこの部分をさらに探索するか決めるのは，カウンセリングプロセスの重要なところである。良いカウンセラーは物語のさまざまな要素を仕分け，鍵となるところについてさらに探索していく。このプロセスは，直感や理論的な知識，過去の経験に影響される。

この質問のアプローチを使うときのガイドラインがある。このガイドライ

ンは，身につけるべきスキルだけでなく，カウンセリングの文脈にも触れている。質問は，尋問のような感じではなく，協働的な文脈でなされる。カウンセラーが話題を変えるときには，話題を変えることについて言及する。それによって，プロセスが公平に進む。質問群は一般的なガイドラインとして使われ，直感に従うことが推奨される。ほかのカウンセリングと同様に，特定の反応や，明確化や置き換え，共感，要約，プロセスの観察と理解の確認などのスキルが重要となる。また，ここで導き出される結論は，暫定的なものとすべきである。

やり取りをするなかで，クライエントは多くの異なる考えを示すだろう。さらに検討すべき考えを明らかにすることもカウンセリングの一部なのである。もし，あなたがこのような考えを何か一つ特定したのであれば，二次的質問の次のステップに進むとよいだろう。

１．証拠（確認と反対）

はじめに，特定の考えの根底に潜む思考を理解しようとする。たとえば，クライエントはプレッシャーのかかる状況にうまく対応できないと感じているかもしれない。このような不適切な感じが，仕事を見つけたり，職場で昇進する能力に影響する。このようなものの見方について話し合うよりも，むしろ，どのようにこの結論が導き出されたかを理解しようとする。まずは，この考えを支持する例（証拠）を挙げてもらうことを試みる。その例に注意深く耳を傾けた後，カウンセラーは彼らが述べた意見とは反対の例を挙げるように求める。この質問のプロセスは，先述した例外探しの質問に似ている（可能性を強調する質問戦略という点において）。

２．経過

証拠についての話し合いに続いて，焦点は，どのくらい長く彼らがこのような見方をしてきたかに移る。初めてこの結論に至ったのはいつか，どのようにして発展してきたか，そして今後どうなっていくと思っているか。ライフラインは，情報を整理するのに役立つかもしれない。上述の例に続いて，「プレッシャーでうまくやれないと初めて思ったのはいつですか」（何が起こったのですか，何を考え，どう感じたのですか），「時間が経過するなか

で，それはどのようにして発展したのですか」，そして「将来，変化は起こると思いますか」などの質問をすることができるだろう。

3．他者の見方

ここでは，クライエントの人生における他者（家族，友達，職場の同僚）を見つけ出し，その人たちはその状況に対してどう感じているのかを探っていく。彼らの見方にはどのような異同があるだろうか。そして，彼らは他者の見方にどのように反応しているだろうか（何を考え，どう感じ，どんな行動をしているだろうか）。もう一つ，私がしてみたいのは「もし，ひそやかなる観察者がその状況を観察していたら，一体何を見るだろうか」という質問である。プレッシャーとうまくやるという例では，この見方に賛同する人もいるかもしれないし，しない人もいるかもしれない。もう一度，他者の異なるものの見方，現実により近い他者の見方を探るプロセスに戻ってみよう。「ひそかな観察者」の質問は，問題状況に映し出された行動や態度に注意を向けているのである。

4．影響力

最初の三つの質問は，探索と個人の振り返りの機会をもたらす。このプロセスではいくつかの信念に挑戦して，ほかの代替的な見方を示すことが試みられている。それによって，自分のものの見方が，個人ないし職業生活に与える影響について考えてみるように求められる。彼らは自分が置かれている状況にどのくらい満足していて，それに対してどれくらい何とかしたいと思っているのだろうか——これが変化のプロセスである。この次のステップが，行動計画となる。

二次的な質問は，多くの別の話題にも当てはまる。上述の例では，個人的な問題に焦点を当てたが，同じプロセスをキャリアの選択肢を検討するときにも適用することができる。たとえば，自分は科学を専攻すべきだと考えている人がいたとしよう。次の質問によって，具体的な選択肢を検討することができる。「なぜ科学が最も良い選択肢だと思ったのですか。この選択に疑いがある点はどこですか。最初に科学に進もうと決めたのはいつですか。ほかの人はあなたの選択をどう思っているのですか。この進路に進むことで，

どのような影響がありますか」。

二次的な質問は、協働的な関係において、信念を探索したり、検討したりするための効果的で強力な技法である。これらの質問は、公式なやり方でも非公式なやり方でも用いることができ、いくらか練習すれば、統合的なカウンセリングプロセスの一部となるだろう。

V　包括的なキャリア探索

多くの人は、いかなるかたちの包括的なキャリア探索を行うこともなく、キャリアの流れに乗っていると感じている。彼らは、自分自身を理解したり、自分の世界や労働市場を探索したりするために時間をかけたり、そういう機会を持つということがない。しかし、私は失業したクライエントと仕事をするなかで、職業生活から離れる時間を持つことが積極的なメリットになることに気づいた。大半の人は、もう一度失業経験を繰り返したいとは思わないが、彼らは包括的に個人ないし労働市場についてキャリア探索を行うことにポジティブな効果がある、と述べている。

1．キャリアパスウェイ（短縮版）／キャリアスコープ

キャリア探索をするうえでクライエントに役立つツールの一つは、先の章で述べたキャリアの車輪（図1）を使用することである。このモデルによると、キャリアのゴールを設定するには、多数の異なる内的・外的な情報が必要である。『キャリアパスウェイ』というキャリア探索に関するワークブックは、系統的なアプローチを用いて、車輪の各部について質的にアセスメントすることを提案している（Amundson & Poehnell, 2004）。具体的には、個人の領域には、興味、価値、スキル、性格に注目した活動があり、より外的な領域には、重要な他者の認知、教育的背景、仕事や余暇の経験、労働市場に注目した活動がある。図7は、完成された車輪の例で、性格の部分が示されている。

この例では、クライエントは、重要な個人的特性を特定している。最も重要な性質は、図の中央におかれ、そのほかは脇に置かれている。車輪の形を用いて視覚化をすることによって、各部が全体的に統合されたときに、強烈

な視覚的イメージとなる。
　質的なアセスメントの使用には，以下のような利点がある。

　①質的なアセスメントは，標準化された検査に比べて形式ばったものではなく，カウンセラーが使用する際の柔軟性が高い。
　②質的方法は，クライエントを積極的に自己探索に促すため，直接的にも間接的にもカウンセリングのやり取りに導きやすくなる。
　③質的方法は，事前に準備された項目やカテゴリに従わないため，解釈や議論において，開放的，発散的で包括的である。
　　　　　　　　　　　　　　　　　　　　　　　(Goldman, 1992, p.616)

　私はゴールドマンの議論に賛成はするが，標準化されたアセスメントは，特にスキルアセスメント（適性）において，やはり有用だと思っている。
　キャリアパスウェイのプログラムの参加者は，ワークブックに掲載された，すべてないし一部の質的なアセスメントに参加することができる。また，彼らは補足的に，質的ないし標準化されたアセスメントを使用することもできる。私が使用しているのは，SDSキャリア診断テスト (Self Directed Search) (Holland, 1994)，MBTI (Myers-Briggs Type Indicator)，(Myers & Briggs, 1993)，Individual Style Survey (Amundson, 1999) である。
　車輪の各部を考察するにあたり，各自の個別性を認識しておくことが重要となる。ある人にとって，個人的価値感はとても重要であるのに対して，重要な他者からの情報の方が意味があるという人もいる。各人の個別性を把握するために，クライエントに，白紙の記入用紙に自分の車輪を作ってもらうことが役に立つと感じるかもしれない（各領域の大きさは，個々人が決めることができる）。ほかにも視覚的な助けとなるのは，大きな車輪をフリップに描き出す，あるいは「パイの1片」を切り出して，大きな紙に円形状に貼ってもらうことである。
　「キャリアパスウェイの短縮版」(Career Pathways: Quick Trip) も開発されている (Amundson & Poehnell, 2008)。これは，原版からいくつか要点を取り出して，個人のキャリア探索の車輪を使いやすくしたものであ

第3章　問題解決の方法1──系統的なセルフ・アセスメント　75

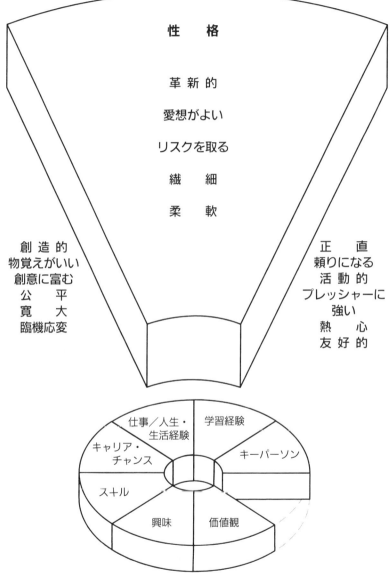

図7　車輪の一部

る。

　キャリアスコープ・プログラムは，学生や成人のためにキャリアパスウェイの素材を用いて設計されたもので（Amundson et al., 2005），特に，ポートフォリオ（訳注：転職時に自分の人材としての魅力や価値をアピールするもの）の発展に，焦点を当てている。学生は，達成したことについての証拠を集め，成し得たこと（証拠）の意味を探索し，将来の目標を設定し，さらにスキルや態度，達成したことを強調して，ポートフォリオの書類を作るように言われる。これらの情報をもとに，彼らは行動的な採用面接のフォーマット（the S.T.A.R.）を使って，ポートフォリオの中にある証拠について記述する。

2．ガイドサークル

　「ガイドサークル」という，ほかのキャリアプログラムは，先住民のクライエントのために作られた（McCormick et al., 2006; Amundson et al., 2006）。一冊目のガイドサークルは，自己理解に焦点を当て，二冊目は新しい可能性を見いだすことに焦点を当てた。さらに，ほかにも二冊を作る計画もある。ガイドサークルで用いるキャリアライフを設計するアプローチは，文化に関する，ある前提に密接に基づいている。

　プロセスという視点からは，対人関係に関する信念がある。大半の先住民の文化は，家族やコミュニティ，物理的環境や神とのつながりを重視するものである（Ross, 1992）。そこでは呪術的な聖なる輪（精神的，身体的，情緒的，スピリチュアル）で表される，健康とライフバランスに関心が寄せられる。家族やコミュニティにおける役割と責任は，コミュニティの価値と同様にとても重要である。人は特別な才能を与えられて生まれており，それぞれが家族やコミュニティに独自の貢献をする価値があるとしている（McCormick ＆ Amundson, 1997）。

　こういった先住民のキャリアに関する仮定に沿った，新しいキャリアライフ・プランニングモデルが提案されている（McCormick ＆ Amundson, 1997）。キャリアのゴール設定には自己責任以上のものがある。家族やコミュニティのメンバーの意見は重要であり，カウンセリングプロセスの統合的な部分となる。図1の車輪は，①才能，適性，スキル，②興味，③性格，

精神（スピリット），④価値観，意味，⑤バランス（スピリチュアル，身体的，情緒的，精神的要求），⑥学習，⑦仕事，人生役割，責任，⑧仕事のつながり，といった要素を含むように調節されている。

一冊目の『ガイディングサークル』は，先住民のキャリアサークルを完成することを基礎としている。完成するには，参加者はつながりを探し，キャリアや人生の物語を語り，パターンを探し，価値を確かめ，好きな活動を特定して分析し，呪術的な車輪をうまく回し，家族や友人から情報を集めなければならない。このキャリアの旅は，ビジョン，決定，行動という三つの足掛かりを特定するところで終わる。

二冊目の『ガイディングサークル』は，より広い範囲で，キャリアの可能性を探索し特定するように作られている。このワークブックは，一冊目のキャリアとつながりをベースとして作られている。企業家精神や情報収集のためのインタビューも強調されている。意思決定と行動計画はさらに拡張され，課題に挑戦するための代替的なやり方を探すことも推奨されている。

ガイドサークルは，堅固で有用なキャリアのツールであることが明らかとなっている。カナダとオーストラリアでは，このテーマに関するワークショップが行われてきた。また，その素材はさまざまな背景を持つ幅広い人々にも適用可能であることが明らかになっている。たとえば，複数の学区で，このプロセスに沿ったキャリア発達へのアプローチが行われている。

3．ほかのプログラム

ほかにも，いくつかの幅広いキャリア探索プログラムがある。Redekoppら（1993）は，クライエントが自分のキャリアの青写真を描くのを助けるために，深いインタビューの手続きを用いている。Superら（1992）は，キャリア発達アセスメントとカウンセリングモデル（CDAC）を使っている。このアプローチにはかなり発達的な要素があり，いくつかの標準化されたテストバッテリーに依っている。これらのシステムのすべてが，包括的で系統的なキャリア探索に焦点を当てている。

Ⅵ 興味関心の詳細な探索

　キャリアパスウェイとガイドサークルのキャリア探索のモデルは，車輪やサークル（円）といった包括的な視点から始めて，具体的な活動に焦点を当てていく。キャリア探索への別のアプローチは，特定の要因から始めて全体像へ移るというものである。このようなやり方をするためには，まずは詳細な記述から始めて，次に分析するために，標準化された質問をして，最後にそれを適用することが役立つと気づいた。後者のアプローチは，Youngら(1970) の修辞学的な研究に基づいて開発された。彼らは見方を変えるための質問を開発し，そのアプローチを新奇な場面にも用いたのである。以下の三つは，この深く掘り下げる探索アプローチを使用した方法である。

1．パターンの特定

　パターンを特定するエクササイズは，これまでの経験を詳細に振り返ることによって人生のパターンが明らかになるという仮定に基づいている。パターンは人によって独特で，それぞれの人生経験のなかに埋め込まれている。たとえば，人がどうやって，テニスといったスポーツにのめりこんでいくのかを考えてみよう。そのスポーツに関心があったから，という人もいるかもしれない。しかし，特定の経験を詳しく見ることによって，そこに違いがあることがわかってくる。ある人にとっては，テニスは社交的な活動であり，他者と友好的で快適な雰囲気を楽しむ機会かもしれない。ポジティブ，あるいはネガティブな体験について話すとき，彼らは間違いなくコートの内外における社交的な時間について強調するだろう。しかし，ほかの人は，まったく違った体験をしているかもしれない。試合が重要かもしれない。また，ある人にとっては身体的な運動が何より重要かもしれない。テニスのつながりで集まった人々にも，まったく異なる必要性やものの見方があるのである。こういったものの見方やニーズを理解することは，自己洞察を促進する。そして自己洞察はキャリア選択や求職活動，職務満足に直結するのである。

　この方法を使用する際には，多くのさまざまな体験について分析する。私

は，伝統的なキャリア探索とは結びつかないものから始めるとよいことに気づいた。余暇活動は良い出発点となる。人は普通，余暇活動については喜んで率直に話す。このため，話し合いや会話を円滑に始めることができる。もちろん，すべての人生パターンが一つの余暇活動のなかに含まれているわけではない。より包括的な分析のためには，多くの異なる領域（たとえば，仕事，教育，スピリチュアルな体験，家族生活など）から経験を取り上げることが役に立つ。

以下に，パターンを特定するエクササイズに関する質問のステップを示す(Amundson, 1995b)。

① クライエントにある活動について考えてもらう。活動はさまざまな領域のものでよい。活動が決まったら，とても楽しかったときとそうでもなかったときについて考えてもらう。
② クライエントにポジティブな体験とネガティブな体験の詳細を語ってもらう。その出来事についてもっと詳しく理解するために，いくつかの質問をする。誰と一緒だったか，感情，考え，挑戦したこと，成功したこと，動機などを尋ねる。特にポジティブな活動とネガティブな活動の違いを分かつ特定の力動は何だろうか。状況によっては，その前後関係の文脈について質問することが役立つかもしれない。時間経過のなかで興味関心はどのように膨らんでいったかや，将来の計画について尋ねる。物語が語られたら，カウンセラーは話されたことを，フリップかクライエントによく見える大きな紙に書き出すと良い。この情報は分析の基礎となる。その際，言われたことをすべて紙に書き出すことが重要である（私は，通常は，セッション中にメモをとるのが好きではない。もしメモをとることが問題になるようならば，あらかじめ議論しておくことが役立つだろう）。書き出されたことは，クライエントにもカウンセラーにも明らかに見て取れるものである。
③ 十分に話し合った後，クライエントは，集められた情報から示唆されるいくつかのパターンについて考えるよう求められる。クライエントが自分で関係性を作れるようにできるだけチャンスを与えて，サ

ポートと励ましを与え続ける。各々の情報，たとえば，目標や価値，適性，性格・興味（車輪の中にある）が，クライエントの何を示しているかを尋ねる。この間，クライエントにいくらか示唆を与えることもできる。ただし，あなたのコメントは仮説的で，クライエントのコメントにポジティブなものでなくてはならない。これはリフレーミングをする素晴らしい機会にもなりうるが，その際，クライエントが自分自身でそれをしたということを見失ってはいけない。

④ テーマの特定の後は，問題への適用に移る。上述したように，クライエントが最初に話し，あなたがコメントをする。ここでなされる質問は，個人的な情報がどのくらいキャリア選択や行動計画に関連しているかというものである。

このプロセスは，図8のマップのように示すことができる。マップにも明示されているように，一般的には，記述からパターン特定，適用へと進んでいく。

パターンを特定するエクササイズの方法を示すために，自動車の営業をしているが苦戦している，若い営業マンについて考えてみよう。彼は，仕事は好きだがうまくいっていない。彼が余暇活動として述べたものに，テニスが含まれていた。彼は，ポジティブな出来事について，良いプレーヤーとしてプレイし「絶好調だった」ときであると話した。彼のストロークは，フォアハンドもバックハンドもさえていたという。一方，ネガティブな体験については，まったくうまくプレイできなかったときであると述べた。彼は，ボールを遠くに打ちすぎて，コートの中に収められなかった。この状況を見て明らかになったのは，技術的な熟達度と実際のゲームの勝敗だった。彼のテニスの体験は，多くの点でセールスの体験と似ていた。というのも，彼は人に会って売り込むことは楽しんでいたが，実際に成約にいたるところで苦戦していた。彼は，顧客の情報収集に固執しすぎてしまって，次のステップに辿りつけないでいた。このケースでは興味深い問いが出てくる——「彼は変われるのだろうか」。実際，パターンを変えることはかなり難しいが，不可能ではない。このケースでは，彼は販売の最終局面を学ぶ必要があった。これは，しばらくの間は奏功したが，彼の心は本当は違うところにあった。彼は

第 3 章　問題解決の方法 1 ── 系統的なセルフ・アセスメント　81

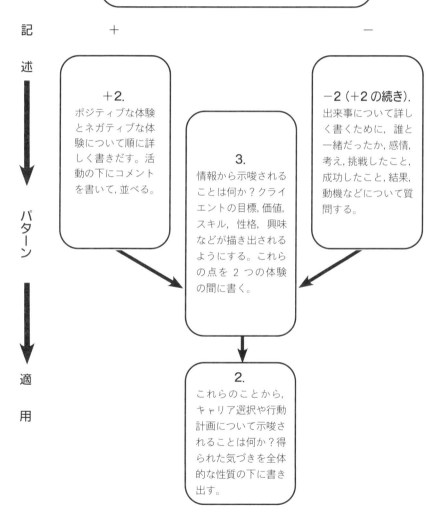

図 8　パターンの特定

仕事を辞めて，教育学の学位をとるために学校へ戻ったのである。もちろん，教育においても「販売を終わるため（目的を果たすため）」には，どうコミットしたらよいかを学ぶ必要はある。彼はゴールに向けて奮闘を続けている。

　キャリアを探索する際に，パターンを特定するアプローチを用いることにはいくつかの利点がある。明らかなのは，興味関心や価値といったことについてバラバラに尋ねることから始めるよりも，一つの手続きに則ることができるという点で，メリットがあるということである。ここでなされる質問は，クライエントの人生経験に基づいており，さらにその人生経験についてクライエント自身が妥当とする解釈によっているため，信頼性が高い。このアプローチを通してクライエントは，洞察を得るだけでなく，その後も続く分析手続きにも積極的に関わる。幅広いクライエントからポジティブな報告が得られている。それらはしばしば，このアクティビティの驚くべき潜在的な可能性にも言及している。

　パターンを特定するアプローチの限界は，クライエントによる記述と分析の信頼性である。この手続きがうまくいくかどうかは，クライエントとカウンセラー双方の認知的能力によるところがある。

2．強みの輪

　強みの輪は，特に，関心のある活動の記述から始めるという点で，パターンを特定するアクティビティと似た要素が多い。違いはそのアクティビティをどのように解釈するかにある。自分で自己分析をしたり解釈をさせるより，むしろ，他者から情報を得ることに焦点が当てられる。そういう意味で，これは自尊心の向上を目的とした，本当の振りかぶりといえる。このアクティビティは，特にグループに適している。

　グループのなかで，ファシリテーターは，希望者を募り，自分の興味のある活動について話し合ってもらう。このデモンストレーションは，パターンを特定するアクティビティと同じように進められ，最も良かったときと大変だったときについて，より詳しく質問される。グループメンバーは，その人の周りを囲み，話し合いの本質を細やかに観察する。デモンストレーションの最後に，メンバーはどんな質問でもすることができる。その際，ファシリ

テーターは，新しい紙を使って，大きな S の字を紙の中央に書く。これは，物語（story）の S でもあるが，物語に含まれていた強さ（strength）も表すものである。グループメンバーは，観察した強みについてブレーンストーミングをするよう求められる。これらの強みは，自転車のホイールのスポークのように S の周りを囲む。この方法で，20 の異なる強みが見いだされることも稀ではない。強みは，性格やスキル，価値，ほかの興味などに及ぶ。この輪が完成したものを，私は「強みの輪」と呼んでいる。活動の最後に，輪の作成に貢献したグループメンバーは前に出て，紙にサインするように求められる。完成した輪は，その人に，その人の強みとこのグループで得たサポートの証として手渡される。パターンを特定するアクティビティと同様に，これらの強みを具体的な状況にどのように適用できるかについて，話し合うこともできる。

　ここで紹介した活動は，もっと小さなグループ（1 グループ 3 人）でも可能である。小さなグループでは，一人が面接者の役割をし，一人が自らの物語を語り，一人が観察者となる。強みを記す際には，面接者と観察者が観察したことを列挙して，紙にサインする。この活動は時間がかかるが，良い時間となる。人は，自分のために作られた輪を喜び，自分自身とグループメンバーに良い感じを抱いて終了となる。

　この活動は，グループの文脈によくなじむが，個人面接でも使うことができる。個人のカウンセリングセッションでは，カウンセラーが質問し，最後に，面接で観察されたさまざまな強みを挙げる時間をとる。

　このアクティビティが強力なのは，ポジティブなことに言及されるだけでなく，行動が観察されることにある。それに基づいて，人は提供された情報を受け入れて統合しようとする。

3．キャリアフロー

　次の活動は，私がペンシルバニア州立大学のスペンサー教授と仕事をしたものである。Csikszentmihalyi（1991）の研究とポジティブ心理学の動き（Seligman & Csikszentmihalyi, 2000）を基に，私たちはどのようにしたらフローという概念をキャリア発達に適用できるかについて検討しはじめた（Niles & Amundson, 2008）。

人は、「フロー」の渦中にあるとき、通常活動に完全に没頭している。この状態を表現する記述には、幸せ、時が静かに流れる、不断の、エネルギッシュな、リスクをとる、平和な、ポジティブな成長、安らぎ、高揚した、自然な、指導的な、調和した、変化（衰退とフロー）、集中した、強く動機づけられた、などが含まれる。これらのなかには、たとえば「リスクをとる」と「平和な」のように、一見対極にあるように見えるものが含まれる。フローとは、いろいろなかたちで起こりうるのである。あるときには、挑戦と努力をそそぎこんだ「浅瀬の泡立つ水」のような経験であり、あるときには、平和な安定した流れであるかもしれない。定義がどうあれ、人はこれらの瞬間に没頭しているのである。

アクティビティとして、私たちは上述したような、詳細な質問アプローチを使用した。とても興味深いのは、ある人が完全に仕事に没頭したと感じる瞬間についてである。このアクティビティは、仕事やほかの人生経験についても行うことができる。人は、経験の詳細な性質、たとえば、何を考え感じていたか、身体感覚はどのようなものであったか、について述べるよう求められる。いったん述べると、別の経験について、今度は違った視点から探究するように求められる。もし、彼らがとても活動的でダイナミックな経験（水しぶき）を語ったならば、穏やかで内省的なフローのとき（安定的なフロー）について探索するよう求めるだろう。このように拡げていくことによって、分析に幅を持たせることができる。いったん記述が完成すると、「強みの輪」で述べたものと似たプロセスにそって、分析と解釈が行われる。個人のカウンセリングセッションでは、カウンセラーは観察したことのリストを提供する。グループの文脈では、カウンセラーやグループメンバーから観察したことが寄せられる。

この探索のねらいは、自尊心の構築と自己理解である。キャリア発達における挑戦とは、人生ないしキャリアにフロー体験を組み込む方法を見つけることである。私たちは、常にフローのなかにいられないとわかっている。しかし、こうした体験をもっと頻繁に享受するチャンスを増やす方法がある。このような観点から、個人の満足のためには文脈が重要であることを理解するというところに、議論は移行していく。

Ⅶ 課題分析

　詳細な分析過程を用いたほかのアクティビティに，課題分析がある。多くのクライエントは，本当は満足していない状況の中で学んだり働いたりしている。こういう状況にあるときは，彼らの経験を課題分析の方法で分析するとよい。詳細な分析をすることによって，自らの体験を満足，競争力，重要性という視点から分析できる。

　この手続きの第一歩は壮大な体験を部分に分割することである。（学校や仕事での）日々のルーティンの一部となっている課題について考えてもらう。例として，短大の授業に参加している学生の体験について考えてみよう。ここで特定される課題には，授業への出席（授業のタイプによって分けることもできるだろう），課題の遂行，試験勉強，授業のプロジェクトやレポート作成，課外活動への参加，履修登録や取消の手続き，友人との非公式な集まり，教員との非公式な議論などがあるかもしれない。クライエントがこれらの課題を特定するのを助けるときには，できるだけ具体的にし，必要に応じてサブカテゴリーを作ることが重要である。上述の例では，授業のタイプ分けをするとよいかもしれない。というのも，いくつかの授業はより理論的で，いくつかはより体験的なものかもしれない。

　10の課題が特定されたら，それらを，各々の活動にどれだけの時間を使っているかランク付けをする。クライエントがランク付けを終えたら，以下の側面について，さまざまな活動を評価して棒グラフに示すように求める（グラフは別々に作ることもできるし，比較するために一緒にして作ることもできる）。

　　① 満足——どのくらい，それぞれの課題を楽しみましたか？
　　② 重要性——どのくらい，それぞれの課題に価値があると思いますか？
　　③ 競争力——どのくらい，それぞれの課題に必要なスキルや適性があると思いますか？

　図9に完成例を示す。

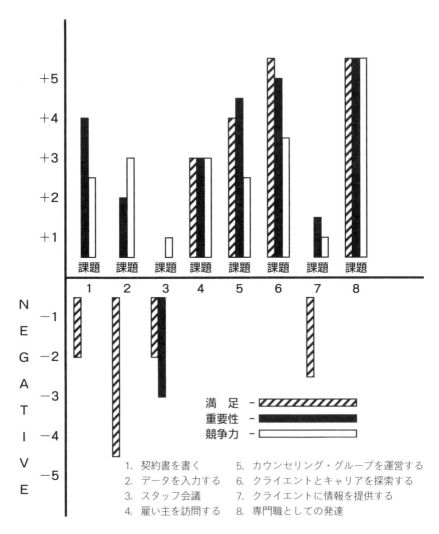

図9　課題分析

課題分析の利点は，この分析が視覚的であり，問題についても視覚的なイメージを持てることである。この方法を使うことによって，クライエントはそれぞれの相対的な影響力を注意深くアセスメントすることができる。ただし，こういう形のアセスメントによくありがちな問題がある。たとえば，価値もないし楽しくないと思っている活動に，大半の時間を使っていることに気づく人がいるかもしれない。また，自分は課題をうまくやれているが，楽しんではいないという事実に苦しんでいるかもしれない。職業体験のビジュアルマップを作ることで，こうした問題やほかの問題が明らかになるかもしれない。洞察を得ることによって，クライエントは変化を起こすためのより良いポジションに立つことができるのである。

Ⅷ　職場の魅力

　このセクションでは，私は，個人と望ましい職場の間にある「魅力」モデルを提示する（Amundson, 2007）。「魅力」は，私たちをある職場に引き寄せる。このモデルの大部分は，組織心理学とキャリアマネジメントの文献に基づいている（Herzberg et al., 1959; Holcombe et al., 2005; Mitchell et al., 2001; Poehnell & Amundson et al., 2001; Schein et al., 1992）。モデルを発展させるにあたって，私は少なくとも以下の10の魅力を特定した。これらの魅力は，人によってその重要度は異なる。また，その重要度も環境の変化につれ時間経過のなかで変わっていく。魅力には特に順序はないが，定義は以下のとおりである。

(1)　安全

　安全という言葉には，職場のサービスに対する幅広くかつ明確な報酬が含まれる。これらの報酬には，賃金，福利厚生，出張という選択肢が含まれる。安全のほかのかたちとしては，地位の安全や感情的・身体的安全も含まれる。

(2)　場所

　これには，職場の場所や審美的な環境が含まれる。興味深くて健康的な職場ということだけでなく，便利さという問題も含まれるかもしれない。

(3) 人間関係

これには，同僚や上司，マネージャーとの関係や，クライエントや顧客との関係が含まれる。楽しく，サポーティブで満たされた関係性が求められる。

(4) 認知

これは，承認や地位，他者からの称賛の受け方に関するものである。「直接的な」承認の例としては，言葉での称賛，出世，ほかにも何か目立ったやり方もあるかもしれない。また，評判の良い会社で働くなど，間接的に認知されるやり方もある。

(5) 貢献

貢献しているという感覚は，意味があって，倫理的で，目的意識を持った仕事から得ることができる。そこには，世界や社会に違いをもたらすような活動に従事したいという欲求も含まれる。

(6) 仕事との相性

仕事との相性は，その人が身につけているスキルや興味，パーソナリティや価値観と，今の仕事がどの程度一致しているかに注目するものである。通常は，個人と職場が適合していると職務満足感が高まる。

(7) 柔軟性

柔軟な職場は，多様な仕事の仕方を受け入れる。それは，たとえば，家で働く，スケジュールのバリエーションがある，会社で用意された福利厚生を使う，休暇や休職の機会があるといったものである。この柔軟性は，より良いワークライフバランスを志向するものである。

(8) 学習

学習は，挑戦的で，生涯にわたるスキルの発達を促すような職場で働いていることに関連する。生涯にわたる学習が必要な職場は，自己啓発と自己成長をサポートする。

(9) 責任

責任は，仕事上の課題をハンドリングする際の自律性と権限から生じる。より大きな責任を持つということは，しばしばリーダーシップを発揮して，他者に影響を与えるような機会と関連している。

(10) 革新

革新は，多様性，独自性があり，何か新しいことを打ち立てるような機会に生じるものである。しばしば創造的な問題解決が求められ，開拓者精神が重んじられる。

＊　　＊　　＊

ほとんどの人は，どんな職場環境であってもこれらの魅力を常に享受するだろう。しかし，私たちが求めるすべての魅力を常に享受できるわけではなく，どれが最も重要で，どれは喜んで妥協できるかを明らかにする必要がある。

さまざまな要素の相対的な重要性をアセスメントする際，私は，もし何かを手放さなくてはならないとしたらどれを手放せるか，を考えてもらうことが役立つと考えている。このエクササイズを行う際，私は，同僚のペンシルバニア州立大学のDr. Spencer Nilesから学んだプロセスを用いる。単に項目をリストアップしてランク付けするよりむしろ，私は喜んで諦めることができる要素を書き出してもらって，それを受け取る。このプロセスは手で触れることができるので，一味違った体験となる。一つの要素から始めて，リストから三つの要素を落とすことができるまで続ける。通常は，三つ目を選ぶ頃までには，諦めるのがかなり難しくなる。

このプロセスのなかで話し合う際，私は，どのようにしてその要素を落としたかを説明するように求める。それから，もし数年前にこのエクササイズをしていたら，どのような結果になっていたかを考えてみるように求める。ほとんどの人が役割の変化やトラウマ的な経験，文化的な適応や発達的変化といった人生上の変化を報告する。このように魅力を感じるものが変化することは自然なことであり，これによって私たちは常に変化し続けているという事実が際立つ。

魅力を感じるもののパターンの変化は個人レベルのみで起こるだけではなく，組織でも起こりうる。会社のなかでの優先順位が変わったり，任務が変更になったり，リーダーの人事異動があると，会社の雰囲気にも影響する。

これは，キャリアカウンセラーや人事の専門家にとって多くの示唆に富んでいる。採用の段階で，（自己分析や情報的な採用面接によって）より良いマッチングがなされることが重要だが，そこに留まるべきではない。キャリ

アの意思決定は生涯にわたるという認識が必要である。職場の魅力のパターンの力動的な性質を，継続的に顧みる必要がある。職場における継続的なコンサルテーションの努力は，職務満足感の向上と高い在職率に貢献するだろう。このアセスメントのプロセスを促進するために，私は，Dr. Marc Corbiere と Val Neduha とともに，質問紙とグラフ化の方法を開発した。これらの方法は付録3に示されている。

IX　キャリアアンカー

Schein（1992）によると，人は，彼の言う「キャリアアンカー」というものを使って，自分自身を仕事との関係で定義づける。「ある人のキャリアアンカーには，その人が何を得意として，何を必要とし，何に動機づけられ，何が仕事上の選択肢を左右するかが含まれる。人は，何年か働いて，そこでの体験からそれに関するフィードバックを得るまでは，キャリアアンカーを持つことはない。しかし，仕事をしはじめてからおよそ5～10年後に，キャリアアンカーをもつようになると，それは将来のキャリア選択を導いたりあるいは制約したりする，全人格の安定的な力となる（pp.207-208）。」長期にわたる研究アプローチを用いて，Schein（1992）は，以下のキャリアアンカーを定義した。

(1)　安全・安定

経済的な安全や安定を達成する欲求。仕事の「在職期間」，福利厚生，退職プランに注目する。このアンカーを持つ人は，将来について注意深く計画することにかなりの力点を置く。

(2)　自律性・独立性

仕事のさまざまなタイプの統制（ドレスコード，勤務時間，規則，通常業務）に対して，個人の権限を求める欲求。このアンカーを持つ人は自分がやりたいように行動することを好み，自由を妨げられることには抵抗する。

(3)　技術的ないし機能的適性

これはある種の能力やスキルに関係する。このアンカーを持つ人は，ある専門領域において，自らの潜在能力に到達することに多大な関心を持っている。

（4） 全般的なマネジメント能力

　ここでは，組織運営に関する全般的なマネジメント・スキルに注目する。こうした観点を持つ人は，対人的，技術的，分析的な幅広いスキルを使って組織を運営し，組織的な成功を通して自己定義する。

（5） 企業家的創造性

　このアンカーは，ビジネスや製品，サービスを創造する欲求である。ここでの基本的な欲求は，今あるものをさらに発展させるような何か新しいものを創造することである。お金を稼ぐことはこれに関連する欲求ではあるが，必ずしもお金を稼ぐこと自体が目的というわけではない。

（6） 目標への貢献・献身

　このアンカーを持つ人は，キャリアを何か中核的な価値を満たすための手段と見なしている。そこには，しばしば世界をよりよく生きられる場にしたいという強い欲求がある。

（7） 純粋な挑戦

　これは何か困難な状況に挑戦したいという，絶えざる欲求である。多くの場合，競争はこれに関連する。

（8） ライフスタイル

　このアンカーを持つ人はバランスや，仕事の達成と家族への関与，ないし個人的成長を統合することに関心を持っている。彼らは，全般的な欲求を満たすためであれば，仕事上の利益を犠牲にすることも厭わない。

　　　　　　　　　　　＊　　＊　　＊

　これらのキャリアアンカーは，Plant（1997）によって広く概念化された仕事の価値の概念に多少似ている。デンマークにおけるエスノグラフィック研究によると，人は次の三つの観点のどれか一つから仕事に携わる。

① **賃金労働者**——良い生活をし，バランスのとれたライフスタイルを送ることに関心がある。安全・安定やライフスタイルといったカテゴリは，いろんな面においてこのような観点と合うようである。

② **立身出世主義**——自身の職業人生を常に学び続けたり，専門的に熟達することに喜んで捧げる。技術的あるいは機能的な能力，全般的なマネジメント能力，目標への貢献・献身，そして純粋な挑戦はこ

こに当てはまる。

③ **企業家**——新しい企業を興すことと，新しい製品を生み出すことに関心を持つ。企業家的創造性のカテゴリに，自然にフィットする。また，自律性・独立性に当てはまることもあるだろう。

Schein (1992) ないし Plant (1997) のカテゴリシステムを使うことによって，基本的なキャリアの価値観や性格特性について，興味深い探索をすることができるだろう。これらのシステムを使うなかで，私はクライエントに最も明らかなキャリアアンカー（価値観）を特定するように援助する一方で，この課題について，いくらか柔軟性を持っておくことが役に立つことに気づいた。明確に順位づけをする人もいれば，はっきりとした順位はつけがたい人もいる。こうした違いは，単に性格特性の違いを反映したものかもしれない。肝要なのは，動機づけの原理について話し合うことであり，注意が向けられるべき終着点はここなのである。

重要なキャリアアンカー（価値観）に関する話し合いを進めるために，私は次の面接プロセスを使うことが役に立つことに気づいた。最初のアセスメントをする機会を与えた後で，私は望ましいアンカーを得られた例，あるいは欲求不満を感じた例について尋ねることで，さらに話し合うようにする。このように「対比」することによって，ある特定のアンカーが時間経過のなかでどのように変わったかについて，「発達的な」ものの見方に移行していくのである。すなわち，特定のアンカーにずっと関心を持ってきた人に生活環境の変化がどのように影響したかということである。最後に，キャリアアンカーと現在のキャリアないしは選択がどの程度一貫しているかを検討することによって，文脈についてさらに探索する。この包括的な探索プロセスは，望ましいキャリアアンカー（価値観）を掘り下げることに役立ち，ここで得た洞察は新たな状況にも適用される。

X 拡張版インテリジェント・キャリアアプローチ

（ビジネス業界では発展しつつある）組織的な観点から，興味深いキャリア発達のモデルが提案されている。このモデルは知識ベースの経済（訳注：

形のない技術情報を基盤とする経済)のなかで出現した「intelligent enterprise」(インテリジェント企業)の機能を示したJames Brian Quinn (1992) の研究に基づいている。Quinn は，会社の成功は，ある種の「コアコンピテンシー」の開発にあるとした。これらのコンピテンシー (訳注：能力)は，組織文化 (価値，目的，信念)，組織のノウハウ全体 (スキル，専門的知識)，現存するビジネス・ネットワーク (納入業者や顧客との関係)を反映したものである。

　Arthur ら (1995) は，従業員が自らのキャリア発達をコントロールする際に，彼らが新たな知識構造に参加することについてどのように感じるかを検討することによって，この枠組みを拡げた。従業員の認識は個人や組織の興味関心を反映しているかもしれない。「intelligent career」の枠組みは，Quinn のオリジナルの定式と対応して，以下のように示すことができる。

① 「なぜか」を知る——コンピテンシーには価値，目的意識，アイデンティティが含まれる。これらのコンピテンシーは動機づけとコミットメントに影響し，個人や仕事領域にわたる。
② 「どのように」を知る——コンピテンシーには，重要なスキルだけでなく暗黙裏の知識が含まれる。これらのコンピテンシーは，公式・非公式の学習活動への参加に影響される。
③ 「誰と」を知る——コンピテンシーには，組織内外の関係性を含む。この関係性は，家族，友人，同僚，仕事ないし社会的な知人を含む。

　これらの三つの認識は互いに影響し合っているため，包括的な視点で考える必要がある。たとえば，従業員が幻滅している (目的や意味の喪失「なぜか」を知る) とすると，彼らの仕事上の努力はネガティブな影響を受けるかもしれない。彼らのスキルのレベルは下がり (「どのように」を知る)，新たな関係性の構築にほとんど時間を割かないかもしれない (「誰と」を知る)。同じことは，ほかの二つの領域にもいえる。技術的な困難を抱えた人は (「どのように」を知る)，自分の適性に疑念を持ち (「なぜか」を知る)，新たな関係を構築することをためらうかもしれない (「誰と」を知る)。サ

ポーティブな関係構築に困難を抱えた人は（「誰と」を知る），全体的なスキルの発達（「どのように」を知る）と仕事への満足度に影響を受けるかもれない（「なぜか」を知る）。

　これら三つの側面について十分に理解するためには，それぞれの領域を注意深く探索する必要がある。このプロセスを促進するために，「The Intelligent Career Card Sort (ICCS)」が Parker (1996) によって開発され，その後の研究を通して再定義された。ICCS の多くの情報とさまざまな訓練の選択肢は，ウェブサイトで見ることができる。

　ICCS の使用は，近年，いくつかの違ったかたちで，個人のカウンセリングのなかで広がってきた。Parker (2000) は，キャリアコミュニティという考えを作ったが，これは従業員がサポーティブなコミュニティを伝統的な組織の外で発展させる方法のことである。Parker は，似たような知的な経歴を持っている人のグループを念頭に置いている。彼らは複数の異なるキャリアコミュニティに所属することができ，その関係を使って情報交換をしたり，サポートを提供することができる。

　Intelligent career framework は，それ自体多くの面で有用なことが明らかにされているが，その開発と使用法をよく考えると，ほかにも考慮すべき要因があるのではないかと思っている（Amundson, 印刷中）。私はこのことについて，これにつけ加えるべき三つの要素を導き出した。三つの付加的な要素とは，①柔軟性，②健康，③ビジョンである。比喩的な見方をするなら，これらの付加要素は一連のイメージを使って表現することができる。——カビを減らす（柔軟性の増進），カビを除く（健康増進），目の悪い動物（地面を掘る小さな生物で視界がほとんどない）の視界を広くする（ビジョンの増大）を使って述べることができる（訳注：原文は mold, mould, mole-d で韻がふまれている）。

　柔軟性は，明らかに，キャリアの主たる要因とされてきた（Herr, 1999）。それは，スキルのレパートリーを確立する（「どのように」を知る）というだけではなく，継続的に変化する世界に，柔軟性，適応力や創造力をもって関わることができるということである。それは，変化と新たな学習に開かれた態度であり，それによって急速に変化する世界に適応することができる。

心身の健康は，変貌する職場とうまくやっていこうとする人々からますます関心を集めている（Amundson, 2003）。多くの人は，直線的な「成功のはしごを登る」ようなキャリア発達のモデルから手を引いている。彼らは，ますます自分や家族の健康，そして広くコミュニティや環境の健康について問うようになってきている。

ビジョンとは，自分がしていることについて，なぜそれを行っているかがわかっているということだけではない。より大きな自己認識や未来の展望を持っていることだ。すべてが流動的で，変化だけが継続的に見える世界において，ビジョンの役割について考えてみることは興味深い。Hannaら（1999）は，英知（とビジョン）は，「矛盾のなかに調和を，複雑さのなかに明確さを」見いだすことができたときに生まれるとしている（p.129）。

これらの三つの付加的な領域は，オリジナルの「intelligent career」の概念を拡張するのにも役立つ。それぞれの要素間に強い関連があることは疑いの余地がない。しかしながら，これらを一緒にすることで，新しい経済と社会秩序のなかで成功に必要なものは何かが，しっかりと示されるのである。

私は，career intelligence として，六つの要素のレベルをアセスメントするサポートを開始した。私が「Up, up and Away」と呼んでいるエクササイズでは，人は自己分析をするよう促される。このエクササイズは，付録4に記されている。

XI　カードソート

カウンセリングのプロセスを通して，クライエントが自分にとって重要な価値や興味，スキル，性格特性，そして究極的には職業を選ぶという課題に直面するときがある。このプロセスで，たくさんの選択肢から始まり，その後それに順位をつけて，最も適切なことに焦点を当てていくのは珍しいことではない。前出のキャリアパスウェイでのアクティビティは，このような選択の仕方について述べている。

このようにソートするプロセスを促進するために，私は，さまざまな要素をカードで表すことが役に立つことに気づいた。課題を触れられるものにす

ると，クライエントは満足する結果が得られるまで，体を動かしてさまざまな選択肢を試すことができる。このような具体的な手続きには多少の準備が必要だが，それで得られる結果は，通常は，時間と労力をかけただけの価値のあるものである。

　経験から，多くのクライエントにとって，絶対的な順位をつけるのは難しいことがわかった。そのため，課題をいくつかのステップに分けることが役に立つ。たとえばクライエントが，興味関心事が記載されたリストを見ているとしよう。カードには一つずつ興味関心事が書かれている。最初の課題は，関心がありそうなものとなさそうなものを分けることである（迷っている領域も別に作っておく）。このプロセスの間，彼らは，さまざまな選択肢についての根拠を話すように促される。興味関心事がたくさんある場合には，さらにそのトップ10を選ぶ段階が必要かもしれない。次に，その後の選択の基礎となるピラミッドのスキーマ（頂点には一つ，2段目には二つ，3段目には三つ，4段目（底辺）に残りの四つがくる）が用いられるかもしれない。クライエントがほとんど関心事がない場合には，迷っている関心領域に戻って，ほかに付け加えられる選択肢がないか見てみる必要があるかもしれない。このエクササイズの目的は，意志決定を促すとともに，クライエントが行った選択の理由をよりよく理解することである。

　職業カードソートは，先行研究でもかなり着目されており（Gysbers & Moore, 1987），職業に関する情報を取り扱うために有効だとされてきた。もし，あなたが独自のカードソートシステムを開発しているようなら，職業の選択肢は幅広くしておくことが重要である。カウンセリングによっては，クライエントに合いそうな50か60のカードしか使わないかもしれないが，リスト全体には200に届くくらいの選択肢が含まれているかもしれない。

　職業の選択肢の幅を考える際には，職業のタイプの多様性だけでなく，教育レベルについてもさまざまな選択肢を考慮しておくことが重要だ。John Holland（1985）のパーソナリティと環境的なタイプはシステマティックに職業選択をすることができるため，十分に包括的な選択をするのに役立つ。このシステムを使うと，職業は以下の六つのカテゴリに分けられる。

　① **現実的（Realistic）**——道具や動物を扱う，屋外で働く。

② **研究的（Investigative）**――研究，理解，問題解決をする。
③ **芸術的（Artistic）**――想像力や創造力を使って新たなアイディアを作り出す。
④ **社会的（Social）**――援助したり，情報を与えたり，教育する。
⑤ **企業的（Enterprising）**――影響を与えたり，説得したり，マネジメントをする。
⑥ **慣習的（Conventional）**――データや数字を扱って，細かい仕事をする。

(Gysbers & Moore, p.133)

　ある職業は一つ以上の領域を持ち，通常，3文字のコードで記される。たとえば，職業的な「カウンセラー」は，社会的，芸術的，企業的なカテゴリを示すSAEコードで示される。
　職業に関する情報は，多くのさまざまな本に載っている。カードには職業に関する簡潔な記述にとどめ，後日クライエントが広く調べられるように，コードの情報を与えるとよいだろう。Hollandの分類やJob Futures（詳しくは第6章へ）のような参照システムのコードがある。
　通常，カードは片側に職業の名前を書き，裏に情報を載せる（たとえば，手短な説明，Hollandのコード，Job Futuresのコード）。GysbersとMoore（1987）は，3×5インチ（約7.6×12.7cm）のカードを推奨している。
　クライエントがカードを選択するときには，通常は，最初はタイトルだけを見る。そして，もっと詳しく知りたければ詳細な情報を見る。最初は，クライエントはカードを素早く三つ（好き，嫌い，わからない）に分けるよう促される。この最初のソートの後，何が選ばれているか，どんなテーマがあるのかについてより詳しく見ていく。Hollandのコードは，最も一般的な領域をみるための方法だ。情報をリスト分けするなかで，私はさまざまな選択をした理由に焦点を当てることが特に役立つことに気づいた。この話し合いを集中的に行う際には，まずは，単にクライエントがその職業を選択した理由を書き出す。そして，同様に，好きではない，わからないの領域にカードを置いた理由についても書き出す。この時点で，情報を記録したり，重要

なテーマを特定するためにフリップを使うと役に立つ。職業についての最初のソートをして，出てきたテーマについて話し合った後，職業の優先順位をつけることが役に立つ。順序付けをするためには，先述のように，10以下の職業を選択してピラミッドスキーマを使うとよい。これができたら，クライエントはこれらの職業やそれに関連する職業について，ガイドとして提示されたコードを使って調べるように促される。

　価値のカードソートはよく知られた方法であり，振り返りや話し合いを促進するのに役に立つ。価値は少なくとも二つのレベルで考えられる。一つは，健康，社会的地位，他者との関係，誠実さ，スピリチュアルなど幅広く基本的なものである。もう一つは，創造性や，多様性，職場環境や達成といったもっと特定のものである。Mossop（1994）は，一般的な価値と特定の価値の違いを，「導かれた」価値と「実際的な」価値という用語を使って区別した。職業的なカードソートにおける課題は，各々のカードに書かれたさまざまな価値のカードセットを作ることである。そのため，その価値を自分にとってより重要な領域とそうでない領域，そしてよくわからないので決められない領域にソートすることである。この選択のプロセスを促進するために，クライエントに，最も望ましい順位付けをするためには，10個の価値のほかに，あとどのくらいたくさんの価値が必要かについて考えてみるように促すとよい。価値のカードの総数は人によるかもしれないが，40個から50個は一般的である。もちろん，この課題を実施した後には，その選択がどのようになされたのか，それぞれの価値がキャリアの意思決定においてどのような役割を果たしているかについて，話し合うことが重要である。

XII　幼少期について

　私たちが幼少期の家族や友人・学校からかなりの影響を受けていることには疑いの余地がない。私は，「深い」解釈をする精神分析的な志向性に過度に傾倒しているわけではないが，クライエントと幼少期の影響について振り返り，これらの体験が現在のキャリア観にどのように影響しているかを顧みることは価値があると考えている。

　Savickas（1997）は，幼少期の思い出を分析する，キャリアカウンセリ

ングの方法について述べている。このアプローチでは，クライエントは三つの幼少期の記憶を思い出すよう求められる。パターン特定エクササイズといった方法では，ライフテーマを反映するような基本的な個人的要素を物語に含むという前提がある。ここでの目的は，クライエントが意思決定をする際にこれらのテーマを使えるようにすることである。テーマを特定することは難しいことかもしれない。Savickas (1997) は，クライエントにさまざまな物語の見出しを書いてもらうプロセスを示している。見出しは物語を参照するポイントとなり，ライフテーマの主な面を明らかにするのに役立つ。

　私の実践でも幼少期を思い出す作業をするが，その際には，想起する記憶を「最初期」に限定しない。生涯にわたる記憶に焦点を当てる。私は，複数の記憶が意味ある情報として探索されうると考えている。重要なのは，その人にとって重要な記憶であることである。私は，あるライフテーマを反映する重要な記憶はすべての年代にあると考えている。一般的なライフレビューに関心がある人には，違った年代の記憶に踏み込むことが重要だろう。

　人生早期の影響に関するほかのアプローチとしては，その人がこれまでに受けてきたアドバイスを分析するというものがある。アドバイス自体は申し分ないものであると思われるが，家族や友人，教員や重要な他者などから受けたメッセージに焦点を当てることが興味深い。アドバイスが与えられるときには，それが言語的に言われたことなのか，あるいは他者の行動から示唆されたものにすぎないのかも重要だ。大切なのは，単にどのようなアドバイスがなされたかというだけではなく，それがどのように受け取られたかということである。クライエントがこれまでさまざまなところで得てきたアドバイスに気がついたら，私はいつも**「それで，あなたはこのアドバイスを聞いたとき，どう考えたのですか，どう思ったのですか」**と質問する。クライエントの「自己語り」は受けたアドバイスを肯定したり，無視したりするのに役立つ。

　他者からの影響は，多くのさまざまなレベルで起こる。Savickas (1997) は，ロールモデルの重要性を指摘し，その人にとって特別な人は，「個人が自らの人生をデザインするための，ひな形の役割を果たしている」と示唆している (p.14)。クライエントに，賞賛する人について尋ねることによって，彼らの価値や興味に関する重要な洞察を得ることができる。私は探索のため

には「ヒーロー」だけでなく，「ドラゴン」も役に立つと思っている。コインの両面のように，ネガティブなモデルもライフテーマの決定に重要な役割を果たしているからである。

XIII 本章のまとめ

　本章で述べたセルフアセスメントの課題は，標準化はされていないが系統的であり，構造的な質問プロセスに沿ったものである。さらなる自己探索のために，特定の質問がなされ，それによって重要な情報が提供されることもある。このような系統的かつ組織的な枠組みの利点は，課題が比較的ストレートなものであり，それによって興味のある方向に導かれるというところにある。課題を十分な価値のあるものにするために，何か予期しない方向が出てきたとしてもそれに従えるよう，あなたは自分自身をオープンな状態にしておく必要がある。

　次の章は，セルフアセスメントのテーマについて引き続き述べる。ただし，より力動的なカウンセリング課題に焦点を当てていく。これらのアクティビティはあまり構造化されていないため，カウンセラーは，より曖昧な文脈でも前に進んでいけるよう準備をしておく必要がある。

第4章　問題解決の方法2
──ダイナミック・セルフアセスメント

I　マインドマッピング

　よく考えてみると人のこころの動きは興味深い。右脳と左脳は，まったく異なるタイプの経験をもたらす。私たちは，左脳によって活動を論理的に定義したり，順序づけたりする能力を獲得している。他方，右脳は私たちのより創造的な能力を示し，イメージやパターンに関係している。どちらの脳も重要な役割を果たしているが，マインドマッピングは右脳の思考パターンをとらえようとすることに関係している。

　マインドマッピングの使い方はたくさんある。最も基本的なものは，「ブレーンストーミング」である。ブレーンストーミングでは批判することなく，ただ考えを紙に書き出す。そのためには，批判的でない態度とあらゆる解決法に思いを巡らせようとする意欲が必要とされる。このアプローチを用いるメリットは，通常は，先入観のために決して表に出てこないような，革新的な考えが出てくる余地を与えることにある。考えが出されたら，その有用性について評価される。

　マインドマッピングの別の使い方の一つに，幅広い可能性を引き出すための「クラスタリング」がある。Lusser Rico (1983) は，一般的なクラスタリングの原理について，以下のように述べている。

　　　クラスタを作るには，まずは新しいページに円を描き，その中に核となる単語を書くことから始める。そこから，頭に浮かぶあらゆる関係を，ただたどりはじめる。これらを素早く書き出し，それぞれを丸で囲み，どんな方向でもよいので中央から放射状に置いていく。すべての新しい単語や言葉を，先行する円と線でつなぐ。何か別の新しいことを思

いついたときは，再度中心の核から始め，これらの関係が尽きるまで行う。クラスタリングを続け，線を引き，似たようなものを集めるが，何がどこにあるかを気にしてはいけない。それぞれの関係がそれぞれの場所を見つけるようにするのである。もし，一瞬連想がとぎれたら，矢印を書いたり，線を濃くするなど，ちょっとしたいたずら書きをするのである。 (Rico, 1983, pp.35-36)

ここで重要なことは，ブレインストーミングのように，しばらくの間，創造的な考えをしてみて，興味を持って新しい関係を探してみることである。この種のクラスタリング作業は，特に障壁や強みを探すときに役に立つ。障壁については，別の対処方略を見つけることが強調される。強みについては，気づいた強みを強化したり，拡げることができる。

私は，マインドマッピングを，カウンセリングセッションで話し合われている問題について考える方法の一つとして用いている。最近出した DVD のカウンセリングセッションの大半は，このプロセスがどのように組み込まれるかが示されている。特に，言語的な問題があるクライエントにとっては良いアプローチである。視覚的な要素によって考えがより具体的になり，協働的な問題解決のための余地を生み出す。この好例は，私が異文化カウンセリングの DVD のなかで Slava と行った面接である。私は，フリップ上で，彼の人生初期の領域を三つ（仕事，学校，家庭生活）に分けた。そして，私たちは，それぞれの領域で英語の学習に割かれている時間について検討した（棒グラフを用いて示した）。このイメージから，彼は生活をいくらか変化させる必要があることが明らかになった。明らかに変えるべきことの一つは，もっと英語を学ぶ機会があるような仕事を見つけることであった。

マインドマッピングを用いる最後の方法は，話し合いの終わりに，ある種の総括的コメントを指示するのに用いる方法だ。これは，特に，あなたが「すべてがマップ上にある」と感じるようなときに適している。また，カウンセラーの方向性が定まらないとき，すでに話し合われた領域について振り返る時間をとると役立つことがある。そんなとき，話し合われたことのマップを作るために，フリップを使うことが役に立つことがある。初めに，話された主なテーマについて考えて，それをそのページに記す。それから，小さ

なポイントのいくつかを伸ばして，起こりうる新たなつながりを探す。多くの場合，このように広がったトピックスを見るだけで，カウンセラーとクライエントは新たなパターンを作り，これからの話し合いの方向性を決めるのに役立つ。

II　テクノロジーの使用

　クライエントは，しばしばカウンセリング中に自分がどのように「しているか」に気づいておらず，自分自身の対人的行動に対する気づきが乏しいように見える。これらの乖離について話すことは，洞察につながるかもしれない。しかし，最も有効なアプローチは録音機器やビデオを使って，クライエントのカウンセリング中の行動を再生することである。

　通常，このようなメディアで自分を見聞きし，直接的なフィードバックを受けたクライエントは，まず驚く。最初にこの珍しいことに対する反応を示した後，特定の行動を探す機会を得る。たとえば，クライエントは，あなたとの感情的な距離を保つために，自分語りをしたり，無関係なことを話すかもしれない。この種の行動をいくつか特定することによって，あなたは具体的な例を使って，問題を直接指摘することができる。録音機器ないしビデオの記録によって，あなたとクライエントは異なる視点から行動を評価する（外在化する）ことができる。このようなメディアを使うことによって，クライエントの防衛が減り，問題について自ら率直に話す意欲が高まるかもしれない。

　録音機器ないしビデオの再生は，カウンセリングプロセスで得られた収穫を示すうえでも重要な役割を果たす。あるケースでは，クライエントがかなり失望した状態でカウンセリングを訪れた。その失望は，彼の声や非言語的行動（カウンセラーを見ない），身なりにも反映されていた。しばらく経ってから，彼はより主体的に語りはじめた。彼は髪を切り，明らかにセルフケアに気を使うようになっていた。その変化は，初期のビデオテープと現在のテープを比較してもらえばわかる。このように，録音やビデオの再生は，ポジティブな変化を強化するのにも役立った。

　このように，録音機器やビデオを使うことで，カウンセリングプロセスの

振り返りが進む。こうしたメディアの使用を，学習過程のなかに密接に組み込む方法もある。次章には，クライエントがさまざまな面接や求職戦略のロールプレイを通して，どのように学ぶことができるかに焦点を当てた行動的なリハーサル戦略に関する節がある。メディアの再生は，この学習戦略の重要な部分である。クライエントがロールプレイで新たな行動を示すとき，建設的なフィードバック・モデルを通して学びを確固としたものにするために，彼らは自らの行動を記録し，部分的に再生することができる。私たちはカウンセリングをより効果的にするために，テクノロジーを，多くの方法で創造的に融合できることに気づき始めたばかりである。メディアの記録・再生の利用は，もともとは求職中の人たちに限られていた。しかし，技術の進歩とアカウンタビリティーがより強調されるにつれて，記録と再生が標準的実践になるといったことも容易に想定される。

　録音機器ないしビデオの再生以外にも，コミュニケーションの方法は多々ある。携帯電話は良い例だし，インターネットではフェイスブックやブログが立ち上げられている。これらの発展はすべて，キャリアガイダンスの実践者にとって新たな機会であり挑戦である。21世紀の挑戦の一つは，この技術をキャリアガイダンスのプロセスにおいて，より有効に活用することである。一例として，フロリダ州立大学のカウンセリングとキャリア発達の技術センターの Dr. James Sampson らは，バーチャルのガイダンスセンターを積極的に開発している（Amundson et al., 2009 に記載）。

Ⅲ　二つか三つの椅子による「分裂」の解決

　問題のさまざまな側面を明らかにする過程において，クライエントはしばしば自分が二つの異なる見解に引き裂かれていることに気づく。典型的なものに，ある次元では今が変化のときだと感じているが，一方では，今はじっくり考えるべきときと確信しているというものがある。ほかにも，もっと内面に焦点を当てて，何か違うことをしたいと望んでいるが，個人的にはそれが十分にできなくて，阻まれているということもある。また，ある部分ではある方向に進みたいと望んでいるものの，別の部分ではまったく違った望みを持っているために，決断できずに苦しむということもある。これらの分断

によって動揺したり混乱すると，何らかの解決が必要となる。

　分裂を解決する方法の一つは，椅子を使って自己の異なる部分を表現して，実際に演じてみることである（Greenberg et al., 1993）。この手続きでは，クライエントは分裂している各々の問題について「話し合う」だけではなく，さまざまな立場を「行動してみる」のである。こうして問題を外在化することで，解決のプロセスが始まる。このアクティビティは，多少時間がかかるため，時間のプレッシャーが特段ないときに行うことが重要である。私の経験では，この種の実演を最後までやり通すには，通常，少なくとも30分はかかる。

　実際の手続きを始めるには，あなたはクライエントにいくらか指示する必要があるため，始めは少しやりづらいかもしれない。二つの椅子は対立する見解を表している。クライエントがそれぞれの椅子に座るとき，彼らは各々の状態やアイデンティティになりきることが求められる。たとえば，一方の椅子が，自由になって，自分のなかの新たな方向性へと進むことを表している場合であれば，彼らはその状態によって起こる興奮や自由をしっかり感じるよう促される。もう片方の椅子に座ったときには，そこから予期される無責任さに対して，怒りを感じるかもしれないし，狼狽するかもしれない。そして，これも言語的あるいは非言語的に表現する必要がある。クライエントがそれぞれの椅子に座ったときの自分の「声」に気がつけるようにすることは，このプロセスの重要な部分である。クライエントにロールプレイにしっかりと入り込んでもらうために，最初は，いろんな役割を誇張するのもいいかもしれない。最初に起こる問題の一つに，クライエントが，カウンセラーではなく空椅子に向かって，どの程度積極的に話しかけられるかというものがある。セラピストがクライエントに対してほかの椅子に話しかけるように，ただ指示すればよいこともある。しかし，それでもうまくいかない場合には，カウンセラーがクライエントの背後ないしクライエント側に移動して，クライエントに空椅子に話しかけるように指示してもよい。二つの椅子にどういう名前を付けるかも重要である。名前を付ける際，たとえば，「責任感のある私」対「リスクテイクな私」というように，私はクライエント自身が各々の立場について語るときに使う言葉を用いるように心がけている。

　最初の段階では，通常は，二つの側面は同等の力や地位を持っていないも

のとして表現される。Greenberg ら（1993）は，椅子を「勝者」「敗者」という言葉を使って表現している。最初に起こる葛藤は，通常，勝者の椅子が他方の椅子を批判して，敗者の椅子がその批判に対して感情的に反応するというものである。私は，クライエントに，双方の椅子からのコメントを，内容だけでなく，感情も込めて言うように援助することが役に立つと感じている。

　二つの椅子のエクササイズの間，あなたは監督の役割をするので，ある時点でクライエントを一つの椅子からもう一つの椅子に移動させる必要がある。最も良い交代の瞬間を決定するのは難しく，進行中の対話に注意深く意識を向けておく必要がある。クライエントが二つの立場を完全に表現しつくすためには，たいてい，何度も行き来する必要がある。

　このように行きつ戻りつすることの最も興味深い点は，対話が継続するにつれて，クライエントが変化を体験しはじめることである。ある時点で，敗者がより力強く語りはじめて，勝者が声を和らげるかもしれない。どういうプロセスであれ，二つの椅子が一つになって，完全に統合されることもありうる。多くのカウンセラーにとって大変なのは，この移行が起こると信じながら，その瞬間を待つことである。多くの場合，解決の前に，何らかの嵐が起こる瞬間があるのが普通である。私は，このような状況の変化を表すためには，単に椅子を近づけるだけでいいことに気づいた。ここでもまた，状況設定をより具体的にすることによって，重要なインパクトが得られる機会が増えるのである。しかし，すべての葛藤が行きつ戻りつした結果，ハッピーエンドになるというのも誤りである。いずれの側も解決に向かっていないように思えることもある。そのようなとき，私は，第3の椅子という仲介の椅子を導入する。そこでクライエントは自らの問題から一歩外に出て，ある種の中庸的な解決を見いだすことを試みるのである。この中間的立場で，クライエントは二つの椅子を一緒にする（少なくとも近づける）創造的な方法を探す。クライエントがこの仲介の椅子に座っているときには，あなたは二つの立場が和解するための方法探しに，自由に関わるべきである。

　分裂を扱うための実演的再演法は，問題解決を保証するものではない。しかしながら，それによって立場が明確になり，多くの場合は重要な解決に至る。実演の力は実に重要である。そして，このアプローチを使うとき，あな

たは対話に伴う感情的反応に対処できるよう準備をしておく必要がある（たとえば，ティッシュケースを近くに置いておくなど）。

分断された椅子アクティビティをやり遂げた後には，通常，起こったことに対するデブリーフィング（訳注：実験や実践，研究の完了時に行う振り返り。研究目的や理論的背景の説明など。また，つらい経験の後，それについて話すことでつらさを克服する手法のこと）が必要である。ほかにも，デブリーフィングとして，クライエントは体験したことや，新たに加わった見方について話し合うように言われる。二つの椅子の分断を，その後もしばらく続ける必要があることもある。

Greenbergら（1993）では，二つの椅子のプロセスを次のようなステージで示している。

① **対話前のステージ**――二つの椅子のアクティビティの構造と，カウンセラーとクライエントの役割について，クライエントと協働的に話し合う。
② **対立ステージ**――自己の二つの側面を特定し，それらを二つの椅子を使って分断する。それぞれの立場について責任を持ちながら，二つの側面の間で対話を進める。
③ **接触ステージ**――クライエントが（「べき」「しなければならない」などの言葉を使って）自動的な自己批判や命令をしていることに気づくように促す。クライエントは自己批判と命令を特定していく。クライエントに付随して起こる感情やニーズに触れて，それを味わうよう求める。クライエントが価値や標準に気づくようにする。
④ **統合ステージ**――互いのサポーティブな感情と「柔らかな」行動を表してみるように促す。交渉あるいは統合を促進する。
⑤ **対話後のステージ**――状況に対するより良い理解と見方を生み出す。クライエントが自分の体験を振り返るようにする。

これらのステージは，プロセスを述べるのには役に立つが，柔軟にとらえる必要がある。最初に述べたように，統合が完全には起こらないこともある。しかし，デブリーフィングをすることによって，クライエントが問題に

対する新たな見方を持つことができるように援助することができる。

Ⅳ　複眼的観点

　前述の二つの椅子方略は，自己の異なる部分を離れた椅子を使うことによって外在化するものである。これと同じ考え方は，ほかの方法でも使うことができる。たとえば，自己を複数の要素に分けて，さまざまな要素間で対話するようにすることもできる。このようにいくらか恣意的に分けることによって，さまざまなタイプのカテゴリを，今考えている問題を見る際の観点とすることができる。

　話し合いのなかで出てくる観点が複数になると，各々の要素を表すのに椅子を用いることが実践的でないこともある。Gelatt（1991）は，Edward de Bono's（1985）の異なる意見を映し出す「想像上の考える帽子」を使うことを示唆しているが，私もこれは良い選択肢だと思う。ほかにも，たとえば，さまざまな立場を象徴するために色の違うクレヨンを使うこともできる。ある特定の立場から話すときは，その見方に対応したクレヨンを持つのである。

　六つの考えを表す想像上の帽子は，次のスキーマに対応している。

　　　白――客観的　　　　黄色――ポジティブ
　　　赤――情緒的　　　　緑――創造的
　　　黒――ネガティブ　　青――支配的

　その人がある色の帽子に決めると，問題をその特定の立場から見ることになる。それぞれの帽子の立場から問題について十分に評価するように，そしてそれによって生じる洞察について話し合うように促される。

　複眼的観点を持つためのほかの方法に，先住民の聖なる論（McCormick & Amundson, 1997）をスキーマとして使うことがある。このアプローチでは，問題は四つの観点からとらえられる。認知，感情，行動とスピリチュアルな観点であり，すべてを考慮する必要がある。これらの各領域について十分な満足が得られたときにのみ，問題は解決したとされる。これは，問題

解決にはバランスが不可欠であるという信念に基づいている。したがって，問題について合理的な解決を見つけるだけでは十分ではない。解決法は情緒的にも，行動的にも，スピリチュアルなニーズにもフィットしていなくてはならない。聖なる輪のスキーマは，分析をするために自己を分割する。しかし，それぞれの部分は最終的には全体的に統合されなければならない。

　問題をさまざまな見方に分割するための方法は，ほかにもたくさんある。時をオーガナイザー（分別の視点）として使って，問題を過去・現在・未来から見ることもできるかもしれない。また，場所もオーガナイザーの役割を果たすかもしれない。たとえば，ほかの場所にある仕事を求めていまの地域を離れることを考える際には，さまざまな選択肢がある。その際に場所を分別の視点として使って，どのポジションが実行可能性が高いかを評価するのである。分割の最後の方法は，連続性といえるものかもしれない。これは重要性に注目するものであり，このやり方はさまざまな状況に適応できる。たとえば，教育をこれからもっと受けようとしている人が，その期間についてさまざまな選択肢（たとえば，1年か3年か5年）を考えているとしよう。その選択肢は，課題を達成するために必要な努力とスキルの程度によって変わってくるかもしれない。

　どのようなかたちでカテゴライズするのであれ，この方法で強調されるのは，観点を移すことで新たな洞察を得ることである。先に述べたように，多くのクライエントは「行き詰まった」状況に陥って，ほかの観点からものを見る方法を探している。これらのエクササイズは，こういった動きを促進するためにデザインされており，これによって新たな洞察が得られることが期待される。

V　企業家の視点を適用する

　Plant（1997）のように，企業家は特殊な人だとする著者は多い。このアセスメントに私はある程度は同意するが，一方で，企業家精神のいくつかの側面はキャリア探索のプロセスを促進するために使われるべきと考えている。企業家的視点を用いることによって，物事を新たな方法で見始める可能性がある。企業家的観点はまた，個人の多大なコントロールと主体性を表す

ものでもある。そこでは受動性は少なく、より「積極的に関わる」見方がされる。

　企業家はある種の人格特性を持っている。Poehnell ら（2006, p.16）によると、そのなかには、セルフスターター、自信がある、競争的、ハードワーカー、リスクをとる、粘り強い、創造的、生涯学ぶ、頭が整理されている、独立心がある、が含まれる。これらの資質はいかなるキャリア探索の努力をする際にも、重要な役割を果たす。

　それでは、誰かに企業家の役をとってもらって、自分のビジネスを作ってみるという課題を出すと、一体何が起こるだろうか？　私は、このエクササイズをグループで用い、グループを四つのサブグループ（各グループ約 4～5 人）に分けて、グループのなかの資源を使ってビジネスを始めるように求めた。このグループプロセスを通じて、メンバーは、幅広い探索プロセスをたどりはじめた。彼らは、新たなビジネスを作るために、各人の興味、価値、人格や能力を最大化する方法を考え始めたのである。このプロセスによって創造性や探索、問題解決が促進された。多くの場合、メンバーは互いにサポートし合って、とある仕事を引き受けるためのチャレンジをした。そこでは駒であるよりも、むしろその人の主体性と強さ（振りかぶりのアクティビティ）が前提とされている。10 分から 15 分話し合った後、私は、各メンバーに想定された役割も含めて、彼らの会社と製品について報告するよう求めた。

　さまざまな会社を作ってみることは、プロセスの始めの一歩にすぎない。ほかにもたくさんの方法がある。あるシナリオでは、グループのメンバーは、ビジネスが大成功したので、チームに新しいメンバーを加えるよう言われる。（専門的な能力だけでなく、人格特性を含めて）どのようなタイプの人を雇いたいと思うだろうか。雇用者側に立つことによって、求職を机の反対側から見る機会を得ることができる。それはまた、人格特性とスキルが雇用のプロセスにどのように影響するかを説明することにもなる。

　このアクティビティの拡張版として、始めは成功していたビジネスが、今は厳しい経済状況に陥っている、というものもある。このような環境では、メンバーを解雇しなければならない。このケースでは、私はユーモアを交えながら、グループで最も「short（不足している）」な人がドロップアウト

するよう示唆する。その「short」な人は，自分自身のチームを作って，新しいビジネスアイデンティティを作らなくてはならない。チームメンバーが減ることによって，グループは再組織化され，新しい責任を持たなくてはならない。再組織化のプロセスには問題解決と柔軟性が必要となる。

アクティビティの最終局面は，合併の可能性に関するものである。私は，今まで聞いたプレゼンテーションを考えてみて，誰のプレゼンテーションが自分たちの組織にフィットしそうかを考えるように促す。各チームはそれぞれのビジョンを示し，自分たちのチームに合いそうなグループ名を挙げるよう求められる。

もちろん，これらのさまざまなステップはすべて，ディスカッションとグループのデブリーフィングによってフォローされる必要がある。これらのプロセスは，通常は，参加者にとって楽しいものであると同時に革新的でもあり，違った角度から考えるよう勇気づけられる。

この企業家的な観点のいくつかは，個人レベルでも適応されうる。その場合には，自分自身の考えを企業家の視点から見てみる。それによって，自分にはどのような可能性が開かれているかを見るのである。必ずしも企業家的な意見に従う必要はないが，キャリア発達をこのレンズを通して見るだけでも役に立つ。

Poehnellら（2006）は，個人のスキルと資質に名前を付けることは企業家的なパズルの一部分でしかないという。探索されるべきは，そのような行動のチャンスや，アセスメントされるべき資源，実行可能な選択肢を持つために必要な計画なのである。

VI 比喩と象徴

第2章で述べたとおり，比喩は，クライエントが認識している問題の本質的な要素をつかむための優れた方法である。ごくシンプルなイメージによって，少なくとも問題のいくつかの側面を定義することができる。ほかにも，問題の要素を描き出すための方法として，象徴を使うというものがある。空のボトルはアルコールとの関係や，失業の間に受け取る多くの断りの手紙かもしれないし，成果を達成した証などかもしれない。ある人が空のボ

トルのような象徴を使っても、その状況の比喩的なイメージを使っても、いずれにしてもその効果は似たようなものである。問題の定義づけに一層集中し、豊富な情報を一つのイメージにまとめることができる。

カウンセリングプロセスにおけるこの段階での課題は、問題の定義だけでなく、それを超えて、新たな解決を探し求めることである。したがって、セルフアセスメントにおいてやるべき課題は、新しい現実を象徴するような代わりのイメージ、ないしは象徴を作ることである。そのために、クライエントのイメージについて考えることもあれば、まったく新しいイメージを使うこともあるかもしれない。

クライエントのために、代わりとなる比喩や象徴を考える際には、そのイメージがどのように受け止められる可能性があるかについて考えておくことが重要である。たとえば、スポーツのイメージはある人には適していても、そうでない人もいるかもしれない。その人の生活の文脈に沿ったイメージを持つことが重要なのである。最近のカウンセリング場面で、私はいろんな教育や職業の選択肢を考えている若い先住民族の学生と会った。彼はとても才能に恵まれていて、自分の渇望にしたがって前に進みたいと思っていた。しかし、一方で、彼は地域の人々に対してリーダーシップを取る義務も感じていた。私は土地（先住民の文化では価値が高い）を使って、次の比喩によってリーダーシップの役割について述べた。

>「私は、あなたが自分のコミュニティから出て行こうとしているように見えます。つまり、新雪の上に新たな道を作っているのですね。道を作るのは大変な仕事で、あなたは歩き続けるために、ゴールに目を向けていなければならない。コミュニティのほかの人は、あなたの歩みを見て、後に続くかどうかを決めるでしょう」

この完璧なイメージを通して、彼は教育的ないし職業的な渇望とリーダーシップの欲求を統合することができた。自身が前例となることが、真のリーダーシップとは何かを理解するための良い方法であることがわかったのだ。

ほかの状況で、あるカウンセラーは、うつ病で、NHL（ナショナルホッケーリーグ）のホッケーにとても関心を持っているあるクライエントとのカ

ウンセリングに，ホッケー・パック（アイスホッケー用のボールで円盤状のもの）を持ちこんだ。話し合いの大半は，敵のホッケーチームから問題がどのように見えるか（外在化）に費やされた。そしてもちろん，攻撃（ネガティブなセルフトーク）を防御する方法と，機会があるときには，攻撃的になる方法（駒になるより主体性をもつこと）についても話し合った。ホッケー・パックという象徴はホッケーの比喩を具体的に思い出させるのに役立ち，クライエントは問題と潜在的な解決法について話し合っているときにも，それを持っていることを楽しんでいるように見えた。

　比喩は，カウンセリングプロセスのどの段階でも重要な役割を果たす。比喩は，達成された成功を目に見えるかたちで思い出させてくれるものになる。また，比喩を日常的に使うことで，カウンセラーは移行プロセスを鮮明に記録することができる。以下では，比喩的なアクティビティがいかにいろいろあるかについて，もう少し説明しよう。

1．時間関係の比喩

　比喩を変化させる一つの方法は，それまで作ってきた構造に，時間の概念（過去，現在，未来）を入れることである（たとえば，以前はどのようで，今はどのようで，将来はどのようになりたいか）。先に述べた「ミラクルクエスチョン」はしばしば視覚的なものが含まれているため，比喩的なイメージを使う絶好の機会となる（ミラクルクエスチョンでは未来に焦点を当てるが，クライエントはある地点にいる自分を時間軸で見るのである）。一連の時間の流れを絵に描いたものを使うことで，クライエントは，連続的な時間上のさまざまな時点に自分を見ることができる。過去を見て，現在に移動し，そして将来を見ることによって，クライエントは出来事がどのように変化していくのかを理解することができる。また，それを使ってさまざまなイメージをつなぐようなステップについて，特に，未来に辿り着きたいと思っている目的地に到達するためには，どのようなステップが必要かを考えることができる。

　このプロセスを作るほかのやり方は，Vahamottonen（1994）らが提示した方法を使うことである。このアプローチでは，クライエントは現在の状況と，将来発展しうる可能性について想像してみるよう言われる。クライエ

ントは，ページの中央に「今の私」と書かれた大きな紙を手渡される。そして，心に浮かんだものはどんなものでも書きとめるように言われる。その際，自らの状況に関係すると思われるテーマや人物を，特に強調するのである。通常，絵にはたくさんの比喩的なイメージが含まれている（たとえば，ボールはスポーツへの関心を示す）。そしてあなたはこれらのイメージを使うことで，クライエントの現在の状況や，彼らがどのようなものを可能な解決方法と考えているかについて，話し合う出発点とすることができる。

2．道あるいは旅としてのキャリア

キャリアに関する最も一般的な比喩の一つは道や旅である（Inkson, 2004）。キャリアの道という概念は，場所の移動と時間の移動を含んでいる。キャリアの旅を表すための方法はたくさんある。第1章では，「感情のジェットコースター（Borgen & Amundson, 1987）」や「キャリアのロードマップ（Westwood et al., 1994）」を示した。

ほかにも使われてきた道のモデルは，山（いわゆる回復の山）を登る，という比喩である。このモデルの原版は，ProchaskaとDiClemente（1982）やProchaska（1992）らによる。このモデルは後に摂食障害のクライエントを助けるなかで用いられた（Gusella et al., 2002）。ここで前提とされているのは，山登りは単純な仕事ではなく，明確に識別できるステップがあるということだ。私はこれをキャリアカウンセリングに使うために，モデルに多少手を加えた。それによれば，各段階は以下のようになる。

(1) 未決断（熟考）

山には気づいたが，はっきりとプロセスを変えたいとは思っていない状態。山を登るステップを踏むことは，快適な領域から踏み出し，リスクをとる必要があることを意味する。

(2) 準備ができている（準備）

準備段階で，変化に焦点が当てられ，前進のための第一歩を踏む準備ができた段階である。身体的にも精神的にも感情的にもスピリチュアル的にもそれに関わっていく必要がある。

(3) 前進する（行動）

その人が前に向かってステップを踏み出す段階。これらのステップは常に

一直線ではない。前進するための位置につく前に，脇道にそれたり，後退しなければならないこともある。

(4) 休憩の時間（ベースキャンプ）

この段階ではいくらか前進してきており，立ち止まって，最後の登山の計画を立てる必要があるかもしれない。山登りをする人は，一直線には登らないのが常である。道の途中でキャンプをし，頂上の近くになるとベースキャンプを張って，振り返りをしたり，少し考えたり，さらなる計画を立てる時間をとる。「道に迷った」と思う瞬間もあれば，少し止まって，次にすることを考えなおすべきときもある。それはおそらく，さらなる資源やサポートが必要になっているのである。

(5) 成功（目標の実現）

山の頂上でゴール（目標）を実感し，自分自身の人生をよりコントロールしていると感じる。

　　　　　　　　　＊　　＊　　＊

このモデルでは，前進するための努力と関わること，そして動機づけの大切さが強調されている。このモデルはまた，山登りは単なる直線的なものではなく力動的な要素があるとする。考慮すべき動きは全方向的にあり（前進する前に，後退する必要があるかもしれない），頂上に到達するにはたくさんの道があるということがわかっている。また，旅の途中で，休息をとる必要があることも認めている（ベースキャンプや停滞期）。このモデルは，現在の労働市場の変化の多くの面にフィットしている。

このモデルでは，クライエントは旅の異なる段階について考えてみたうえで，自分が今どこにいるかについてコメントするように求められる。実はこれは最初のアセスメントにもなるのである。それから，カウンセラーは，クライエントに山に向かって挑戦させるのである。つまり，次のステップに行くにはどうしたらいいでしょうか，と。このような行ったり来たりする動きは，前述の一連の時間の流れに関する話し合いにもよくフィットする。

道や旅の比喩はいろんなかたちで使われる。私は旅のイメージを航海という視点からとらえた David Whyte（2001）の研究に好奇心を触発された。

　　私には，人生は航海という要素があるように思える。そこには，旅立

ちと到着がある。人間の生活は無数の命を乗せた船のようであり，その人々の人生に深い責任を負っているのである。見知らぬ海からほかの海へと進む船の旅は，私たちの人生の重要な時代を通っていくようである。そして，この世界のあらゆる魂の旅は，キャプテンの旅のようである……。 (Whyte, 2001, p.59)

　Whyte は続けて，私たちは多くの変化の流れが渦巻く歴史的な時を生きているという。こうした状況下で海路を示すことは，挑戦的であると同時にうきうきするようなことでもある。
　私は，サイモンとガーファンクルの，旅のイメージを使った「Bridge Over Troubled Water」(明日に架ける橋)という歌からインスピレーションを得た (Amundson, 2008)。この分析のなかで，私は，アーチ門と橋建設の性質そのものと，中心点となる「要石」の重要性に気づいた。Donald Super (1990) は，キャリアに関する内的ないし文脈的な変数を表すために，やはりアーチ門を使った。Super にとって，「自己」は，すべてを統合する重要な要石である。私の考えでは，「自己」は重要な要素ではあるが，おそらく何かもっと大きなものが必要だろう。このより大きなものが「意味」，すなわち，私たちが世界を意味づけ，より大きなスピリチュアルな現実を取り出す方法である。Carlsen (1988) は，意味を「意味と意味しているもの，意図と意図していること，生き物と生きていること」の両方だと定義している (p.23)。これによって，彼女は意味は名詞としても動詞としても考慮される必要があり，プロセスと作り出されたものの両方の意味を持つと示唆している。

3．凧揚げ

　私の大学院生の一人，Michelle Kwapis (2008) は，想像力を働かせて，キャリアを考えるための比喩のレンズとして「凧揚げ」を用いたらどうだろうかと考えた。凧揚げは多くの国で行われており，言語や文化的なバリアを超える可能性がある。凧揚げには凧作りや，満足いくように飛ばすスキルなど多くの要素がある。
　凧にはいろんな種類がある。Kwapis (2008) は，スタンダードなダイヤ

モンド型の凧を用いて，彼女のアプローチを解説している。スタンダードな凧は四つの箇所（心，体，精神，感情）に分けられ，その中心には行動があり（それは四つの部分と重なっている），そして安定感を持つためのしっぽがついている。クライエントは凧のかたちを描くように促され，四つの領域がキャリアライフのなかでどのような役割を果たすかを探索する。クライエントとカウンセラーが四つの部分の各々のなかに含まれている行動について対話をするために，それは中心部分に置かれている。このプロセスでは，いくつかの典型的な質問をするとよい。

① **心**──知的に考えるならば，どのくらいチャレンジングだと感じますか。このことはあなたにとってどのくらい重要ですか。
② **体**──身体的に活動的で健康的だと感じることは，あなたにとってどれぐらい重要ですか。あなたの現在のワークライフの状況は健康的ですか。
③ **スピリチュアル**──内なる平和を保つことは，どのくらい重要ですか。あなたのスピリチュアルな精神は，仕事にどのくらい影響を及ぽしていますか。
④ **感情**──あなたは現在の状況についてどのように感じていますか。あなたは感情をコントロールしていると感じていますか。

凧を描くことに加えて，彼らは凧揚げをした経験について考えてみるように促される。この探索をするための方法はいろいろある。ここに挙げるような質問は，ぴったりくるかもしれない。

① あなたが凧揚げをしたときの天候はどうでしたか。いつもと同じでしたか，それとも何か変わったことがありましたか。もしそうだとすれば，天候の違いは何によって説明されるのでしょうか。今後あなたの凧揚げはどうなるのでしょうか。
② あなたは凧をコントロールすることができますか。凧を揚げるにはいくつかのスキルが必要ですが，あなたはどのようにして凧揚げがうまくなりましたか。思うように凧を揚げる能力について，どの程度，自信が

ありますか。凧をコントロールできないときはありますか。その状況を変えるために，あなたは何をしますか。

　議論のフォローアップとして，「理想的」ないし好ましい凧を描いてもらったり，今いる場所との違いを示したり，どこに行きたいかを議論したりすることも興味深いかもしれない。行動の領域はこの議論の重要な部分である。

　もちろん，いろんなタイプの凧があるので，フォローアップとして，どういったタイプの凧が最も魅力的だと思うかを聞くこともできる。凧のサイズやかたち，あるいは凧を特徴づける色を聞くのである。

　ほかにも凧作りや凧揚げといった話題について対話することもできる。初めて凧揚げをしたときの経験を聞くことも面白いかもしれない。凧揚げの小説や映画（author Khaled Hosseini）の話につなげていくというのも，議論を進める方法の一つである。

4．典型的な比喩

　キャリアに用いられる典型的な比喩的なイメージはたくさんある。Inkson (2004) は，これらの比喩を「キャリアについての既存の英知の多くを表す可能性を持った（p.100）」一連のイメージとしてまとめようとした。彼は，これらの比喩は，キャリア研究の基礎を成す優勢で典型的な比喩であるとしている。Inksonによって特定された比喩は，以下のとおりである。

①**遺産**——相続としてのキャリア
②**クラフト**——構築物としてのキャリア
③**季節**——サイクルとしてのキャリア
④**マッチング**——フィットするものとしてのキャリア
⑤**道**——旅としてのキャリア
⑥**ネットワーク**——出会いと関係としてのキャリア
⑦**劇場**——役割としてのキャリア
⑧**経済**——資源としてのキャリア
⑨**ナラティブ**——物語としてのキャリア

これらの比喩的なイメージはとても魅力的であり，キャリアのさまざまな側面をとらえている。しかしながら，これまでのプロセスを振り返ってみて，これは網羅的なリストではないと思うようになった。私は，例外，躍進，神のおぼし召し，ダンス，美，庭，万華鏡，はしご，パズル，探求，ステージ，冒険など，ほかのイメージを加えたいと思う（Amundson, 2006b）。ここに追加したイメージは，現在のキャリア理論や実践，特にキャリアの不確実さやスピリチュアルな方向性と全体的な統合に焦点を当てた理論や実践に合っている（Amundson, 2005）。

　これらのイメージを使う初めのステップとして，クライエントに自らのキャリアをどのように描くかを考えてもらうとよい。どのような比喩的なイメージが彼らの状況に当てはまるだろうか。いったん比喩が特定されたら，焦点はイメージの探求と精緻化に当てられる。たとえば，あるクライエント（Jessi）に，キャリアについてインタビューしたとき，彼女は，旅を表すために登山の比喩を用いた。いくつかのフォローアップの質問がなされた。あなたは山のどこにいるのですか，何を持っていますか（地図，バックパック，コンパス），どこから来てどこへ向かっているのですか，あなたが克服した障害物と，行く手にありうる障害物は何ですか，一人で旅していますか，それとも誰かと一緒ですか。この質問は，価値判断しない関心と敬意を持ってなされる。ここでの目的は，イメージを探求し，イメージを拡げるような質問をすることである。

　もちろん，唯一の「正しい」比喩はない。理解と創造力を拡げるためには，多様な比喩的なものの見方をするプロセスからメリットを得られることが多い（Inkson & Amundson, 2002）。私は，このプロセスをやってみて，少なくとも二つの補足的な比喩的観点を用いることが，見方を拡げるのに役立つことに気づいた。ここでまた上記の例を使うと，Jessiは，二つめの比喩として「例外」を選んだ。自分のキャリアを見たとき，彼女は自分の登山の仕方が実に独特であることを実感した。彼女は，友人の多くが行っているのとは違う選択をし，リスクを取っていた。この比喩を検討した後，私たちは三つ目の比喩である「遺産」に戻った。この旅をするにあたり，彼女はしつけから得た資源から多くのものを得ていることに気づいた。彼女の両親はこの国への移民であり，彼女に忍耐と一生懸命働くことの価値を教えてい

た。たとえ多くの困難があっても、彼女は前に進むと決めていた。彼女はまた、自分がどのようなステップを踏むかが、彼女の娘がキャリアを作る際の遺産になることに気づいた。それぞれの比喩によって自己理解が広く、深くなり、キャリア発達の多くの面について理解が進んだ。このプロセスは、自己理解を拡げるのにも、自尊心を高めるのにも役に立った。彼女はまた、このプロセスから新たな洞察も得たのである。

　新たな視点を生み出すために比喩を用いる方法は数多くある。既に議論されたことに加えて、あなたはクライエントに、もしその比喩をほかの人が作ったとしたらどうみえるかを尋ねることもできるだろう。それらのイメージの異同はどのような点にあるだろうか。また、ほかの人が作った比喩に対するクライエントの反応はどのようなものだろうか。グループの場合には、彼らの個人的なイメージを拡げて、集合的な比喩を含めてみるように求めることができる。このようにして、個人的なアイデンティティだけでなく、集合的なアイデンティティについても焦点を当てることができる。

5．劇場の比喩

　もうひとつの別のアプローチは、ある特定のキャリアの比喩に焦点を当てて、より深い介入を使うことである。私は、キャリアの比喩としての「劇場」の考えに特に関心を抱いてきた。社会学や、組織に関する文献の多くでは、ワークライフドラマにおける「俳優」としての個人に焦点を当てる (Arthur, et al., 1999; Pine & Gilmore, 1999)。劇場の経験には少なくとも四つの異なるタイプがある (Amundson, 2002)。これらのタイプは、以下のように定義づけられる。

① **ストリート劇場**——通りをステージにして、一人で、あるいはほかの人と演技をする。
② **即興劇**——個人もしくは小チームのメンバーとして、聴衆からの手掛かりを元に演技をする。たとえば、聴衆から投げられた三つの言葉（ごみ、鉛筆、王族）を統合して、小さな劇を作りだすというチャレンジをする。
③ **ステージ**——ここで注目される人は、より大きな集団と一緒に、提

示された筋書きに沿って演じる。人々は特定の役割を割り振られ，劇は決められたものに則って行われる。
④ **映画**——特定のプロジェクトのために集まった人々から成る集団が，映画が完成するまで一緒に過ごす。撮り直しをしたり，特殊効果を用いることもある。

　グループで行う場合には，人々に彼らの劇場の好みをランク付けするように伝えて，似たような選択肢を選んだ人と一緒になるように求める。短い議論をした後で，グループに対して，彼らの好みの基本は何かについて述べてもらう。その後で，彼らがあまり好まなかった選択肢の人のところに移動するように言う。ここでやり取りをするなかで，どうしてその選択肢を選んだのか，また，その選択には特定の価値観やパーソナリティのスタイル，スキル，関心がどのように反映されているかについて，より一般的な議論をすることができる。

　私がこのエクササイズを使う際には，参加者はさまざまな劇場の形態をなぜ一番に選んだかについて述べるが，そのときによく聞く単語を以下に示す。

① **ストリート劇場**——自信，コントロール，マーケティング，マネージング，自由，独立，想像性，柔軟性
② **即興劇**——協力，インスピレーション，サポーティブ，適応的，素早く考える，マルチタレント，創造的，想像的，現在に焦点を置く，ユーモアのセンス
③ **ステージ**——チームワーク，共同，ハードワーク，人格の発達，共感，魅力，エネルギ
④ **映画**——チームワーク，聴衆との限定的接触，スペクタクル，取り直し，コントロール，伝統，方向性，物質的な報酬

　このアクティビティはいろんな意味で，人が個人的，あるいはワーキングライフの価値と選択に向き合い，それについて振り返ってみるための興味深い方法の一つである。

6．役割の比喩

役割分析をする際に，あなたはさまざまな役割を表すために比喩を使い，クライエントにそこから自分に合った役割を選ぶように求める。私は，役割に関して一般的に抱かれる比喩的なイメージを特定した。それらを以下に示す。

- コーチ──指示する，支える，教える
- 庭師──育てる，支える，剪定する・雑草を抜く
- ライフガード──観察する，反応する，助ける
- リフレーミングの主体──創造的，影響力，行動する
- サンタクロース──ポジティブ，美しい贈り物を与える
- 弓の射手──実践，目的に向かって技を持って打つ
- 親──育てる，指導する，支える
- ドクター──聞く，分析する，処方する
- 工芸家──創造的，実践的，匠
- マネージャー──組織する，政策を実行する，支える
- チームプレーヤー──実践，協同，ゲームをする
- セールスマン──影響，市場
- プログラマー──ルールを理解する，デザインする人
- ロビースト──主張する，影響的，黒幕
- 分析家──査定する，パズルを解く
- セキュリティーガード──確かめる，ルールを守らせる
- 旅行代理店──聞く，売る，人と目的地のマッチングをする
- スポークスマン──主張する，目につく，代表する
- そのほか

クライエントと取り組む際には，あなたはこの役割リストや，お望みであればほかのリストを使うことができる。クライエントに，彼らの仕事人生のなかで最も顕著な役割（少なくとも三つ）を選ぶように求める。役割を探求し，選ばれた役割を特徴づけるテーマを特定する。

間違いなく、ほかにもたくさんの比喩を使う方法がある。ここに提示したものは、「氷山の一角」にすぎない。ここで述べたアクティビティをしてみたり、あるいはあなた自身の比喩的なアプローチをさらに発展させるために、時間をとるようにしてほしい。

Ⅶ　ゲームを通しての学び

グループは、「ゲーム」への参加を通して新たな洞察を得る素晴らしい機会を提供する。ゲームはしばしば人生の真実を映しだすために、カウンセリングにおいても比喩として有用である。これらのゲームは楽しいだけでなく、ゲーム内での対人間のやり取りにおける、個人の反応に関するデブリーフィングをとおして、貴重な洞察が得られるように作られている。多くのトレーナーはゲームをポイントを理解してもらうために使う。たとえば、私は互いに自分が心地よいと感じるやり方で握手するように求める。右の親指を上にする人もいれば、左を上にする人もいる。それを逆にしてみるよう求められると、明らかな違いに気づく。つまり、それがあまり快適ではないという感じである。この状況についての話し合いでは、人が快適だと思う自然の位置は違うということを指摘することができる。変化が起こるときには位置を変える必要があるのだが、これは難しいことなのである。

私が変化について語るときのもう一つのアクティビティは、グループといるときに、私が何をしているかを語らないまま、ランダムにグラスに水を入れることである（Fritz, 1991）。メンバーは間もなく何が起こっているかについて解釈をしはじめ、ついには何が起こっているのかを知りたがる。私は説明する前に、どう考えたかを尋ねる。たいてい、多くの興味深い可能性が出てくる。つまり、①「**私たちが良い質問をしたときに、水を注ぐ**」とか、②「**各セクションの終わりにグラスを満たす**」などである。実は、グラスを満たす主な理由は、起こっていることについて、常にすべてを理解することはできないことを指摘することなのである。私たちはしばしば、意味をなさない情報を解読しようと這いまわる。しかし、知らないことを謎のままにして何が起こっているかを理解することなしに、その瞬間に満足する必要があるときもある。

ほかにも，よく練られたグループゲームとして，チームワークと学習スタイルの問題に触れるためのものがある。私が多くの場面で使うゲームの一つは，紙飛行機の工作である。最初にグループを小グループ（4～6人）に分けて，紙飛行機を作ってもらうことを知らせる。そして，これはコンテストであり，誰の飛行機が部屋の向こう側の的に最も近づけるかを競うものであると告げる。ルールは，チームの各メンバーが少なくとも一つの紙飛行機を飛ばすことである。私はいつも，それぞれのチームに，少なくとも実際の人数よりたくさんの紙飛行機を飛ばすように求める（それは，誰が一つ以上の紙飛行機を飛ばすか，そしてそれがどのように決められるかを見るためである）。かくして，もし一つのチームに5人いる場合には，彼らは全部で八つの紙飛行機を飛ばすかもしれない。紙飛行機は，最新のものでなければならず，しわくちゃの紙の塊では駄目である。盛り上げるために，勝ち飛行機を飛ばした人には個人賞を設けて，目覚ましい活躍を見せたグループには賞を与える。たとえば，個人にはチョコレート，チームにはピーナッツをあげるのである。アクティビティの間，さまざまなチームが飛行機を飛ばすので「テンション」があがる。アクティビティの最後には，グループに集まってもらって，ゲームの間の体験を振り返ってもらう。振り返りのための質問は，以下のようなものである。

① あなたのチームは，どのようにして飛行機を組み立てる計画を考えましたか。どのような戦略が用いられ，みんなはそれぞれ，どのようにこの計画に参加したのでしょうか。たとえば，誰がリーダーで，それはどのように決定されましたか。そして，あなたはその経験から何を学びましたか。
② ゲーム中に，どのようなタイプの自己語りが見られましたか。紙飛行機を作るための知識を持っている人と，スキルをほとんど持っていない人の関係性は，どのようなものでしたか。
③ 飛行機を実際に飛ばしているときには，何が起こりましたか。アクティビティの各段階では，どのようなグループ感情や話し合いが特徴的でしたか。

小グループで話し合った後，グループ全体で，このアクティビティを通して得られた洞察が，個人の学習スタイルや動機づけ，意思決定，チームワークなどにどのように適用されるかについて，幅広く話し合う。これらのゲームアクティビティを使う際には，心の中に明確な目的を持っておく必要がある。ゲームはグループにエネルギーを与えるものではあるが，通常，アクティビティを行うにはほかの動機づけが必要である。ゲームの使用は，グループの発展状況に合わせて，注意深く行われなくてはならない。もし，チームの凝集性が不十分であれば，メンバーは最終的に何が起こるかわからないようなアクティビティに参加することに抵抗するかもしれない。明らかに，ゲームの要点は，彼らがいつものやり方で反応するような「リアルな生活」体験に引きこんで，日頃取ってきている行動を振り返らせることにある。この種のアクティビティに参加することには，いくつかのリスクがある。グループやリーダーに対する信頼を抱くためには，最初からグループの絆がある程度あることが必要となる。

多くの異なるタイプのゲームが，学習の目的で用いられる。その際の主なポイントは，グループの発達レベルに合わせたゲームを選ぶことであり，それによって，興味深い対人経験を持つことができる。また，デブリーフィングのために十分な時間を取っておくことも，アクティビティの価値をきちんと実感するためにはとても重要である。ゲームの影響はグループで顕著ではあるが，個人のカウンセリングにおいても有効である。たとえば，クライエントは，自らの創造的な思考の可能性を拡げるために，さまざまなパズルに取り組むことができる。これらのアクティビティから得られる洞察は，キャリアの問題解決にも適用される。グループ状況でのゲームと同様に，アクティビティの最後に，十分なデブリーフィングのための時間を取っておくことが重要である。

Ⅷ 物語を語る

キャリア発達をアセスメントしたり，促進する際の物語の重要性がますます認識されてきている (Cochran, 1997; Peavy, 2004; Savickas, 2005)。カウンセリングを訪れる際，多くのクライエントは，問題に関連

した情報を物語のかたちで述べる。物語は，人の体験を分かち合うための自然な方法なのである。それは，人を感情的にも認知的にも関わらせるやり方である。私たちが出来事を思い出す能力は，その出来事が物語として埋め込まれているときに高まる。Gabrielによる物語の正式な定義は，以下のとおりである。

> 物語は，筋書きと登場人物を持つナラティブであり，記号的素材を象徴的に使って，語り手と聴衆に感情を生み出す。この素材は，ファンタジーないし経験の産物であり，より初期のナラティブを含む。物語の筋書きには葛藤，困難，試行と危機が含まれており，それらは選択，決定，行動と相互作用を必要とする。ただし，それらの実際の結果は，登場人物の意思と目的によってまちまちである。(Gabriel, 2000, p.239)

1．クライエントが生成する物語

　物語は私たちの考えを変え，感情に影響し，行動を変える力を持っている。カウンセリングを訪れた多くの人において，その出発点は自らの物語を語る機会を与えられることである。この物語に耳を傾けようとする意欲は，カウンセリング経験をどう定義するかに関わるものである。これはまた，「気遣っている」雰囲気を作るためにも，重要な役割を果たす。自分にとって大切な人には，その人が物語を語る機会を十分に与え，必要なところについては詳細を尋ねて明らかにする。そうすることで，私たちは語り手に対する関心と個人的なつながりを示すのである。

　物語には文化的要素がある。最近，ボツワナから来た人が，北アメリカでは，人は物語を短くすると言っていた。彼の文化では，長く詳細な部分を多く含んだ物語が期待され，実際そのように語られる。彼がここに来たときに，人に質問すると，相手は省略した物語を語ることがわかった。彼は，今は，質問をすることによって，物語を追い続けられるということがわかった。北アメリカでは，出来事の詳細をすべて語って相手を飽きさせないように話をする，ということを学んだのである。これは，効率性という点ではメリットがあるかもしれないが，物語を短くすることで失ったものもあるだろう。

私は最近，先住民と一緒に，より文化に適したキャリア発達の概念と素材を開発する試みに携わっている（McCormick et al., 2006）。その人の人生／キャリアの物語を発見することが，このプロセスの重要なところである。物語には豊かな想像性が含まれており，スピリチュアルなつながりがあり，行動への新たな方向性を示唆してくれる。

物語を「すべて語り切る」ことは，何かとても満足するものがあるようである。先に述べたように，研究の予期せぬ結果として，彼らが受けているカウンセリングよりも，研究のインタビューの方が楽しそうに見えたのである（Borgen & Amundson, 1987; Amundson & Borgen, 1987）。

こうしたインタビューは，物語を完全に語る機会を与えるという意味において，満足のいくものであった。その力点は出来事と，それに関する考えや感情を理解することに置かれていた。最近，私はこの現象について，より系統的な方法で検討した。それは物語ることでどのような影響を受けるかを前後で調べるというものであった（Butterfield et al., in press）。それによって発見したのは，物語ることは，とてもパワフルな経験であり，人にいろんなかたちでインパクトを与えるということである。相当数の人々が，この経験によってポジティブな影響を受けたが，反対の方向に行ってしまった人も少数見られた。これによって，自分自身で説明する物語は，情報を集約する強力な方法であるということが示された。

物語を聴く際には，判断しないオープンな態度をとることが重要である。カウンセラーとしてはその人がどのように世界を見るのか，どのような意味が生み出されるのか，その根底では実はどのような必要性や恐れが扱われているのか，どのような強みが示されているのかに注意を払い続ける必要がある。また，語られていることではなく，語られていないことが物語の前景に来ることがある。物語は理解と分析のための豊饒な土壌を提供するのである。

ある意味で，物語は私たちが人生を定義するのを助けるものであり，物語を歴史的，発達的レンズを通して見ることは興味深いことである。私がこの広い視野を得るために使った方法の一つは，彼らに人生を本として考えてみることに挑戦してもらうことである。タイトルや章はどのようなものか，どのように物語は展開するのか，すなわち，どの章がすでに書かれていて，ど

の章がこれから書かれるのか。これをより具体的なエクササイズにするために，私は，A4 の白い紙を使って，それを半分に折る。最終的には，4 ページの小さな本になる。表紙にタイトルを書くようにいうと，彼らは，音楽や詩，インスピレーションが湧くような何か創造的なものを使いたがるかもしれない。私は，タイトルには，イーグルスの歌からとったフレーズ「Take It To the Limit One More Time」を使った。本の中には，各章の要約をつけて，章を列挙するスペースを設ける。これらの章はいろんな方法で作ることができる。もちろん，学校は自然な区切りになるが，物語を区切るにはほかにもたくさんの方法がある。私の物語の章だては，以下の通りである。始める，夢を追う，道を見つける，パートナーシップと焦点，私自身の方向。各章には，さらに探求されうる多くの個人的な物語がある。本の裏表紙には，さらに章を書く余裕がある。私の場合，退職の問題が前面にあり，問題は人生のこの局面で何をなすかである。「退職」か「再雇用」か「再就職」か，それ以外か。このプロセスでは，想像力を使ってみるように言う。ある人は，各章のカテゴリを特定するためにビートルズの曲を使った。「本としての私の人生」を作るなかで集中的なやり方で，ある種のライフレビューを行っている人もいる。このエクササイズへの反応は通常はとてもポジティブだが，よく考えなければならない人がいることも確かである。

2．カウンセラーが作る物語

　物語ることはクライエントにとって重要であるが，それはまたカウンセラーが理解を新たにして，変化するために使えるコミュニケーションの一つでもある。物語の力は，クライエントとカウンセラーの双方にとって使えるものである。私は，特に Denning（2001, p.37）のいう跳躍台としての物語に関心を持っている。「……物語は，人々が話し合っているとても複雑な変化の理解を可能にする，ある種の説得力と一貫性，合理性を与えてくれる。物語はかけ離れた要素を，行動を活性化させたり導いていくのに十分な長さでひとまとめにして，いかなる出来事にも回顧的な意味を与え，その情報を未来を作ることに役立てることができる」。

　跳躍台としての物語は人々の関心を引き，そのなかには，さらなる理解，革新，そして行動を促進するための要素が含まれている。跳躍台として物語

を使うカウンセラーは，自らの人生経験に基づいた物語，ないしほかの資源から作られた物語を使うことに，特に関心を示す。私は自分の臨床実践で，結果的にブリティッシュ・コロンビア大学（UBC）に雇用されることになったある例外的な電話について，何度か話したことがある。面接の第一段階で私は選考に漏れ，別の道に進もうとしていた。しかし，私は粘った。そこで，私は例外的ではあるが電話をして，なぜ最終候補に選ばれなかったかについて説明を求めた。私は面接で，1・2年は大学に留まることについて「軽率な」コメントをしており，彼らは私が長期間仕事にコミットするのか疑問を抱いたのであった。そこで彼らに，自分はとても積極的に考えており，それを証明する機会をいただけると嬉しいと述べた。私は補欠のリストに入れてもらうことができた。そしてほかの候補者の一人が仕事を断ったとき，チャンスを与えられた。私は雇用され，UBCで30年以上働いている。

　より抽象的なレベルでは，物語はカウンセラーがさまざまなキャリアカウンセリングの問題を探求するためにも使うことができる。この点において，私が使えると思った物語の一つは，「オズの魔法使い」（Amundson, 2006c）である。筋書きは喪失，自己欺瞞，そして，「全知の専門家」を探すことに関連した自然災害の問題である。クライエントは物語を振り返って，主なテーマを特定し，特に記憶に残る登場人物を考え，彼らが自分の状況と重なるかどうかを探求してみるように言われる。その重なりから，突然起こった問題（予期せぬ嵐による初期の混乱）と，その先も続く旅（道中で手に入ったさまざまなかたちのサポートや助けと挑戦）に焦点を当てることができる。カウンセラーが，さらなる見方をいくつか付け加えたいと思うときもあるかもしれない。たとえば，もし，ドロシーと3人の仲間を一つの存在と見なすなら，何が起こるだろう。成功する旅には忍耐，問題解決，心，勇気（リスクを取る）が必要である。ここでの課題は，どのような要素があり，さらに発展させる必要があるのは何かを考えることである。オズの魔法使いには，多くの異なる探求の可能性がある。私はそれを，カウンセラーの役割と変化のプロセス全体に関する問題にフォーカスするために，カウンセラーの訓練に用いたこともある。そのなかで，魔法使いの役割，特に彼がイリュージョンの力をいかにして作り出すかは興味深い。

　オズの魔法使いのような物語を使うことの一つの限界は，その物語に親し

んでいない人もいるかもしれないことである。これは特に異なる文化的背景を持つ人と関わる際に問題になる。PryorとBright（2006）は、こういう場合、クライエントに物語を読んで、デブリーフィングのプロセスを踏んでもらうことが役立つかもしれないと述べている。そのために彼らが作った物語は、「ピンポンボールのたとえ話」と呼ばれ、主なテーマはキャリアの問題解決における「カオス」的なものの見方を反映している。カオス理論と実践のさらなる議論については、次章に示す。

　ここまで、私たちは、物語について一般的かつポジティブな視点から探求してきた。そして、大部分において、それは私の経験でもあった。しかしながら、物語がネガティブな影響を与えることもある。その場合には、物語は解釈され、調節される必要があるかもしれない。解決志向型のカウンセリングは、人々がネガティブなものに固着して、物語のなかの否定的な経験の羅列に注目していることを示唆している。これは、体験の一部かもしれないが、全体像ではなく、カウンセラーはよりバランスのとれたアプローチを見つけるために一連の流れを中断する必要があるかもしれない（第3章で述べた、「Ⅲ　可能性を強調する質問戦略」を参照）。カウンセリング関係の外側の物語も影響を与える可能性がある。私たちは皆、多くのさまざまな資源からの物語にさらされている。いくつかは、ポジティブで勇気づけられるものだが、その反対のものもある。カウンセラーは、クライエントの物語を聴き、それが重要な他者からのものか、メディアからのものなのかを探求する必要がある。これらの物語は、自信を築き、能力を確かめ、ポジティブな方向性を示唆しているだろうか、それとも、個人の能力を下げる方向に働いているだろうか？　もし、物語がネガティブであれば、二次的な質問（第3章）を使って、より精緻に検討される必要があり、おそらくもっと肯定的な経験や物語で対抗する必要がある。

　総合的にみると、物語は人生経験の重要な部分である。私たちはカウンセラーとして、クライエントに自らの物語を語る十分な機会を与える必要がある。私たちはまた、自信を構築し、可能性や楽観性を強調するような新たな物語を発展させたり、調整するための方法を理解しておく必要がある。このプロセスを通して、クライエントに記憶に残り、かつ変化させる力のある知識を供給することができるのである。

IX　書くことと詩

　本章が強調する自己の振り返りは、カウンセリングの中でも外でも起こりうる。このゴールに到達する方法の一つは、クライエントとカウンセラーが、文章や詩を作って自身の経験を振り返ることである。それにはたとえば、日々の出来事を記録する、日記を書く、手紙を書く、自由に書くなどのたくさんのさまざまなやり方がある。多くの人は散文や詩を書くことを楽しみ、それによって、書くことが自分自身や状況の理解に役立つことに気づく。

　書くことの力は、多くのさまざまなレベルで感じることができる。最も基本的なレベルは、物事の単純な記録である。人は記録するまで、ある行動パターンに気づかないことがある。典型的な一日におけるさまざまな活動の記録は、起こっていることだけでなく、起こっていないことに注目する方法でもある。失業や仕事のバーンアウトに取り組んでいる人は、一日の出来事を注意深く検討することで重要な示唆を得ることができる。

　また、書くことは個人的表現でもある。このやり方では、カウンセリングプロセスに注目して記録しつづけることが役に立つ。記録する際には、クライエントはカウンセリングのセッションのなかで起きた考えや感情を心の振り返りのようなかたちで書く。クライエントはまた、カウンセリングの外で起きた出来事に焦点を当てて、学んだことをどのように生かしたかを振り返ることもできる。かくして、記録はカウンセリングのなかで焦点を当てたもの以上のものになる。すなわち、カウンセリングが人生のほかの領域に与える影響を振り返るものにもなるのである。たとえば、もし彼らが求職中であれば、雇用者に接触するときの考えや感情を確かめたいと思うかもしれない。もし彼らがキャリア探求の段階であれば、可能性のあるキャリアの領域について情報を得たときの彼らの経験を振り返る必要があるかもしれない。

　あなたはクライエントに、記録をつけるという具体的な課題を出すこともできる。第3章のはじめに、さまざまな質問のテクニックについて論じている。そのなかには、セッション前の変化や、ほかの状況における対処、例外探しに焦点を当てた質問がある。これらはカウンセリングのなかで用いられるべきものであるが、クライエントが記録する際にも用いることができ

る。協働的な関係性に支えられながら、クライエントは、カウンセリング内外で、自身の個人的な強みを考える必要がある。

　手紙を書くことはまた、カウンセラーがカウンセリングプロセスのダイナミクスを振り返るためにできることでもある。ある状況では、その手紙はクライエントと共有されることがある。White と Epston（1990）は、いろんな種類の手紙（招待、くり返し伝えたいこと、予言など）が、クライエントへのコミュニケーションの一つとして書かれると指摘している。Vahamottonen（1998）は、キャリアカウンセリングのなかで、キャリアの意思決定に行き詰まった際に、手紙を書くことについて述べている。彼は、クライエントが行動しないことを非難するよりむしろ、（強みに挑戦する観点から）行動する前に選択肢について熟考していることを褒めた。以下は、クライエントに送られた手紙の一部だ。

　　……私は、あなたが人生の今を楽しむ力に感心しています。あなたと同じ立場にある人の多くが、後で後悔するような解決に走ってしまいます。しかし、あなたはその代わりに、物事を異なる観点から注意深く考えてきました。時が来たら、あなたは自分で決断を下すでしょう。そしてその決断は、あなたが注意深く考え抜いたことによってうまくいくでしょう。
　　　　　　　　　　　　　　　　　　（Vahamottonen, 1998, p.68）

　この戦略を用いることによって、Vahamottonen はなすべき行動がされていないことについてリフレーミングして、状況を新たな観点から考えることができたのである。このクライエントは自分で物事を決定する傾向の強い人で、拙速な決断に追い込まれるようなことは全くなかった。彼女の、しかるべきときに決定する力に焦点を当てることによって、彼は彼女の持つ主体性の感覚を強めることができた。これは、この状況にはよかったのであろう。

　書くことのほかのかたちには、クライエントが物語や劇を作る際の自由な表現も含まれる。このようなドラマ化においては、今、カウンセリングで問題としていることが投影されることは珍しくない。問題に対して、かなり強い駆動力を持って、半意識的なレベルで取り組まれるため、創造的なプロセスとなる。創造的なエネルギーを高めることは、通常はカウンセリングの問

第 4 章　問題解決の方法 2 —— ダイナミック・セルフアセスメント　*133*

題解決に，直接的にも間接的にも有用な資源を提供することになる。
　クライエントやカウンセラーにとって，書くという作業は詩のかたちで行われることもある。多くの人は詩的な想像力を持って体験をとらえることを楽しむ。あるクライエントは，二つの椅子の方略を行った後，帰宅してから，そのときの体験に関する詩を作った。詩は考えや感情のまさに本質をつかむことができるものであり，とても良い状態で探索できるやり方である。私はしばしば，Robert Frost の「The Road Not Taken」という詩が，クライエントとキャリアの意思決定に関連する緊張について議論するのに役立つように感じている。
　2008 年の National Career Development Association conference で，Dr. Jane Goodman というオークランド大学の教授が，価値を探索するための刺激として詩作を活用する方法を提示した。彼女はルイス・キャロルを例に，不思議の国のアリスの頭文字を先頭においた詩を示した。こうしたかたちを構造として使うことで，参加者は自分自身の詩を書くよう促される。以下は，私が作った詩である。

　　Now is the time to live　今こそ生きるとき
　　Out of the box　箱の外で
　　Retirement is just a word　退職はただの単語
　　More is still to come　もっと何かが起こる

　　Aim for the stars　高みを望む
　　Move ahead　前進する
　　Understand what is around you　何が起こっているかを理解し
　　Now is the time to live　今こそ生きるとき
　　Do what you really want　本当にしたいことをせよ
　　Soar to new heights　新たな高さまで飛びあがれ
　　Out of the box　箱の外で
　　Now is the time to live!　今は生きるとき！

　この詩を見ると，書いたもののなかに，明らかに私の現在の葛藤を見て取

ることができる。私は，書くことを楽しむとともに，どのようにしたら詩をさらなる議論の礎として使うことができるかがわかった。

X　投影的な方法

　「投影的」という言葉は，拡げて，前方に映し出すといった一般的プロセスのことを指す。私たちは外界とやり取りするときには，物事を自分のニーズと性格特性に基づいて認識する。私たちの投影の仕方は，情報の受け取り方や新たな状況に対する反応の仕方に関わっている。たとえば，二人の人がレストランに座っている状況を考えよう。一人は，地元の単科大学の西洋料理の講師で，もう一人は町外からの訪問者だとする。彼らがメニューをじっくりと見る際に，まったく異なる観点（たとえば，価格，表現，食材のユニークさなど）から見ることは想像に難くない。刺激（メニュー）がかなり直接的なものであっても，知覚の仕方は，参加者の個人的投影に強く影響される可能性がある。より曖昧な状況では，観点の違いはさらに劇的かもしれない。

　投影によるアセスメント方法は，心理学の文献では長い歴史がある。これらの方法（インクのしみ，描画，物語など）は1930年代から40年代に，当初は標準化された尺度の隆盛に対抗するものとして提案された。以下のMurphy（1947）の引用は，投影的要素がどのようにしてアセスメントのプロセスに組み込まれていったのかを示している。

　　　投影法という言葉は，被検者が計画的に作られた状況のなかで，自分自身を投影できるようにした装置を表すもので，最近よく使われるようになった。人はそのなかに自分が個人的に見がちなものを見，しがちなことをする。私たちは学校でやる勉強の試験のように，そこで生み出されるものの量に関心があるのではなく，その人の課題に対する向き合い方から間接的に，その人が自分自身をどう語るかに関心がある。すべての心理テストは，自分自身について明らかにするという意味で投影的な要素を含んでいる。人はテストに，自分自身をほとんど表さないかもしれないし，たくさん表すかもしれない。しかして，大工は，敷居を作る

ときにはそこに自らを投影するのだが、ボートを作るときにはもっと多くのものを投影するのである。オルポート・ヴァーノン価値テストはある程度投影的であり、筆跡学はそれよりはもう少し投影的であり、インクのしみの解釈はすべての投影法のなかで最も投影的であろう。これには連続性があるため、このような定義は便宜的なものにすぎない。見せられた素材を何かに特定するという意味では、個人が生きている状況に共感することができるような機会は、投影法の方法に含めることができるであろう。　　　　　　　　　　　　　　(Murphy, 1947, p.669)

　初期に発展したこれらのアセスメント方法は、当初はよく受入れられた。しかし、いくつかのネガティブな研究結果の影響で落ち目となり、伝統的医学モデルを超えることに失敗した (Amundson, 1979)。前に書いた文献のなかで (Amundson, 1979)、私は、カウンセラーは投影的なアセスメントの領域から退くときに、「大切なものをいらないものと一緒に捨ててしまった」かもしれないと述べた。私は確かに投影的方法を用いるときにはいくらか注意が必要だと思っている。しかし、いろんな意味で「非公式な」投影的アセスメントは、キャリア探索に役に立つと考えている。クライエントに、曖昧な刺激状況に反応させることは、何か興味深いものを生み出し、それが意味のある議論や分析につながる可能性がある。これらの方法を用いるときには、先に述べた協働的モデルを強調することが役に立つ。ほかの方法であれば、情報を解釈する際に、クライエントに積極的な役割を担ってもらうとよい。ほかに投影的方法を適応しうるものとして、描画と物語に注目してみよう。

1．タスクを描く

　私は絵画を用いた取り組みが大変好きなのだが、すべてのクライエントやカウンセラーが描画を好むわけではないということを理解しておくことが、まずもって重要である。多くのクライエントは、さまざまな理由で描画のアクティビティに参加することを選ばないかもしれない。この課題は芸術的な素質を判断することとはまったく関係ない、ということを伝えて参加してもらおうとしても参加を選ばない人もいる。そういうときは、その人の意思を尊重する。投影を促進する方法はほかにもたくさんあり、おそらくたとえば

物語などほかの方法の方が合っているのかもしれない。

　この方法を好むクライエントには，彼らの比喩を絵に描いてもらうことがある。自分自身，他者，そして特別な状況が描かれることもある。以下のものは典型的な描画課題の数例である。

- 白紙を用意して，現在のあなたの環境を描いてください。この図には，あなたにとって大切な人と大事な場所の両方を描いてください（2〜5年先の人生を見据えて修正する）。
- ほかの人と何かを一緒にしているところを描いてください（家族や重要な他者に言及しながら，この図をもっと具体的に描く）。
- 一人で働いている絵を描いてください。
- 余暇を過ごしているあなたを描いてください。
- 「理想的な」仕事の環境で働いているあなたの絵を描いてください。

　それぞれの絵において，その状況で何が起こっているか，そして，さまざまな人々がどのように感じているかを聞くことが重要である。

　絵を解釈することによってかなりの情報が前面に出され，私はその情報のなかから特に役立つと気づいたものをまとめてみる。絵画を解釈するときには，いつも，課題に関連のある言語的・非言語的な行動から始める。あなたは，クライエントが不穏な，心配している，疑念を抱いている，尊大な，敵意のある，ネガティブな，緊張した，リラックスした，ユーモアのある，自信のある，注意深い，刺激的な――状態にあるかを，自問する必要がある。また，ひとり言はあるか，もしあるとすれば，それはどういう方向性のものかを自問する必要がある。

　芸術的な能力に自信がない人に出会うのは珍しいことではない。ここで観察すべき興味深い点は，その自信のなさをどう扱うかである。通常，最も妥当性と信頼性のある情報は，全体的なテーマを特定することによって得られる。絵について話をする際には，次のような質問をするとよい。「**全体として，この絵のどういうところが印象的か。この絵はかなりよく構造化されているか。この絵のなかで重要な要素は何か。何がこの人にこのような絵を描かせたのか**」。これらの質問は，組織化や想像力の程度，他者との関係性，

仕事－余暇－家族の相対的な重要性，職業的な成熟度，職業の好み，人あるいは物理的環境の強調といったレベルにおけるテーマに焦点を当てる。全体的なテーマを特定することに加えて，さまざまな人や物がこの絵のどこに描かれたかを見る。近いものは関係が強いと仮定される。したがって，人の集団を描いた人が自分を紙の片方の側に描いて，ほかの人たちをもう片方に描いていたなら，比較的弱い関係が示唆されるということは理にかなったことだろう。一方で，もしその人が集団の中心にいるなら，強い交友関係が示唆されるだろう。

　また，紙の大きさに対する自己像の大きさは，自己概念の強さに関係する重要な指標である。自分自身を表すのに特別に小さな絵を描けば，それは自己卑下を示すかもしれない。一方，大きすぎる絵は力とコントロールを求めていることを示すかもしれない。

　人物や物の大きさをほかの人や物との関係のなかで比較すると，さらに重要性という点から仮説が立てられる。人（物）の実際の大きさと絵のなかの大きさが逆の場合に，これは特に顕著となる。たとえば，支配的な親の像は，絵のなかのほかの人に対して2，3倍の大きさで描かれるかもしれない。また，筆跡学も重要な指標として用いられる。あなたは筆圧の強さやリズムの両方を検討して，これは何を反映しているかを考える必要がある。たとえば，とても軽い筆圧は劣等感に関係し，波立ちは不安に関係し，とても制御された筆圧は感情表現に対する硬さや不安定な感情を表すかもしれない(Kershaw, 1980)。もちろん，筆跡学を幅広く理解することはそれだけで一つの完結した研究であり，助けにはなる。しかし，ここで示したような解釈のレベルに不可欠なものではない。

　絵に使われたさまざまな色は，いくらか予備的な仮説を示唆するかもしれない。BrowerとWeider（1950）は，抑圧された人はあまり多くの色を使わず，活気に満ちた人は色から色に素早く移りがちで，抑うつ的な人は暗い色を使いがちであり，攻撃的な人は赤やオレンジのような明るい色を強調する傾向があると述べている。色は一般的な指標のなかでは，恐らく最も信憑性が低いものであるが役に立つこともある。

　人物（自己）の絵の詳細を検討することで，さらに実験的な仮説を導くことができる（Hammer, 1958; Levy, 1950）。たとえば，頭の絵は自己概念

に関係しているように見える。小さくあまりはっきりしない顔は，自己イメージが乏しいのかもしれない。同様に，もし顔が漫画や道化のような表情であれば，それは劣等感を表すかもしれない。目や鼻，歯のような顔のほかの部分からも仮説が示される。たとえば，目には表情があるか空白か，鼻は張り出しているか（攻撃的），歯は見えているか（攻撃性のサイン）。首は身体の感覚と知的な考えの間のつながりを表す。この部分がなかったり，歪んでいる場合は統合のなさを表しているかもしれない。腕と手は操作的な器官と定義される。そして，もしそれらが省略されたり，歪んでいれば，それは環境を扱うことの難しさを示唆するかもしれない。足はその人物が地（現実）に足をつけているかを示す。もし，それがなかったり，宙に浮いているようであれば，それは何か非現実的な傾向を示すかもしれない。性的な器官に関しては，誇張に気づかなくてはならない。それは，性的な不全のサインかもしれないが，単にカウンセラーにショックを与えようとしているだけであることが多い。こういった情報に基づいて仮説を立てる際には，かなりの注意を払わなければならない。先に述べたとおり，全体的なパターンは特定の部位より信頼性があり，妥当なものである。ここまでの話し合いは，描かれたものを解釈することに焦点を当てている。しかし，省略されているものについて考えることも重要である。省略は重要でないということを反映しているのかもしれないが，葛藤的な問題を示唆していることもある。

　描画に関するこの章を結論づけるに際し，私は改めて，描画から仮説を作り出す際の協働的な関係の重要性を強調することが大切であると思う。考慮すべき問題はとてもたくさんあるので，あなたはクライエントと描画のさまざまな側面に取り組む必要がある。この探求において，あなたの役割は開かれた質問を投げかけ，問題に対する積極的な探求を手助けすることである。

2．物語を作る

　投影法の基礎の一つは，TAT（訳注：Thematic Apperception Test（主題統覚検査）クライエントに複数枚の絵を見せ，語られる物語からパーソナリティを明らかにしようとする性格検査の一つ）のように，刺激としての絵に基づいて物語を作ることである。私はキャリアカウンセリングにおいても，今のことや，キャリアカウンセリングのさまざまな関心を反映した絵を

第4章　問題解決の方法2——ダイナミック・セルフアセスメント　139

使うことによって興味深い結果が得られることに気づいた。私が使うオーダーメイドの絵は，家族生活や余暇，求職，仕事の環境といった問題に関するものである。長年多くの絵のセットを作ってきたが，私はクライエントにとって重要だと思うたった10枚の絵から始める。出発点として，半分以上の絵は選ばないようにリクエストして，起きているであろう出来事に基づいて，想像力を使って物語を作ってもらう（書いてもらうこともあれば，レコーダーを使うこともある）。物語には始め，中盤，終わりがあり，登場人物の感情や考えを反映するものがよい。これらの物語は，カウンセリングのなかで完成することもあれば，宿題として完成することもある。一度物語を完成させたら，それらについて話し合ったり（さらに推敲する），さまざまな物語の意味について質問するべきである。Lindzey（1952）は物語の分析に含まれるいくつかの基本的な仮定について概説している。

- 物語を作るプロセスのなかで，語り手が一人の人に同一化されることがある。この物語の登場人物の望み，戦い，葛藤は，語り手のそれを反映しているのかもしれない。
- 作られたすべての物語が，その人にとって同じくらい重要というわけではない。ある重要な物語が最も意義深いものかもしれない。
- 絵の外に直接的に描かれたテーマや物語の要素は，付け足された要素より重要ではないかもしれない。
- 現在のテーマに，特に注意を払うことが重要である。
- 物語は個人的な決定因に加え，グループのメンバーシップや社会文化的な決定因を反映している可能性がある。

　物語について非公式な分析を行うなかで，私は次の一連の手続きが役に立つことに気づいた。まず初めに，物語の素材を通読して，物語の主な流れやテーマを特定する。これには物語の時期の枠組み（過去，現在，未来）の特定や物語の終わり方，たとえば，ポジティブ，ネガティブ，未完を特定することを含む。続いて，物語のスタイルや組織化のレベルについて検討する。これに関しては，いくつかの質問がなされるかもしれない。物語は主に記述的か，象徴的か，ドラマチックか。筋書きはどの程度論理的か，首尾一貫し

ているか。創造性のレベルはどのくらいか。語彙，表現は豊かか。物語は詳細にわたっているか，それとも，より妄想的な見方に依っているか。最後に，物語にはさまざまな登場人物が考慮されているか。物語の主人公は特に重要であり，その動機，主体性のレベル（主体的か受動的か），感情，環境的圧力（関心）についてアセスメントすべきである。似たようなアセスメントをほかの登場人物についてしてみるのも興味深い。ひとしきり登場人物について個別に検討したら，それぞれの関係性についても評価する。

　すべての投影法と同様に，協働的関係は重要な要素である。物語を扱う際には，あなたはクライエントと一緒にすべての要素を振り返り，そのなかで繰り返されるテーマを探す必要がある。ある物語が極めて参考になり，それが新たな自己洞察をもたらす助けになるところもある。

　ここまで紹介してきた描画と物語の課題は，投影法の「氷山の一角」にすぎない。ほかにも多くの方法があるし，あなたが自分で開発することもできる。その出発点は曖昧な刺激とそこに示されたものに対する反応を求めることである。刺激となる状況は絵ハガキや，言葉，詩，音，写真などから作られてきた。通常は，カウンセリングプロセス自体もその方法の最たるものの一つである。重要なのはクライエントとカウンセラーの間の積極的な協働のなかで，非公式にアプローチすることである。

XI　本章のまとめ

　最後の二つの章で書かれたセルフアセスメント・アクティビティは，人生の問題に対して，新たな観点を得ることを目的とした自己探求の触媒となるようデザインされたものである。これらの一連の活動を示すなかで，私は，探求されるべきほかの選択肢はまだたくさんあることに気づいた。ここでしようとしたことは，私が個人的に役に立つと感じているアクティビティのいくつかを示すことである。したがって，ほかの理論家やカウンセラーはほかの方法について述べるかもしれない。

　次の章でも引き続き問題解決のテーマを取り上げるが，セルフアセスメントを超えて，人々とのつながりと労働市場，意思決定と求職の準備を結びつけることに関する問題について検討する。

第5章　問題解決の方法3
——つながる，決定する，準備する

I　労働市場の情報

　クライエントの多くは，労働市場の情報を求めてカウンセリングを訪れる。そのときは，最も将来性のある仕事に就きたいと考えていることが多い。これは，ある意味ではとても素晴らしい目標のようにも見える。しかし一方で，本当にそのキャリアが自分にふさわしいかを考えずにキャリアを追求しようとする場合には，問題となりうる。私はこれまで，自分の興味や適性を考えることなく，「コンピュータ関係の仕事」に就きたい，というクライエントに数多く出会ってきた。第3章で述べたとおり，労働市場の情報は「パズル」の1ピースにすぎない。キャリアの意思決定をうまくできるかどうかは労働市場の情報と自分自身についての気づき，さらにはそれを後押しするような状況をうまく統合できるかによる。

1．労働市場の動向
　労働市場の情報収集は，さまざまな次元でなされる。最も一般的なのは，労働市場の動向を知ることである。労働市場が将来的にどうなりそうかに留意するよう示唆する本も多い。Reid (1996) は，「私たちには，自分の人生に秩序や連続性を感じさせるような基本的なルールや法則があり，それによって将来を予測してきた。しかし，そのようなルールや法則はもはや当てはまらなくなっている」(p.14) と述べている。彼は，かつては指針と見なされてきたが今や衰え，もはや神話のようになっている数多くのルールを挙げている。以下に，これらの神話のいくつかを紹介する。
(1)　神話その1——大きいものは安全である
　かつて，安心と安全は大きさによって決まることもあった。大きな会社に

所属すれば仕事は安泰というわけである。公官庁は安心の究極のかたちといえるであろう。多くの人々にとって，公務は「生涯の仕事」であった。しかし，今日ではもはや安全な領域はどこにもないという認識が広がりつつある。実際，事業の発展や成長の多くはより小さな会社で起こっているのである。

(2) 神話その2——すべての人が好景気を享受する

比較的経済状況が良い場合には，失業は減り，国中に富が分配されることが期待される。しかし，実際にはそんなことは起こっていない！ 実際には，多くの富は少数の人たちの手中に収まっているのである。たとえば，アメリカ合衆国の統計では，1972年には企業の経営幹部の収入は労働者の44倍だったが，1992年には222倍にまで上昇したのである。明らかに富める者はさらに富み，貧富の差は驚くべきスピードで広がっている。

(3) 神話その3——科学技術は私たちを救う

間違いなく，私たちは科学技術の進歩に目がくらんでいる。昨今のコンピュータの躍進はその好例である。しかしながら，私たちは現在，これまで起こってきた革新によって，環境や個人が多くの犠牲を払っていることに気づき始めている。科学技術は単なるツールにすぎないのである。何か発展しつつあるものに向き合う際には，そういった意識を人としての価値観に据えておく必要がある。

(4) 神話その4——良い教育を受ければ良い仕事に就ける

仕事と教育水準は明らかに関係がある。しかし，ある分野で教育を受けたことが，その分野の仕事に結びつくという保障はもはやない。労働市場には，もはやどの領域の教育を受けたから安全であるということはなく，教育と仕事の関係はよりいっそう複雑になりつつある。

(5) 神話その5——忠誠心がすべてだ

伝統的には，職場における会社への忠誠心はとても高かった。しかしながら，経営合理化や人員削減によって，労働者はますます信じられるのは自分しかなくなってきている。雇用者と従業員の心理的契約は破綻し，職場への忠誠心は失われつつある。おそらくこのような変化に対する反応として，家族や友人からの忠誠心を求める気持ちがより強まっている。

(6) 神話その6――職場，職場，職場

　産業革命は職住分離によって特徴づけられた。しかしながら，テレコミュニケーション（携帯電話，携帯用パソコン，ファックス，メール，インターネット）の進歩と地代の高さによって，これまでとは違った働き方が確立されつつある。これらの代替手段により，特定の職場への物理的な近さにこだわらなくなりつつある。多くの人は，同僚や顧客とテレコミュニケーションでつながりながら，自宅で働くという選択肢を持っている。

(7) 神話その7――時間は直線的である

　グローバル化によって，私たちはいつもどこかで何かが起こっているという世界を生きるようになった。私たちは休憩をとったり，今起こっていることから離れるということができなくなりつつある。その結果，労働者は処理すべき膨大な情報を抱え，いつも何かに追い立てられているような緊迫感を感じている。常に，やるべきことをするだけの十分な時間がないような感覚を持っている。

　　　　　　　　　　　＊　　＊　　＊

　これらの神話は，実にいろいろなタイプの労働情勢を示すのに役立ってきた。現代の労働市場においては，人々は新しいやり方で自分のアイデンティティを見つけなければならない。この新しいやり方には，生涯学習に開かれていることや，職名（たとえばポートフォリオワーカー　訳注：様々な活動に同時に取り組む働き方をする人）でなく，スキルや実績で自己規定すること，パートタイムと契約雇用を組み合わせて働くこと，競争的な市場で自分の売り込み方を知ること，グローバルに考えること，そして何よりも柔軟であることなどが含まれる（Herr, 1977）。このような新しい考え方を獲得するための最初のステップは，労働市場がいかに変化してきたか，そして今も変化し続けているかを理解することである。

　クライエントが将来のことを考える際には，クライエントが抱く全般的な印象に注目することが役に立つかもしれない。全般的なイメージを描き出す方法の一つに，比喩を用いて，それが別の比喩のイメージとどういう違いがあるのかについて話し合う，というやり方がある。Gelatt（1991）は，将来について語る際に，将来を四つの異なるイメージでとらえてみるよう勧めている。一つ目のイメージは，曲がり道を曲がって暗闇に入っていく

「ジェットコースター」である。二つ目は，早い流れ（混乱）も静かな流れもある「巨大な川」である。三つ目は，嵐や困難に立ち向かいながら，水上で舵をとる「大海」である。最後は，すべては偶然に左右され，ただ幸運を祈るしかない「途方もなく大きなばくちゲーム」である。ほかにも使えるイメージは間違いなくあるが，クライエントだけでなく，私たちが自分自身の将来にどのようなイメージを持っているかを考えてみるのもおもしろい。このエクササイズのポイントは，個人が自分の将来について自分なりのイメージを持てるように援助することにある。

２．インターネットとほかの情報源

インターネットは，労働市場の情報を得るための優れた情報資源である。さまざまな仕事に関する記事を拾い読みできるサイトは数多くある。

- ビジネス，金融，管理的職業
- 自然科学関連の職業
- 健康関連
- 社会科学，教育，公務，地方
- 芸術，文化，レクリエーション，スポーツ
- セールス，サービス
- 貿易，輸送，オペレータと関連産業
- 第一次産業の職業
- プロセス，生産，使用にかかわる職業

インターネットは，明らかに職業情報の宝庫だが，情報を得る唯一の方法ではない。クライエントは，地域にある以下のような資源を使うことも考えてみるとよいであろう。

- 地域の図書館：大半の図書館が，幅広い資源がある職業コーナーを設けている。コンピュータを使ったインターネットへのアクセスができることが多い
- イエローページ：地域のコミュニティ組織の情報が多く得られる電話

帳
- コミュニティセンター：キャリア関連のプログラムを提供している
- キャリアセンター：私的ないし政府のキャリアカウンセリングプログラムが，関連するプログラムや情報センターを持っている
- 学校（高校，カレッジ，大学）：プログラムと情報

　地域の資源は，職業に関するほかの選択肢を考えるための刺激にもなる。
　新聞の求人欄以外の情報を読んで理解しておくことも，クライエントと一緒に注目しておくべき重要なことかもしれない。たとえば，クライエントが地域に大きな工場が新設されるという記事を読んだとしよう。ということは，その産業に関連した仕事があるということである。しかし同時に，いくつかの仕事はその産業からはじき出される可能性もあるのである。また，新設される工場によってほかのビジネスが利益を得ることに伴って，雇用を増やすかもしれない。用意周到な求職者は，これらの可能性を予測して，新聞に求人広告が掲載される前に（実際に，それらは間違いなく掲載されるのだが），雇用者にコンタクトをとる。クライエントに，現在を見るだけでなく，将来の可能性を見ることを教えることは重要なキャリア探索のスキルである。

3．労働市場の選択肢を広げる

　興味のある職業が特定できたとしても，だからといって，別の労働市場に目を向けるのをやめる必要はない。ある意味，これは始まりにすぎない。一度，興味のある職業を特定すると，それをきっかけにして関連するほかの職業の可能性が見つかることがある。このようなほかの職業の探索は，いろいろなかたちで行うことができる。キャリアパスウェイ（Amundson & Poehnell, 2004）のプログラムでは，クライエントはある特定の職業からスタートして，そこを起点にほかの関連する職業についてブレーンストーミングを行う。この一連の作業は，最終的には図10のようなキャリアの拡張図となる。

　このアプローチをすることで，ブレーンストーミングを興味の視覚化と一緒に組み合わせることができる。これを行うことによって，クライエントが

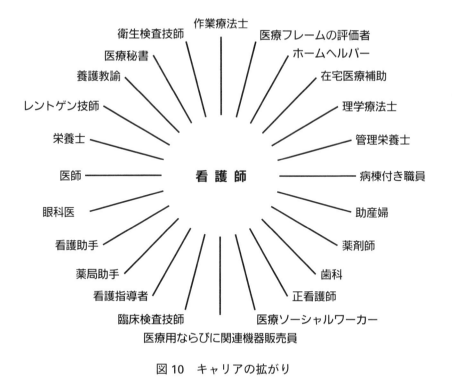

図 10　キャリアの拡がり

職業を見る観点を広げることができる。

　職業の選択肢を拡げる別の方法として，起業に挑戦するというやり方がある。多くの人にとって「仕事」は「見つける」ものであり，自分自身の仕事を作りだそうとは思わない。もちろんすべての人が起業に向いているわけではないが，これは検討してみるべき価値のある重要な方法である（第4章「V　企業家の視点を適用する」を参照）。私がこれまで見てきたところでは，起業に至るまでにはいろいろなパターンがある。人生のどこかで起業したいと思ってきたが，結果的には起業しない人もいる。一方で，必ずしも起業したいと思っていたわけではないが，その人が置かれた状況においては，起業するのが最も良いということもある。後者の人たちは，計画と実行段階においてサポートを受けることが重要である。励ましを得ながら実践的な援助を得ることによって，彼らは大成功を収める企業家になることもある。

Ⅱ　サポートと情報とのつながりネットワークを作る

　キャリアチェンジをしようとしているときには，多くの困難に直面し，コントロール感のなさを感じたり，無力感を感じることがある。このような状況では，他者からのアドバイスや励ましが必要である。Burton と Wedemeyer (1991) は，このようなとらえ方に対抗するために，自分を会社の CEO だと思ってみるよう提案している。この場合であれば，彼らは求職の責務を負う CEO であり，以下の機能と責任を負っている。

- 強みと弱みをアセスメントする。
- 最初に行ったアセスメントに基づいて，注意深く考え出された職探しの戦略を提案し，導く。
- これらの要素を，自身の強みが最もよく発揮され，かつ弱みを最低限に抑えられるようなかたちで，労働市場につなげていく。

　多くの会社には役員会議があるが，ここでも同様に，このシナリオを使うことができる。会議のメンバーはアイディアを出し，新しいアイディアの「ご意見番」の役割を担い，サポートや激励を行う。Burton と Wedemeyer は，役員会議のメンバーの人数として，10 名くらいを提案している。メンバーを選ぶ際はいくつかの要因，たとえば能力，積極的な態度，良い判断，正直さと誠実さ，オープンマインドさ，ある領域の知識（教育や経歴），などを考慮する。さまざまな役員が参加する会議は定期的に行われる（メンバー全員が同時に集まることはあるかもしれないが，必ずしもそうではない）。会議では，現状と将来の活動に向けた方向性に関する話し合いに焦点が当てられる。こういった調整を行うことが，情報や情緒的サポートを得るための機会になるだろう。

　たとえクライエントが会議の立ち上げを選ばなくても，友人や家族と定期的に，非公式な話をすることで，相当のメリットがある。キャリアの移行で最も危険なことの一つは，求職活動をするなかで孤立することによって生じる（Amundson & Borgen, 1987）。人とコンタクトを取り続けることは，

情緒的ないし現実的なウェルビーイングという意味において良い対処方略である。人とのつながりを確かなものにするために、キャリア探索や求職グループの一員となるようクライエントに勧めるのも一案である。このようにして、同じような探索や求職中の他者と定期的にコンタクトを取る機会を増やすことができる。

　サポートグループの利点は、他者から助けられるだけでなく、自分が他者に手を差し伸べることにもある、ということを覚えておいてほしい。私は初めて自分で行ったキャリア探索／求職のグループのことを、いまだに覚えている。まずはじめに、各自が自分の経歴を簡単に語った。最初の女性は、夫と娘と引越してきて求職している経緯を語った。そうなるまでに、彼らはトラック事故に遭って、財産のほとんどを失ってしまった。そしてここに来てからも求職に苦労し、そのことが家庭の負担となり、結果的に離婚に至った。彼女は北部の田舎に仕事を見つけて、小さな町で仕事をするために転居した。しかし、彼女の娘はそこでレイプされ、彼女は娘とともにバンクーバーに戻ることを決意した。そして今、彼女は私が行っているこのグループに参加している。話のなかで、自然と多くの涙が流れ、部屋は張り詰めた雰囲気になった。次に語ったのは、人生の大半を肉体労働者として過ごしてきた男性だった。勤めてきた工場が閉鎖になったが、仕事が見つからなかった。彼は18歳の人と仕事を競い合うことになったという。経験があったにもかかわらず、極めて簡単な仕事にも就けなかった。先ほどと同じく、涙が流れた。そして、先に話し終えたばかりの女性が彼に手を差し延べ、抱擁したのだ。この瞬間、私はグループの力を体験的に理解した。私のカウンセラーとしての役割は、プロセスを促進することであり、ほとんどの助けはグループメンバーからほかのメンバーに対して、情緒的あるいは実際的なかたちでなされるのである。

　クライエントをサポートするほかの方法は、彼らの職業的な興味関心に関連する情報について、他者といかにしてつながりを持つかを教えることである。情報を得るための面接は、クライエントが職業生活についてよりよく知るための方法の一つである。私の経験では、最も良い情報はその領域で働いている人から得られるものであり、彼らは通常、時間とノウハウを喜んで分けてくれる。こうした面接を設定するときは、クライエントに面接の目的を

強調することが重要である。つまり，面接の目的は情報をもらうことであり，仕事の採用面接と混同すべきではない。ここでの焦点は，ある領域で働く人から話を聞くことによって，ある職業についてよりよく知ることにある。クライエントは，面接に臨む際に，質問したい項目のリストを準備しておくべきである。時間的な制約がないことがはっきりしている場合以外は，面接は長くても20分以内にすべきである。質問は通常，どうやってその職を得たか（教育・経歴），責務と仕事，仕事の変化，好きなこと・嫌いなこと，将来の見通しといったことに焦点が当てられる。最後に，ほかの面接するにふさわしい人について尋ねてみるのもよい。どの面接でも，クライエントは詳細な記録をとり，お礼状を送るべきである。

　公式な面接だけでなく，まったく関係ない領域で働く友人や隣人との非公式なつながりもある。多くの人は自分の問題を秘密にしすぎて，金の卵を逃してしまうのである。私はここ数年で，思わぬものを偶然発見する力を，本当に信頼するようになった。偶然に起こったことがすごいことにつながっていくということが多々あるのである。

　したがって，ここでいうつながりは，良いキャリア・ネットワークを構築する基盤となるものである。「Networking」という文字は，三つの要素から構成されているという意味において興味深い。

① Net——作られたつながり
② Work——適用されるべき努力
③ Ing——努力の継続

　ネットワーキングという考えをさらに掘り下げるにあたり，私は比喩的な仮定を使うことにした。そして，魚網とネットワーキングの間にはつながりがあるという前提に立ってみることにした。この説明をするために，私は床屋のDave（漁に詳しい）と漁師のPete（釣りの熟練者）に会った。彼らはネットを作って，違う種類の魚をとる方法を教えてくれた。この会話と経験の結果から，私はネットワーキングに関するたくさんの質問を考えた。巻末付録5にそのいくつかを載せている。質問は個人的なレベルで使うこともできれば，ワークショップで将来のネットワークを探るために使うことも

できる。また，以下のような，ネットワークを作る実践的な方法もある。

- 善意を周囲に広めなさい。つながりたいと思う人だけに絞ってはいけません。しばしば，まったく違う役割の人から，最良の助けがもたらされることがあります。
- 主導権をにぎりなさい。機会が訪れたら，恥ずかしさに選択肢を阻ませてはいけません。
- ほかの人がネットワークにつながるのを助けなさい。あなたにはそのつながりが見えて，助けの手を差し伸べられるでしょう。それによって，あなたは自分自身を助けることになるのです。
- プレゼンテーションをするときは，配布資料を用意して，名前と連絡先をわかりやすく提示しなさい。
- ニュースやイベント，スポーツについて幅広く目を通して，時事に通じておきなさい。
- 熱くなることと「賢く」なることのバランスをとりなさい。あなたがどうなっているかに気づきなさい。
- 準備しておきなさい。もしあなたがある分野に関心があれば，話題になっていることについてすべて学び，今仕事がなくても，主要な企業について学んでおきなさい。
- 人とやり取りする際には，礼を尽くしなさい。
- 人と分かち合いなさい。
- 良い意味で，グループのなかで一目置かれるようなスキルを学びなさい。

Ⅲ 重要な他者をカウンセリングに巻き込む

　第1章で述べたカウンセリングの慣例の一つに，多くのキャリアカウンセリングは，社会のさまざまなコミュニティにほとんどつながっていない人とするものである，というものがあった。家族や友人の考えについて話し合うこともあるかもしれないが，通常は，彼らを直接カウンセリングに連れてこようとすることはない。このように個人に焦点を合わせるのは，私たちの

第5章　問題解決の方法3——つながる，決定する，準備する　151

社会が個人主義的であることと，人は自らのキャリア選択を家族や友人の影響なくして決める自由を持つべきだ，という信念が反映されているからである。これはもっともな理論に聞こえるが，一方で，多くの集団主義的な文化圏があることも事実である。また，今行っているキャリアの意思決定にとって，他者の意見が重要となることも多い。たとえば，多くの若者は，両親に精神的にも物質的にも依存しており，キャリアの問題についても一緒に話し合うのが良いようである。結婚した成人の場合には，共働き家庭であることも多く，そこでは下した決定に二人が共に従っていかなくてはならない。このように，直接巻き込むことが役に立つことは多いのである。

　キャリアカウンセリングに他者を巻き込むことについて話すときには，私たちは家族療法の面接のように，すべてのメンバーがカウンセリングのプロセスのなかで等しい役割を負うべきであると仮定する。しかし，私は多くの場合は「試行錯誤」するなかで，基本的には他者をオブザーバー的な立場で巻き込むのがいいと気づいた。つまり，カウンセリングを受ける人と，その付き添いとして面接に来る人は，明確に区別されるのである。付き添い人はオブザーバーとしてカウンセリングのプロセスに招かれ，その立場の範囲において，定期的に来室の際に情報を提供する機会を持つのである。

　AmundsonとPenner（1998）は，このような手続きが，若者と両親の小規模なグループにいかに用いられるかについて述べている。このアプローチでは，2～3人の若者が，少なくとも両親のいずれか一人と一緒にカウンセリングに呼ばれる。これらの面接で注目するのは，若者がキャリアに何を望むか，キャリアについてどのように考えているか，である。というのも，彼らは両親とのキャリアカウンセリングを通して，両親から情報を得る機会を持つことになるからである。これらの面接のなかで，親たちは若者と自分たちの労働市場の見方を共有し，子どものスキルや興味，態度，性格や価値観についてコメントする機会を得る。しかしながら，最も重要なのは，親がオブザーバーの役割で，語られることを聞くということである。こういったシナリオは，明らかに，両親と子どものポジティブな関係性の土台にかかっている。

　他者を巻き込む別のカウンセリングが，先住民のコミュニティで試行されている。McCormickとAmundson（1997）は，家族とコミュニティのメ

ンバーが,キャリアカウンセリングの面接に巻き込まれる様子を記述した。これらの面接は,たとえば,祈り,儀式,トーキングスティック,鷲の羽といった家族独自の性質によって特徴づけられる。プロセス全体が,各々が「自分の役割と責任を公に述べ,クライエントが家族やコミュニティによってサポートされていると感じる」(p.178) ように設計されている。

　他者を直接巻き込むことは,常にできるわけではない。そして,多くの状況において,友人や家族は違う方法で情報を提供するだけで十分に貢献できる (Amundson,1984)。私は,他者からの360度評価を組み込んだ人格検査(個人タイプ調査)を作った (Amundson, 1999)。ほかのプログラム(キャリア探索の出発点：スターティングポイント,キャリアパスウェイ,ガイドサークル[第3章])でも,重要な他者の質問紙が用いられている。以下がその質問紙である。

重要な他者の質問紙

　次の質問にお答えください。あなたの意見は,○○さんが将来のキャリア設計をするのにとても役立ちます。したがって,正直にお答えいただければ幸いです。

① あなたは,○○さんは何が得意だと感じますか？　どんなスキルを持っていると思いますか？
② どんなことに興味を持っていると思いますか？
③ ○○さんの個性はどのようなものだと思われますか？
④ 特に仕事や仕事探しに関して,本人にこれまでどのような良い変化が起こったと思いますか？
⑤ どのようにして,改善し続けることができるでしょうか？
⑥ 本人は気づいていないかもしれないようなポジティブなスキルや貢献はあるでしょうか？
⑦ 本人に,もし理想的な仕事やキャリアの見込みを示すとしたら,どのようなものでしょうか？

この質問紙を使う際には、情報収集のために、クライエントと最初に少し話し合う時間を持つ必要があろう。後で、情報をデブリーフィングする時間も必要だろう。

Ⅳ 意思決定方略

キャリア探索過程のある段階に来ると、クライエントはさまざまな選択肢が実行可能かを査定する課題に直面する。この段階で採用される意思決定方略は、クライエントがキャリアプランを前に進めるのに役立つ。

多くの場合、出発点は、何を決める必要があるかを特定することである。思春期のクライエントとカウンセリングをするとき、私はしばしば彼らのこれからの人生を図に描き出して、勉強するために大学に行くか、あるいはせめて専門学校に行くか、という問題に直面する。彼らが認識し損ねていることは、多くの場合、彼らは最初のステップを特定するだけでよいという事実である。意思決定はプロセスであり、前に進むためには、何もかもを「うまくいった」状態にする必要はない。たとえば、彼らは、専門学校に行くか、大学にいくかを決める必要があるかもしれない。そして、もしどちらかに決めたとしたら、1年生ではどの授業を取るか決めるだろう。しかし、その後、彼らは選択肢を残しておくことができる。今は実際に何を決めなくてはならないかを見極めるために学ぶことが、彼らの最初の重要なステップであり、一般的には、多くの選択肢をできる限り残しておくことによって対応していくのである。

1．知的意思決定

認知的意思決定をする際の最も一般的な方法は、さまざまな立場を取った場合のメリットとデメリットの一覧を、クライエントに作ってもらうことである。情報を紙に書くことによって、問題に対して新鮮な見方ができることがある。誰かとその一覧について話し合うことも、難しい状況を明らかにする助けになるかもしれない。

状況をアセスメントする別のやり方の一つに、さまざまな選択肢を確認するために「車輪」(Amundson & Poehnell, 2004) を使うというやり方が

ある。このやり方は，あるキャリアの選択肢を車輪の中心に置き，車輪の各領域が，その選択肢が焦点を当てているキャリアの選択に，どの程度合っているかを決めるためにアセスメントされる。たとえば，もしクライエントが看護師を考えているとしたら，そのキャリアがスキル，興味，価値観，人格特性，仕事と教育的背景に関するその人独自の組み合わせに，どの程度合うかについて検討する。重要な他者のサポートも，労働市場の可能性と一緒に考慮される。Gati（1986）は，「連続的な消去アプローチ」によって，この方法を示している。その基本的な考え方は，まず望ましい職業の選択肢を選ぶことから始めて，ほかの可能性について検討する前に，それについて（車輪でさまざまな要因を特定して）徹底的に検討することである。実行可能な選択肢が一つ以上あるのはよくあることであり，そのようなときには，評価表（図11）を用いた意思決定方法が効果的である。評価表を使う際には，クライエントに職業上の選択を査定するための，10の主要な考慮すべき点（価値）を特定してもらうことから始める。そして，考えているいくつかの選択肢を挙げてもらって，検討点（価値観）をアセスメントのための枠組みとして使ってもらう。その人独自の考慮すべき点の組み合わせを使うことによって，評価表でいくつかの選択肢を同時にアセスメントすることができるのである。このプロセスを示すために，キャリアパスウェイの説明として使った表について考えてみよう（Amundson & Poehnell, 2004, p.62）。

　この例では，職業カウンセラーの選択肢が，大半の領域で最も高く評価されている。ソーシャルワーカーが高得点を受けたのは，「他者支援」のみである。

　分析するのに評価表を使う利点は，とても具体的で，情報が興味深いかたちで提示されることにある。表を埋める作業をするなかで，たくさんの問題について考えなければならないだろう。おそらく最も基本的なこととしては，評定は真実を反映しているかどうかということである。先の例を使うと，職業カウンセラーは，あなたの創造性を表現できるというのは真実だろうか。これは，情報を得るための面接で確かめなければならない点である。したがって，あなたがすべき課題の一つは，クライエントにそこに提示されている評価について，それが現実かどうかをチェックしてもらうことにある。特定の項目を使ってそのメリットについて話し合ってみるということ

	（キャリアの選択肢）			
	1. ソーシャルワーカー	2. 職業カウンセラー	3. グループホームのカウンセラー	4. 経済的支援ワーカー
（要因）				
1. 挑戦	+5	+5	+3	+2
2. 自由度	+4	+4	+3	+1
3. 柔軟性	+4	+4	+2	+1
4. 能力の活用	+2	+4	+1	0
5. 面白い	+2	+3	+1	0
6. 創造的な	+2	+4	+1	0
7. 金銭面	+3	+4	+2	+2
8. 勤勉手当	+2	+2	+1	0
9. 他者支援	+4	+3	+2	+1
10. 旅行の機会	0	0	+1	0
合計点	28	33	16	7

図11 意思決定のための評価表

も，考えてみるべき重要な課題である。クライエントには，どうしても妥協できない限界があるかもしれない。たとえば，賃金はある程度は必要なので，それより低いとどんなものでも受け入れられない，などである。その場合には，それ以外の項目がすべて高得点であったとしても，賃金という項目が決定的な要因となる。通常は，「勝ち組」と「負け組」は出てくるが，得点の違いは選択肢を仕分けるのに十分ではないこともある。これは一般的なアセスメントのやり方であって，得点は状況に応じて書き換えられるべきものである。

2．直感的な意思決定

多くのクライエントにとって意思決定は，さまざまな要素を考慮する以上

のこと，つまり，「魂」に降りていくことであり，とても直感的なものである。決定について「よしと思う」ことは，意思決定のプロセスにおいて最も重要な要因でありうる。直感的なものの見方は，たくさんの活動によって促進される。始めの一歩は，忙しさやストレスではなく，平和や平穏といった適切な雰囲気を持つ，ということである。Barbara Moses（1997）は，私たちが自分の限界を超え，忙しすぎると感じだすと，以下のようなことが起こるという。

  忙しさの狂気に落ちていくとき，私たちは「自動的に」機能しはじめる。何をしているか考えない。ただ，**そうする**だけだ。体験を**体感**する暇がない。忙しすぎてただ反応しているだけなのだ。このようなプレッシャーのもとでは，すべては平坦で，濃淡がない。光沢がない。惰性があるだけだ。なぜそんなに一生懸命働いているか省みることはない。ただ働くのである。そして一生懸命働くほど，忙しくなるほど，自分の生き方について考える時間はなくなっていくのである。

（Moses, 1997, pp.80-81）

 リラクゼーション，身体を動かす，自然のなかを歩く，瞑想，祈り，想像力のエクササイズなどによって，忙しさから逃れることができる。クライエントに自分のための時間をとるように勇気づけることは，通常，正しい心構えをつくるための良い方法である。

 休息期間を持つことを許すというのは，難しい決定に直面しているクライエントにとって良いアドバイスになる。行き詰まりを扱う最も良い方法は，問題から遠ざかって，何かしてみて，無意識が働きだすようにすることである。休息期間をとった後で問題に戻ってくると，変化によって新しい見方を持つことができ，良い意思決定をする可能性が高まる。

 平穏で静かな視点から問題を眺めてみることによって，クライエントが問題をより包括的な方法，すなわち複雑さに圧倒されないでそれを考慮する方法で，取り組むことができる。この心の構えでは，クライエントはより想像的であり，いろいろな次元で（たとえば，情緒的，肉体的，精神的，スピリチュアル）個人的なニーズにも気づくことができる。

Richard Foster (1978) は，スピリチュアルな成長への道について語るとき，「修養」という言葉を用いて持論を展開している。修養には，内的な焦点（瞑想，祈り，運動，学習），外的な焦点（質素，孤独，従順，サービス），そして協働的な作業（告白，崇拝，指導，祝い）がある。彼が述べたいのは，私たちには個人的な内省を促すためにできることがある，ということである。

V パラドキシカルな解決

1. ポジティブな不確実性

近年，認知的な意思決定と直感的な意思決定の間にある矛盾は，認知的（革新的）理論家 H. B. Gelatt (1989, 1991) によって検討されてきた。彼が気持ちを切り替え，合理的なモデルは私たちが現在直面化しているような問題に対しては，十分ではないということに気づいたことは，注目に値する。以下に彼の著書の序章を引用するが，これは，彼が最も機能的なアプローチだと考えている創造的な意思決定の概要である。

> 今，必要なのはバランスである。今日，すべては急激に変化しているために，古い形式や標準的な実践，そして意思決定のための限られたモデルに頼るだけでは賢明とはいえない。バランスは常に科学的な方式に依拠していると同時に，常に直感によっても導かれるのである。全面的に論理に従うことは，全面的に直感に従うことに比べると，より進歩していない状態にあるといえる。私たちが何かを決定しようとするときには，専門家がこうすべきだといっことよりも，通常ははかの人はどうするのか，といった感じのアドバイスを求める。私は本書で，**「意思決定のためには，論理的なプロセスを踏むことと，それ以外の何かを使うべきである。それがアドバイスである。そういうものなのである」**と述べた。ここで私がいう何かとは，ポジティブな不確実性である。ポジティブな不確実性というものはバランスが取れていて，何にでも使うことができる全能の意思決定戦略なのである。それには，柔軟性や楽観性，想

像力のための創造的な道具を生み出すという特徴がある。

(Gelatt, 1991, p.i)

　ポジティブな不確実性は，一見反対に見える二つの考えを，同じ概念に併せ持たせているという点において，興味深い。Gelatt は，自分のすることに対してポジティブでありながらも，同時に健康的なレベルで心配して，不確実であり続けることを求めている。彼は，「どちらか一つ」ではなく，「どちらも」と考えるように提案しているのである。

　今日の労働市場で，状況を理解するためには矛盾する考え方がいかに役に立つか，容易に理解できるであろう。雇用者は，忠誠心と生産性を求めると同時に，不確実性が当たり前な労働環境を作り出している。このような環境のなかでやっていくには，不確実性を認識すると同時に，明確な方向に進む必要があるのである。このような矛盾する要素を扱うことができなければ，難しい状況に陥ってしまうだろう。もし不確実性がなく，ポジティブなだけであれば，自分にとって必要な保護を怠ってしまうかもしれない。また，不確実性に心を奪われてしまうようであれば，自分のことを役立たずで有能でないと思ってしまうかもしれない。

　Gelatt（1991）は，不確実性に対するポジティブさを定義する四つの逆説的な原理を提案した。これらの原理を，下記に簡単に示す。

　①したいことに焦点化すると同時に，それに対して柔軟であれ。
　　・自分がしたいことが何かを知っているが，確信はしていない。
　　・ゴールを仮説として扱う。
　　・ゴールに到達することとゴールを探すことの間のバランスをとる。
　②自分が知っていることに気づくと同時に，それに対して油断することなかれ。
　　・知識は力であるが，無知は無常の喜びである。
　　・記憶は敵として扱う。
　　・情報を使うことと想像することの間のバランスをとる。
　③自分の信念について客観的であり，かつ楽観的であれ。
　　・現実は目のなかにある，と同時に，その現実を見ているのは私自身

であることにも気づいている。
　・信念は予言として扱う。
　・現実検討と希望的観測との間のバランスをとる。
④自分がすることに対して現実的であり，かつ神秘的であれ。
　・計画するために学び，学ぶために計画する。
　・直感を現実として扱う。
　・変化に対応することと，変化を起こすこととの間のバランスをとる。

　これらの考えを見てみると，Gelatt がこれらの原理原則のなかで指摘している意思決定のプロセスにおいては，想像力や創造力，直感が重要な役割を果たしていることは明らかである。
　ポジティブな不確実性という概念は，クライエントが直面している障害に対して，クライエント自身が何か創造的な解決法があるかもしれない，ということを実感するのに役立つであろう。時として何より必要なのは，クライエントが「枠の外側を描く」ような再概念化をすることなのである。たとえば，教職に就くか，大工になるか決めようとしている若者について考えてみよう。このようなときにありうる選択肢の一つは，木工細工の先生になることである。別の選択肢は，一つを仕事にして，もう一方については仕事と別の領域で関わることである（チームを指導する，木工クラブに入る，地元の劇場の設計に携わるなど）。このようなものの見方をすることによって，「ケーキをもらうこともできるし，それを食べることもできる」のである。
　私は，ポジティブな不確実性は，特に長期的な目標を定めようとしているクライエントに役立つことに気がついた。高校の終わりに差しかかった学生は，明確な長期的目標が立てられないために不安になることがある。たしかに，確実にしておきたいという気持ちは理解できる。しかし，今日の労働市場では，将来を「より何も持たない状態」にしておくほうが賢明である。多くの場合，本当に決めないといけないことは，最初のステップなのである。大学に行こうとしている学生は，芸術か化学かは決めないといけないかもしれないが，その先の意思決定は今後すればよい。

2．計画的偶発性

　ポジティブな不確実性と同様に，二つの明らかに反対に見える単語が組み合わされている考え方がある。Mitchell ら（1999）や Krumboltz と Levin（2004）は，カウンセリングで起こる，一般的にチャンスや偶然と呼ばれるものに焦点を当てている。彼らは，私たちが水面下の力動に十分に気づいていないだけで，キャリア発達のプロセスではチャンスや偶然性は確かに存在しているということを観察した。より綿密な調査によれば，多くの偶然の出来事は，以下のスキルや資質に支えられているのである。

　① **好奇心**——新しい学習の機会を探る。
　② **粘り強さ**——結果にかかわらず努力を続ける。
　③ **柔軟性**——態度や環境を変化させる。
　④ **楽観性**——新たな機会を，可能で到達できるものと見なす。
　⑤ **リスクをいとわない**——結果の不確実性に臆せず行動する。

　たとえば，ある学生は，私たちの修士課程に入ることができて，とても幸運だと述べた。彼女の話によると，彼女はとても精力的で有能な小学生の教員だった。しかし，数年後にバーンアウトしそうになり，周囲に相談して中学校・高校の教員になることに決めた。そして，中高生と過ごすなかで「新しい生活」を発見し，教員として成功したキャリアを積んだ。すると，学校のカウンセラーが，彼女の特殊なスキルを認めてくれて，カウンセリングの専門に進むよう励ましてくれた。彼女は自分のカウンセリング能力に自信はなかったが，あるカウンセリングのコースをとることに決めた。彼女はそこでとてもうまくやり，修士課程に進むことができた（たしかに，中学校・高校に移ったタイミングの良さ，カウンセラーの存在などの好要因はあったが）。一方で，彼女自身も柔軟性と楽観性を持っており，リスクをいとわなかったのである。エクササイズとして，人生でとても幸運だと感じた出来事を吟味してみるのが役に立つ。これを行うことによって，幸運というものは，通常は，ほかの要因によって引き起こされるものであると理解することができるであろう。

Mitchell ら（1999）は，クライエントに上述のようなスキルや内容を磨き，予期しない出来事を学びの機会ととらえるよう勧めている。彼らはキャリアカウンセリングに，四つのステップからなるアプローチを提案している。

① **ステップ１：計画的な偶発性を標準とする**——クライエントに，予期せぬ出来事は誰にでも起こることであり，自分の行動が予期せぬキャリアの機会に貢献することを実感させる。
② **ステップ２：クライエントが新たな機会を特定するために，好奇心を使うようにサポートする**——クライエントが想像力を使って，学びやさらなる選択肢を探すようにサポートする。
③ **ステップ３：クライエントに，望ましい偶然の出来事を生み出せることを教える**——クライエントがポジティブな出来事が生まれるような良い状態を作れるように，上述のスキルや態度を教える。
④ **ステップ４：クライエントに行動の障壁を克服できるよう助ける**——建設的な問題解決の方法に焦点を当てて，クライエントが学べるように継続的にサポートする。

計画的偶発性アプローチはカウンセラーに，キャリアのゴールを明確化するような伝統的なアプローチを超えていくように求める。そのかわり，クライエントに新たな機会を与えてくれるような想像力，学習，スキルを発展させることが強調される。物事を計画し，スキルを伸ばすことによって，クライエント自身が偶然の出来事を生み出し，そのメリットを享受できるようになるのである。

3. Sカーブ

別の理論として，英国出身の著名な組織分析家 Charles Handy（1994）は，人生の移行の多くは「Sカーブ」によって特徴づけられるとしている。つまり，はじめは常にいくつかの困難があり，これがSの底のへこみにあたる。この初期の適応期間の後には，力強い上昇の動きがある。しかし上昇の動きは永遠には続かず，ある地点で頂点に達し，ついには落ち込んでいく。このパターンのなかで，一つの地点にどれほどの時間がかかるかは，よ

くわかっていない。

　Handyは，Sのピークに達したときに，そこから「抜け出し」て新しく上昇するSをとらえる方法を学ぶ必要がある，と指摘している。問題は，私たちがS字カーブから降りたくなるのは，下降の動きが明らかになった時点であるということである。しかし，「流れがすでに変わってしまった」ときには，遅きに失して底まで落ちてしまうことがある。このようなものの見方の逆説的な点は，うまくいっているときにこそ，変化するように求めるところにある。ちなみに，株をやったことがある人は，S字カーブの現実を知っている。投資家は株価が上昇するのを興奮して眺めるが，その後，底をつくところまで見届けることになる，ということがしょっちゅう起こっているのである。

　Handyのモデルには，人が犯しうる二つの過ちがある。一つは，拙速にすぎて，もう少し長く続く力強い上昇の動きを逃してしまうことである。もう一つは，あまりに長くしがみつきすぎて，よりポジティブな状況に移行するチャンスを逃してしまうことである。このジレンマを解決するのは容易ではない。Handyが提示するジレンマは，現在の労働市場にとって特に重要と思われる。ますます多くの労働者が，期間限定の仕事にしがみついている，あるいは，自分が期間限定の製品を生産しているように感じている。契約社員，コンサルタント，ポートフォリオワーカー，企業家や一般的な仕事に就いている勤労者でさえ，あるときはうまくやっていても，すべてがどのくらい続くかはわからないのである。このような常に続く緊張と生きることによって，家族や個人の生活も打撃を受ける。

　このような特定の問題の「線の外に踏み出す」方法の一つは，今，手にしている仕事にまだしっかりと関わっておきながらも，そこから逃れるための準備をし始めることである。このような動きは，いわゆる「すべての卵を一つのバスケットに入れるな」ということである。ネットワークを作ることを通して，別の実行可能な始まりと新しいプロジェクトに気づけるようにしておくことが重要である。新しい機会を求めて陣取っておくというのは，また別の価値のあるやり方である。チャンスが巡ってきたときに優位になるように，付加的なトレーニングや経験を積んでおく人もいる。ある男性を例に取ってみよう。彼は保険会社の事務員として働きながら，将来の機会に備え

て，夜間のコースに参加した。彼は何度か挑戦した結果，教育訓練に見合った職位を得るとともに，会社のなかでネットワークを得ることができた。

この問題を概念化するもう一つのやり方は，感情と動きのたとえを使うことである。直立不動でいると，自分を動かすのにより多くのエネルギーを使う。スポーツをしたことがある人なら，静止した状態にある人は，動いている人よりもろいことを知っている。今日の混乱した労働市場では，キャリアの運動を維持しておくことが不可欠である。失業者と会うなかで最も悲しいコメントの一つは，「**それが起こっていることがわからず，起こったときにはもう遅い。私たちは皆，残された数少ない仕事を奪い合っているのです**」というものである。

4．カオス理論

カオス理論は，私たちのシステムはますます複雑になっており，この複雑さのなかに混乱と予測不能性があるとするものである（Pryor & Bright, 2003; Bloch, 2005）。小さな出来事が，システムに不釣合いな効果をもたらす可能性がある。「バタフライ効果」はこの変化の原理を示すものである（Lorenz, 1993）。

システムのなかで起こる変化のプロセスを見ていると，敏感さや変容の可能性，ある時点で次元が変わるようなことが増える，ということがはっきりしてくる。かなり複雑になってくると，変化の過程に組み込めないようなランダムさと，予測不可能性が見受けられる。

システム理論家は，「アトラクター」と呼ばれる行動のパターンを特定した（Bright & Pryor, 2005）。Pryor らによると，アトラクターは次の機能を果たす。

> 三つの伝統的なアトラクターは，点アトラクター（一つの終着点に向かって動くシステム），振り子アトラクター（二つの両端を振り子のように動くシステム），円環アトラクター（複雑だが長期的には規則的なパターンで動くシステム）である。カオス理論は，これらの集合体に奇妙なアトラクターを加えた。そのアトラクターは，秩序という一般的な感覚がそこから生まれるような，複雑な動きのパターンによって特徴づ

けられるものである。つまりシステムは，たとえ二度機会があったとしても，まったく同じように動くことはないのである。
(Pryor, 2008, p.310)

　複雑なシステムには，収束性（秩序と安定）と突発性（チャンスと変化）がある。かくしてカオス理論は，逆説的なキャリアカウンセリングのアプローチの，もう一つの方法を示すことになる。
　チャレンジの一つは，クライエントに，キャリア発達のプロセスは多くの人がイメージするように，線形で確固としたものではないことを受け入れるよう，援助することである。クライエントに代替可能な計画をよりよく認識してもらう方法の一つは，Pryor らの下記の「Wotif」エクササイズである。

① キャリアプランニングにおける予期しない出来事の証拠を説明する。たとえば，Bright ら（2005）の研究によると，若者の 70%が，予期せぬ出来事がキャリアに影響したことを認めている。
② グループのなかで，いかにチャンスが，自分あるいは知り合いの意思決定に影響したかを共有してもらう。これらの例は，マインドマップアプローチで，フリップチャートに記録することができる。
③ 事例が集まったら，その後何が起こったかについて，さらに詳細に尋ねる。また，そこから何を学んだかについて尋ねる。
④ 自分が追い求めている個人的なキャリアの目標を特定するように求める。それから，上記の例からチャンスイベントを一つ選んで，それを自分の状況に当てはめるように求める。以下の三つの質問は，デブリーフィングの過程で役に立つだろう。
　「このイベントに出てみて，何か変わりましたか」「このような変化が起こることで，ほかのどんなキャリアの目標が達成されるでしょうか」「どのようにしたら代わりの目標を追及し，実行できるでしょうか」
(Pryor et al., 2008, p.318)

　Pryor ら（2008）は，人々のものの見方を変えるよう支援する戦略について論じている。これらの戦略はより議論ベースではあるが，下記のテーマ

に焦点を当てている。

① **優劣の差を打ち砕く**——乗り越えられないような優劣の差があるように見えることに対して，それを克服できそうだった状況から学ぶ。
② **優劣の差を克服する**——成功しそうな状況を作り出すために，チャレンジに直面して，そこで取った行動から学ぶ。
③ **チャンス以上**——人生やキャリアの出来事のなかで，それは偶然をうまく使ったのであって，自分自身は何もしていないと思っているようなことはないか（これは，計画的偶発性理論と近い）。
④ **現実的になる**——計画を立てる際に，自分の成功の機会を過大評価も過小評価もしない方法。

VI 行動リハーサル方略

　クライエントが職探しを進めるに際して，（仕事の何らかの次元で）さらに学習を上乗せする必要性に気づくことがあるかもしれない。雇い主になるかもしれない人とやり取りしたり，面接をうまくこなすためのスキルが欠けているかもしれない。この時点で特に役立つ戦略の一つは，行動的なリハーサルである（これは，Azrinら[1975]のJob Clubに馴染んでいる人には，親しみがあるかもしれない）。
　行動的リハーサルの戦略を用いるときのあなたの役割は，「コーチ」や「ガイド」である。あなたは具体的な知識を持っている必要があるとともに，複雑な課題をいかにしてこなすのか，そしてその課題をいかにして学習できる単位に細分化するかについて，知っている必要がある。おそらく最も重要なのは，クライエントを勇気づけ，建設的でポジティブなフィードバックを行うことである。
　行動的リハーサルのプロセスには，ある一定の段階がある。Westwood（1994）は，多くの領域で適用できる12の行動的リハーサルの段階を示した。

① **査定**——特に学ぶ必要があることを決めるために，観察とコミュニケーションスキルを使う。
② **説明**——例を使って，焦点の当てられている行為の背景を説明する。
③ **予備モデリング**——ロールプレイによって，あるスキルを示す。
④ **コメントと質問**——クライエントが見聞きしたことについて議論し，混乱していることは何でも明らかにするように励ます。
⑤ **最初の練習**——クライエントに，先に示されたお手本を繰り返し，シミュレートしてみるように言う。
⑥ **フィードバックと励まし**——ポジティブな達成に焦点を当てて，必要であれば訂正する。
⑦ **繰り返しモデリングする**（必要があれば）——クライエントに別のロールプレイによって，二度目を示す。
⑧ **コメントと質問**——上記を繰り返して，クライエントにさらなる変化（微調整）をどのように統合するかについて，話し合ってもらう。
⑨ **さらなる練習**——5番目を繰り返す。
⑩ **フィードバックと励まし**——6番目を繰り返す。
⑪ **目標設定と契約**——実際の状況でスキルを練習するよう，クライエントを勇気づける。必要であれば練習時間を追加する。
⑫ **フォローアップ**——進歩を確認し，さらに励ますとともに，実践をしてもらう。

　Westwoodの行動的リハーサルは，教示，デモンストレーション，実践，勇気づけと訂正といった，幅広い機会を提供するように設計されている。そこで学ぶ行動の複雑さによっては，異なる学習課題に焦点を当てて，複数回プロセスを繰り返す必要もあるかもしれない。

　（先の章で述べたとおり）Westwoodのさまざまなロールプレイのデモンストレーションや行動は，録画を再生することによって，さらに促進することができる。カウンセリングにこの戦略を組み込むことで，ある行動に焦点を当てて，クライエントに問題をピンポイントで示し，成功を強調する機会を得るだろう。

行動的リハーサル戦略における実践は，視覚化の概念によっても発展できるだろう。視覚化することによって，クライエントはプロセスの各ステップに焦点を当て，課題を成功裏に達成することをイメージして，その状況を心のなかで練習できるのである。この視覚化の要素は，標準的な行動リハーサル過程に加わった重要なところでもある。

採用面接では，ますます行動的な面接の技術を使うことが多くなっている。行動的な方法では，クライエントは，彼らに求められている質や技術を確証するための例を挙げるようにいわれる。たとえば，クライエントが「チームワーク」を求められているのであれば，これまでの仕事で実際にチームワークを行ったという明確な証拠を（普通は話をするというかたちで）示す必要がある。これはかなりのストレスであり，明らかな例を示すよう求められると「固まってしまう」人もいる。

行動的面接の質問に対して，適切に反応できるようにすることは，就労のカウンセリングにおいてはカギとなりうる。この課題は，多くの異なる質問が投げかけられることを考えると，とても威圧的に感じるかもしれない。このプロセスに取り組むなかで，私は，いくつかのカギとなるような話を用意しておいて，それを異なる質問に合うように微調整しながら答えることができる，ということに気づいた。たとえば，上述のチームワークを示すために使った話は，主体性や柔軟性，リーダーシップなど，ほかの資質も示唆しているかもしれない。物語を入念に推敲して，その物語に含まれているすべてのことを理解しておくことは，キャリア発展のカギとなるスキルである。

私は，よく自分の物語を作るエクササイズとして，雇用者に評価されるようなよくあるスキルを挙げることがある。たとえば，今日，多くの雇用者はチームワーク，創造性，問題解決の必要性を強調する。

クライエントの最初の課題は，これらのスキルのうち，自分がどのスキルを持っていると思うかを示すことである。次に，これらのスキルを持っていることを，どのようにしたら証明できるかが問われる。まず，あるスキルについて，クライエントに短い物語のかたちで証拠を示すように求める。いったん物語が語られると，注意深く，その物語の全容を眺めるのである。この物語の枠組みのなかに，ほかのスキルが含まれているということはないだろうか。これは，「強みの輪」（第3章）で使うポイントと同じである。ここ

で学ぶことは，私たちが語る物語は，豊かな情報を含んでいるということである。私たちは物語を若干調整することもできるが，それによってまったく違う意味になる可能性もある。重要なのは，クライエントがベストな物語を特定して，それらを面接場面においても効果的に使う方法を学ぶことである。ここが行動的リハーサルが重要になるところである。

　面接のなかで，クライエントは良い語り手になることが重要である。念入りに作られた物語は，士気を高めるものになりうる。それは，クライエントが数限られた物語の違った側面を使って，行動的面接の質問に答える際にも役立つ。クライエントが物語を語り始めると，物語を作りこむ練習をしておくことがメリットとなることがわかる。というのも，そうすることによって，その場に応じて，話を順序立てて適切な長さにすることができるからである。なかには，話し始めたものの，関係ない細部に陥ってしまう人もいる。面接場面では，興味深くて情報に富んだ話を簡潔にする必要があるのである。

Ⅶ　事前の学習アセスメント ── 対話

　現代の熟練労働者の不足によって，雇用主や政府は，移民や従来疎外されてきた労働者を取り込むようになった（Amundson, 2005, 2006a）。北アメリカの資格システムでは認められていないスキルや能力を特定し，それを認定する試みが行われてきた。母国では専門的な労働者として働いていたが，新たな文化のなかでは専門家としてのスキルが認められないために，タクシーの運転手をしているような人に出会うことはよくある。同じことは，さまざまな理由で，獲得したスキルや能力が北アメリカの伝統的な評価システムでは認められない多くの人たちにもいえる。だからこそ，事前の学習アセスメントが重要となるのである。

　事前の学習アセスメントは，コースを修了することよりもむしろ，能力に力点を置いたアプローチである。学習はさまざまな方法でなされるものであり，セミナーやコースにおける学習だけでなく，仕事や人生経験によって学習したことも含めて，その最大値を示す機会を与えられる必要があるとされている。

学んだことを表現するために，しばしば物語が用いられる。物語の要素は，学習がいかに達成されたのか，そしてそれが異なる文脈に適用されたかを示すものである。カウンセラーがなすべきことは対話に参加して，クライエントが自身の物語を，職業や人生の能力に換言されうる学びとして語れるようにすることである。

物語は関係性から始まるものである。完成した物語を作りはじめることを前提とするのではなく，物語の背景にある人格や文脈的状況を理解する時間を取る，つまり，その物語の背景にある人物を理解する時間を取る必要がある。先住民のクライエントとのワークにおいて（McCormick et al., 2006），先住民の人々を彼らが生きている人生につなげることも試みられた。そこで使われる戦略の一つは，いわゆる「好きな活動」といわれるものである（第1章で説明した「Ⅶ 共通の立脚点を見つける」）。これはまた，「気にかけている雰囲気」，つまりクライエントが自分には価値があり，他者が自分を気にかけていると感じるようにする方法も含まれる（第1章の「Ⅵ 気遣いの雰囲気を作り出す」）。

関係性が作られるなかで物語は紡ぎ出される。この礎に基づいて，カウンセラーはすべての物語を語るよう勇気づけたり，あるいは余地を残したりすることができる（第4章の「Ⅶ 物語を語る」）。この余地によって，多くのクライエントは細部を残したままにしたり，控えめに扱うことができる。私の同僚の Gray Poehnell は，このプロセスを洗練された謙遜であるという。このシナリオでは，カウンセラーが達成に関する会話に取り組むことが重要である。その際，オープンクエスチョンを使って，さらに説明されるべきスキルや能力について，付加的な情報を求めることが重要である。

物語に関する限界は，物語る人の自信の程度にもある。自信がないときには，自分のスキルや能力を抹消したり，省いてしまったりする。成功しているときでさえ，幸運や運命といった言葉で説明されてしまう（第5章の「計画的偶発性」）。個人の主体性は，効果的なキャリア発達にとって重要な点なのであるが，これが低く見積もられてしまう傾向がある（Chen, 2006）。このような状況では，振り返りをする必要がある。クライエントは自分が今持っているスキルのレベルを知るとともに，これからも学び続けて，自身のスキルを高める能力を持っていることを認識する必要がある（第1章）。学

びへの意欲は，多くの雇用主や教育者が喜んで支えたいと思う，重要な能力なのである。

　また，さまざまなアクティビティを能力に基づいた枠組みに合うように，いかに表現するかという問題がある。カウンセラーはこの段階では，文化的なガイド役を担い，人々が自分のスキルを特定して，その情報を教育や雇用主の期待に合うようなかたちで示す方法を学べるように援助する。このような文化的情報は，スキルに限ったことではなく，教育や職場における一般的な専門性や期待にも当てはまる。

　最後に，語られた物語をどのように提示するかには，対話や練習（行動的なリハーサル。前節を参照）が必要となる。雇用主や教育機関の人に働きかけるには，自分自身のことを明確かつ簡潔な物語で表現する必要がある。

　事前の学習アセスメントは，疎外されているクライアントを前面に出すよう援助するために不可欠な要素である。このプロセスでは，継続的な対話と，探索したり物語を紡ぐように，カウンセラーが促す必要がある。もちろん，資格について確認しておくことは，より複雑な物語の一部にすぎない。多くの場合，長期的な目標にたどり着くための学習プランを作る必要がある。ロシアから来た法律家の Slava は家計を支えるために，法律家としてのキャリアを再開するための一歩を踏み出していた。彼は公証人という仕事をキャリアの旅の一ステップととらえていた。しかしながら，それを実現する前に，彼は英語力を身につけなくてはならなかった。彼はお金を稼ぐため，そして英語のスキルを高める練習をするために，これらの機会が得られるようなパートタイムの仕事を始めるとともに，教室で勉強しなくてはならなかったのである。

Ⅷ　履歴書と推薦状のコーチング

　履歴書に関する本は多数出版されているが，私はここでその焼き直しがしたいのではない。履歴書の準備に関心を持っている人にとって，最新の履歴書のガイドは良い出発点となる。現在の英知によって，年代順ないし機能的な履歴書が発展したが，たいていの人にはそれらを組み合わせるのが良いようである。履歴書の長さは，その専門での水準によって差はあるが，多くの

人は 2～3 ページに納めようとする。履歴書についてはいくつかの確固たる意見があり，多くの著者は履歴書のなかに自分が「すべき」こと，そして「すべきでないこと」を端的に著す章を設けている。こうしたアドバイスはよくなされるものであるが，そうした語りには独断的態度が入り込むこともよくある。私は雇用カウンセリングの専門家のグループと議論したことがある。しかし，議論は間もなく，履歴書はどうあるべきかに関するルールや解釈について異なるルールを叫んで，カオス状態になった。これらのことを通して，私は最終的な真実は，それを見る人の手に委ねられていることを忘れないでいることが大事だと思った。究極的には，最終決断を下すのは雇用者なのである。

　私は大学院の授業で，いつも「履歴書に挑戦している人」（若者や外国から来た人，仕事に戻る人）を探して，彼らと適切な履歴書や行動計画（市場戦略）を作るような課題を設定する。私は，履歴書を自己探求やマーケティングの道具として使うことに，特に関心を抱いている。この課題をすることによって，仕事を見つける人もいるし，大半の参加者は自分自身についてより良い感じを抱く。こうした結果は，最初の期待を大きく超えるものである。

　履歴書の課題は，学習という意味でも，他者を助けるという意味においても良いものであるが，履歴書それ自体は，実際の文章を反映したものである。しかし，ある授業で，二人の大学院生が実に革新的な課題を準備してきた。彼らの課題が革新的だったのは，履歴書の最後の問い合わせの箇所であった。それまで，私自身も客観的事実を書き，スキルを特定し，業績や教育歴をリストアップして，そしてただ最後に「必要に応じて対応する問い合わせ先」を書いて終わるだけであった。しかしながら，彼らがやっていることは，早くすべてをやり遂げてしまいたいという想いから，一連のプロセスの最も重要なところがしばしば見落とされがちである，ということを示唆するものであった。

　Fleming と Ritchie（2002）は，このプロセスを「推薦状のコーチング」と呼んで，改善のための五つのステップを明らかにしている。

(1)　ステップ1──焦点を当てる

　クライエントは，まずは目的，つまりこの推薦状で達成したいと思ってい

ることを特定するところから始める。それは，たとえば，教育プログラムを受けることや，就職活動への支援を得るということである。

(2) ステップ2──推薦状の内容

この時点では，推薦状で強調したい性格や興味関心，達成したことを注意深くアセスメントする。

(3) ステップ3──アプローチする人物

目的に照らしてみると，誰にアプローチするべきか。クライエントは候補者のなかから，自分を際立たせてくれるようなポジティブな関連情報を提供してくれる人物を，5名考えてみるように励まされる。

(4) ステップ4──最初のアプローチ

コンタクトをとる方法について具体的な提案がなされる。推薦状を喜んで書いてもらえるか尋ねられ，また，推薦状に入れてほしいことを申し出るのである。それゆえに，「推薦状コーチング」は大変重要になる。状況によっては，ガイドラインが示され，サポートが提供される。以下に，いくつかの例を挙げる。

> 「推薦状の執筆をご快諾いただき，ありがとうございます。募集広告によると，革新的で，かつチームで仕事ができる人物を探しています。ほかに思い当たることもおありとは思いますが，これらの資質を示すと思われる自分自身の活動リストを作成しました。よろしければ，推薦状をお書きいただく際に，これらをお含みいただけますでしょうか。また，送付前に，推薦状の草稿を拝見させていただくことは可能でしょうか」

> 「推薦のご快諾，ありがとうございます。推薦状にお含みいただきたいいくつかの指針がございます。先方はある特定の情報を求めています。私は推薦状に入れていただきたい重要な点の一覧を用意しております。ご参考までに，私の履歴書のコピーもお送りします」

長年にわたってたくさんの推薦状を書いてきた身としては，主体的に何を書いてほしいか示してくれることを歓迎する。もちろん，誰もがそうとは限らない。このアプローチは慎重に適用する必要がある。なかには，このよう

な依頼を裏取引と見なして，気分を害す人もいるかもしれない。この注意は，最終のステップである記録にも当てはまる。

(5) ステップ5——記録

推薦状の執筆について同意を得られたら，推薦状を受け取るために日時をリストアップするだけでなく，コンタクトをとった人のリストを作っておく必要がある。ひとたび推薦状を受けると，推薦状をコーチングするもう一つの機会が訪れる。以下にいくつかの例を示す。

>「○○について，お力添えいただき，誠にありがとうございます。これは私にとって大変重要なものですので，もしよろしければ，ほかの推薦者が述べることとのバランスを取るために，少々言葉を変えてもよろしいでしょうか」

>「推薦状をお書きいただき，誠にありがとうございます。○○についてはとても感謝しておりますが，私が目的を達するために必要なスキルである○○について強調されていないことに気づきました。つきましては，私がそこについて加筆してもよろしいでしょうか。たとえば，最後の（実験科目のレポートや査定など）については，○○と書いてくださっていることに気づきましたが，これについては少し加筆させていただいてもよろしいでしょうか」

もちろん，まずは感謝が述べられ，そして今後とも引き続きサポートをいただきたい旨を記載することがポイントである。

推薦状のコーチングの別のやり方は，連絡先に加えて推薦が書かれたページを別に設けておくことである。このかたちの販売促進は書籍のカバーでは一般的だが，私は，履歴書の推薦状の部分では見たことがなかった。これはとても単刀直入で，ほとんどない「切れ味」を持っている。この推薦状のページは，特に転職や再就職をする人にとって助けになるだろう。

推薦書のコーチングを行うには，ある種の図太さが必要である。そのため，志願者にとっては本当の挑戦になる。多くの場合，推薦状を書く人は，ある程度の指示やフィードバックがあるとありがたいと思う。クライエントは，この機会を使って彼らの要求を先取りするよう励まされる必要がある。

Ⅸ　本章のまとめ

　本章で紹介された実践的な戦略は、①準備（情報の獲得［指示的で、指導的な実践］）、②つながり（他者からのサポート）、③決定（認知的、直感的、逆説的な意思決定）、といった三つの重要な要素を強調している。こういった活動に関わることを通して、クライエントは問題を解決するために必要な、実践的な情報と技術を獲得する。

　これは問題解決の課題に焦点化するという結論に至る。次章では、終結の問題に焦点を移し、カウンセリングの最終局面で効果的に使われる課題のいくつかを概観する。

第6章　終結の方法

I　カウンセリングプロセスを要約する

　終結が決まると，カウンセラーとクライエントはともに過ごした時間のなかで達成したことについて，振り返りを始める。この振り返りは，問題についてもともとどのように述べていたかというところから，使ってきたさまざまな解決方法へと続く。この振り返りのプロセスでは，カウンセラーが実際に観察してきたクライエントのいくつかの強みを特定して，それについてコメントする機会を設ける。

　対人関係想起法は，カウンセリングにおいて生じたことを振り返るために使うことができる。このアプローチは通常，クライエントの回想から始まる。カウンセラー自身にも，何がうまくいき，何がうまくいかなかったかについての考えがある。しかし，ここでカウンセラーの個人的な枠組みから外れて，クライエントがプロセスをどう感じていたかについて話してもらう。ここで見解が違うということはよくあることで，重要なフィードバックとして機能する。

　カウンセリングのさまざまな面を振り返るなかで，私は特別な「動いた瞬間」に焦点を当てることが重要であると気づいた。この瞬間には，カウンセリングで見方が変化した（リフレーミング）ことを示す，明らかな指標があるように思える。この瞬間について，クライエントはよく，以下のようなコメントを述べる。

　　「本当に考えさせられました。私は，以前そんなふうに考えたことはありませんでした」
　　「かつては，履歴書が通らないと本当に落ち込んでいました。今は，

落ち込んだときは，そこから学び，新しいプレゼンテーションの方法を考えます」

　これらの特別な瞬間に焦点を当てることで，カウンセリングで学んだことを確かにすることができるだろう。もちろん，出来事の想起は，要約するプロセスの一部にすぎない。ほかにも，実際に認められたポジティブな個人的特性を述べることもとても重要である。ここでは特に，これまで把握されたどんな変化も確認しておくことが役に立つ。以下の発言のなかには，この強さに対する挑戦という見方が含まれている。

　　「今，あなたは目標について話していますが，あなたが本当に目的意識を持っていることがはっきりしています。あなたは当初，何もかもが混乱していると話していました。でも，本当に一生懸命頑張って，今日あなたはある場所につながる道を見つけ出したのです」

　要約に時間を割くことによって，あなたとクライアントがカウンセリングで達成してきたことを振り返る，特別な時間を持つことができる。この振り返りは，成し遂げた変化を確かにするとともに，さらなる行動計画への布石ともなるのである。

Ⅱ　喪失と不確実な感情を認める

　カウンセラーとクライアント間の関係性の強さは，しばしばカウンセリングの目標を促進するために用いられてきた。カウンセラーと強固な治療同盟を形成したクライアントが，成功裏にカウンセリングを体験するということはよくあることである（Bedi, 2004）。しかしながら，カウンセリングの成功につながるようなポジティブな対人関係の状態は，また一方で，（クライエントとカウンセラーの双方に）離れるのを難しくさせる。喪失の感情は，終結の局面では一般的によく起こるものであり，そういうものであるということを認識しておく必要がある。本書の冒頭で私は，多くのカウンセラーとクライアントは始まりと終結，つまりカウンセリングの「ブックエンド」に

困難を感じると述べた。喪失経験は多くのカウンセリング関係において，実際に起こることである。

　終結の準備は，まさにカウンセリングの開始時点から始まる。最初の目標を設定する際にはよく，どのくらいの期間にわたってカウンセリングを続けるかについて話し合われる。目標期日を決めることは，カウンセリングをそのように枠づけるのに役立つものであり，それによって終結を予期してもらうことができる。複数のセッションが行われる状況では，実際に終結となるセッションよりも数週間前に，終結の話題を持ち出すことが役に立つだろう。この時期には，以下のようにコメントするのが良いだろう。

　　「私たちはこれまでよくやってきました。時の過ぎる早さは信じられないですね。（仮に週に一度のセッションの場合）そして２週間後には，私たちがともにする時間は終わりを迎えるでしょう」

　こうしたコメントをする際のポイントは，そこで起こったポジティブな変化を強化して，来るべきカウンセリングの終結に注意を引きつけることである。

　最後のカウンセリングセッションのなかで，喪失の気持ちについて述べることはとても良いことである。この種の話し合いは，自己開示によって始められることが多い。この状況では，以下のように述べることが一般的であろう。

　　「私は，週一度の私たちのセッションがなくなるのを寂しく思います。私はあなたのことをだんだんと知ることを楽しみにしてきましたし，あなたのキャリア探索における勇気と粘り強さに感服しました」

　もちろん，喪失の感情だけがすべてではないこともある。したがって，カウンセラーは純粋に感じたことがある場合にのみ，コメントするのが賢明である。

　カウンセリングの終結に特徴的なもう一つの一般的な感情は，不確実な感情である。クライエントの多くは，カウンセリングを通して，自分自身の自

尊心とエネルギーのレベルが上がってきたことに気づく。ひとたび，カウンセリングの「下支え」が取り除かれると，すべてが崩壊するのではないかと恐れるのは自然なことである。ここでは，個人の主体性のスキルが重要となる。あなたはクライエントに対して，実際に本人だけで成功するスキルを持っていることを保証できる必要がある。クライエントが持っている能力の例をピンポイントで指摘することは，あなたがそれを保証するうえで信憑性を高めるものとなる。

クライエントが喪失や不確実性を扱いかねているときに，カウンセリングの延長を求めてくることも珍しいことではない。この時点では，それがもっともな要求なのか，あるいはこれ以上一緒に取り組んだとしても，ほとんど何も得られない状況なのかを見分けることが重要である。延長の要求を受け入れるときは，必要なときに立ち寄ることやフォローアップをする可能性を示すのがよいかもしれない。

Ⅲ　行動計画を発展させる

行動計画を作ることは，カウンセリングの終結においてとても重要なところである。行動計画を作ることによって，ここで学んだことをゆるぎないものとし，クライエントに新しい主体的な行動に着手してもらう機会とすることができる。しかしながら，すべてのクライエントが自らの問題を完全に解決して，カウンセリングを離れるというのは誤解である。多くの人にとって，カウンセリングは長い旅のただのステップの一つにすぎない。

行動計画を立てるときには，短期的，長期的期間を考慮して目標を設定するとよい。クライエントが難しい状況を扱えるようにするために，クライエントの注意をより具体的で，到達可能な目標に向けたいと思うかもしれない。ここで前提としているのは，いくつかの小さな挑戦をすることによって，より大きな青写真も影響を受ける可能性があるということである。WalterとPeller（1992）は，成功の可能性の高い目標の設定の仕方について，次のように述べている。

- 目標を述べる際にはポジティブであること。行動計画を通して達成さ

れるであろうことを強調する。
- 現在進行形の言葉を使って思っていることを表現する（たとえば，「〜している」という語尾で終わる動詞。探している，書いている，電話している」，など）。
- 現在に焦点を当てること。カウンセリングを終えた後，クライエントに何が起こるだろうか。
- 具体的に，そしてすべてについて詳細に考えること。
- クライエントが自分でコントロールできる領域に，特に注意を払うこと。
- クライエントの体験や理解の範囲内で，例や比喩を用いること。

　これらの点はクライエントに，成功する確率が高い，具体的で現実的なアクティビティに向かうように示唆しているのである。
　行動計画を効果的にするには，クライエントが自ら立てた計画に対して，それが自分のものであるという感覚を持つことが重要である。クライエントの関与なしには，カウンセリング後にどんなささやかなことも起こらないであろう。この段階では，提案されたことにクライエントがしっかりと参加あるいは支持しているかどうかに，特に注意を払う必要がある。
　カウンセラーは，クライエントが次に起こることを正確に特定するように援助するうえで，この時期に重要な役割を果たす。クライエントが，次のステップは，今後のプログラムの情報を得るため単科大学に連絡することである，とわかっているだけでは不十分なのである。クライエントは，いつ，誰に電話をするかを，特定する必要がある。クライエントにすべての詳細な事項について考えてもらうことは，行動計画を作成するうえで重要なことである。
　行動計画の詳細を具体化することに加えて，クライエントが予期しない出来事に対する代替案を持っているかどうかを，確認しておく必要もあるだろう。多くのクライエントは計画を一つしか持っておらず，予期せぬ障害にぶつかると固まってしまうのである。今日の労働市場には多くの不確実性がある。クライエントはこの新たな現実を扱えるよう，準備をしておく必要がある。潜在的な障害物を予期することで自信を持つことができ，準備性の水準

を全般的に高めることになる。

　短期的・長期的に自分がすることを，自分自身の言葉で紙に書くことによって，行動計画を立てるプロセスが明確になる。紙に書き出すことによって，計画がより具体的になり，説明可能なものとなる。法的な拘束力はなくても，紙に書かれた計画はクライエントとカウンセラーの間の契約となる。その内容が本気で書かれたものであることを確かめるために，両者が署名することもできる。この「儀式的」署名は，クライエントが今後適切な行動をすることを，象徴的なレベルで強化することになる。より強化するために，あなたは後日クライエントに，計画の妥当性と何が達成されたのかを確かめたいと思うかもしれない。このように個人的な関心を示されることが動機づけとなって，クライエントは行動計画に再び取り組むことが十分できるようになることもある。ほかにも，カウンセリングが終結した後でも，単に1ヵ月に一度クライエントに行動計画書が送られる，ということもある。計画についてほとんど述べられなくても，ただ送られてくるものを受け取ることは，クライエントに以前しようと思っていたことを思い出させてくれる。

　行動計画の特殊なケースに，問題を特定するところから直接終結に移ることを決断して，適切な紹介先を探しはじめるようなときがある。この状況では，あなたの役割はコンサルタントである。主な仕事はクライエントに適切なカウンセリングあるいは教育プログラムを紹介することである。この状況では，実際にあるプログラムや人についてよく知っておく必要がある。あなたの専門的判断は，クライエントがほかの資源を考えているときにも必要となる。専門的判断の一つは，自分の経験の限界についてである。この自己認識がなければ，あなたは自分が「能力以上のことをし」ており，他のコンサルテーションが絶対的に必要なことに気づけないかもしれない。

　行動計画は終結に密接に関わる一方で，カウンセリングの全側面を統合する役割も果たす。まさにカウンセリングへの来談自体が，行動計画の一つのかたちである。クライエントは選択肢を考えたうえで，いかなる理由であれ，カウンセリング関係に入ることを選ぶのである（これは自発的来談を仮定している）。多くの場合，問題の提示され方は，話し合いが続くにつれて変わっていく。これらの変化は，カウンセリングでプロセスについてよく理解された結果であることもある。ほかにも，カウンセラーとの信頼関係が築

かれた結果，変化することもある。私は，クライエントの変化しつつあるニーズに対して敏感であり続けること，そして新たな行動計画が発展するなかで，変化が起こったときには，その変化にいつでも言及する準備をしておくことが重要だと思っている。

　行動計画には，一般的な次元が二つある。一つはカウンセリング内（行動計画内）における計画であり，もう一つはカウンセリング外（行動計画外）における計画である。クライエントはカウンセリングに取り組んでいる間は，特にカウンセリングのなかで起こっていること（行動計画内）に関連してかなりの動きが起こりうる。これに対して，外的な行動計画の活用には限界があるかもしれない。しかしながら，終結の時点では，通常，外的な行動計画への動きがある。一般的にカウンセリングの文献などで知られているのは，後者のかたちの行動計画のことである。

Ⅳ　自己の方向づけ

　ふだんの会話のなかで，個人の成長について，「魚をもらう」に対して「魚を釣る」という比喩で表されることがある。ここでのポイントは，自分で使える技術を学んだ人はそうでない人よりも，良い準備状態にあるということである。しかし，技術を学ぶためには時間と努力が必要なので，基本的なことを学ばずに直接解決に進みたいと思うのが常である。

　多くの人は，キャリアの方向性を最小限の努力で見つけたいと思う。あなたは台座に乗せられ，人生やキャリアの問題を解決するために「奇跡」を起こしてほしい，とクライエントに頼まれることがあるだろう。しかしながらご存知のとおり簡単な答えはなく，クライエントは自らの解決を見つけるために時間と努力を割かなければならないのである。あなたの役割は，この探索を促し，クライエントに自分自身と労働市場をよりよく理解する戦略を教えることである（Bezanson et al., 1985）。この終結を達成するためには，以下のようにするべきである。

- クライエントのためにクライエントが自分でできることをしない。
- クライエントが責任を持つことを期待する。

- クライエントができる以上のことも，それ以下のことも求めない。
- クライエントに主導権を持つよう励ます。
- ポジティブな努力に対して言語的な報酬を与えてそれを強化することによって，クライエントが四苦八苦するときにクライエントを「救出したい気持ち」に耐える。

このアプローチには，クライエントは「行動」ならびに自分の行動に責任を持つことによって最もよく学ぶことができる，という強い信念がある。終結を達成するために，あなたは直接的なサービスの供給者から，学習過程のコンサルタントにならなければならない。

コンサルタントの役割として，クライエントの志向性を拡げるためのさまざまな方法のいくつかを使う必要がある。第一の戦略は，クライエントに自分の行動をモニタリングしてもらい，それについて他者からフィードバックを得る方法を教えることである。あなたが提供するフィードバックはとても重要であるが，その一方で，心地良いカウンセリング関係を超えて，クライエントは他者とつながりを持っていく必要がある。クライエントに自分の行動をモニタリングして評価する機会を与えることは，このプロセスの重要な最初の一歩である。クライエントはセルフモニタリングの努力をして，「彼らがどのように他者に近づいているか」について，他者（家族や友だち，雇用者）からのフィードバックを得るように指示され，そうするよう励まされる。

クライエントが自分の行動のモニタリングを学ぶときには，併せて，ネガティブな自己語りに「やられてしまわない」方法も学んでおく必要がある。私たちはしばしば，自分に対して最も批判的であり，このタイプのネガティブな思考は自信と動機づけを低下させる。セルフモニタリングの一つの側面は，学ぶ力や，結果を出す力について，自分自身から送られるメッセージを注意深く聞くことである。成功に向かって取り組む人は，しばしば以下のようなフレーズを聴いている。

「そんなばかな。こんなことはできたことがない」
「私がしたとは信じられない。いつ学んだのだろう？」

成功している人々は，よりポジティブな自己語りを学んで，以下のようなフレーズを使っている。

「よし。何が悪かったんだろう。アプローチを変えてうまくいくかやってみよう」
「前にやったことがある。挑戦し続ければできる」

自己語りに対するセルフモニタリングは，クライエントが成功に向けて自分を動機づけることを学ぶのに役立つ。

ほかの自己の方向づけの戦略は，問題解決を見て，どうしたらこの難しい状況に対処できるかを考えることである。クライエントは状況に圧倒されるのではなく，何が起こっているのかを分析し，実行可能な解決策を作りあげることを学ぶことができる。問題解決には，問題の特定（問題を絞り込んで重要な要因を特定する），ブレーンストーミング，代替案の分析，視覚化，行動の改善などの重要なスキルがある。前述のとおり，多くのクライエントは「行き詰まって」カウンセリングを訪れる。彼らが困難で予期せぬ状況から抜け出すスキルを身につけるのを助けることは，長期的には，良い対処方略である。

現在のグローバル化，情報化した社会では，生涯を通じて学び続けることが不可欠である（Amundson, 2005, 2006a）。あなたは，クライエントがまた別の学習の可能性を得ることで，自己成長を継続するように励ますことができる。こうした長期間な計画を立てることによって，あなたは活動の論理的進展に焦点を当てることと，挑戦的ではあるがクライエントがまいってしまわないような活動を選ぶことが大事だと気づくだろう。

自己の方向づけにおいておそらく最も重要な戦略は，セルフケアの必要性に関する戦略である。私たちは皆，自分のための時間を見つけて，感情的・肉体的・認知的・社会的，そして精神的なニーズのなかで，バランスをとる必要がある（Amundson, 2003; Peruniak, 2008）。私たちのますます「忙しい」世界では，容易に優先順位を見失って，落ち目になってしまうのである。クライエントの個人的な必要性を見て，それらに報いる方法を教えることは自己の方向づけに寄与する。Bezanson ら（1985）は，この探索

を促進するために，以下のような質問を使っている。

「楽しむために何をしますか。リラックスするために何をしますか。何をすると気持ちがよいですか」
「毎日していることのなかで，諦めたくないことは何ですか。続けたいことは何ですか」
「趣味は何ですか」
「誰と一緒にいるのが好きですか。人と何をするのが好きですか」

個人の必要性（感情的・肉体的・認知的・社会的・精神的）を探索するために，「パターンの特定」というエクササイズ（第3章参照）を使うこともできるだろう。

自己の方向づけによって，カウンセリングの効果を長期化することに貢献するという新たな側面が加わる。それは，クライエントの積極的な関わりに焦点を当てるため，良いカウンセリングプロセスとも合致する。自己方向づけ戦略を効果的に用いることができているかどうかには，クライエントの準備性と，私たちがカウンセラーとしてクライエントに答えを教えるだけでなく，スキルを教えようとしているかどうかに関わる。「終結の儀式」というタイトルは，多くのカウンセリングでのやり取りと比べると，重すぎるという印象があるかもしれない。しかし，私はこの章の終結と新しい可能性の始まりを示すために，儀式の要素をとらえておきたいと思っている。すなわち，キャリアカウンセリングにおいて，私たちが達成されたことを賞賛し，行動計画に向けて取り組むことによって起こるであろう変化を示すためには，いくらか儀式的要素を含んでおく必要があるのである。

V　終結の儀式

多くの伝統的な終結の儀式では，食べ物を分かち合うことがある。状況にもよるが，これは適切だろう。それはカップケーキだけかもしれないが，これには重要な効果がある。ほかにも，達成したことを承認するという儀式もある。そして状況が合えば，何らかの完了という言葉が添えられることもあ

る。克服したことについて，振り返り以上のことをする人もいる。問題を紙切れに書いて，その紙を象徴的にズタズタに割いたり，ゴミ箱に投げ入れることもある。キャンドルを使って，最後の瞬間に光を消す（もしくは，その儀式の見方によっては，キャンドルに火を灯す）こともある。過剰にドラマチックになるリスクもあるが，私はこれらの方法は，関係性によっては有効だと考えている。

　もちろん，単なる握手や抱擁で十分な場合も多々ある。重要なことは，終結はいくらかフォーマルな行動によって認められるということである。終結はカウンセリングの枠組みのなかで，特別な位置を占める。

VI　本章のまとめ

　本章は，カウンセリングプロセスにおける終結の重要性に焦点を当てた。カウンセリングプロセスの内容やそのかたちに注目するためには始まりと終わりが重要であることを示すために，ブックエンドの比喩が使えるであろう。この特別な時間のなかで，クライエントの強みが見直され，これまで達成してきたことが認められる。喪失と不確実性の感情は，このプロセスの一部であり，儀式的な行為は終わりを示すのに役立つ。しかしながら，終わりは単に過去を振り返ることを意味するのではなく，新たな始まりにつながっていくものでもある。行動計画と自己の方向づけは，この新しいつながりを構築するのに役立ち，終結の局面において特に重要となる。

第7章　カウンセリング能力を高める

I　コンピテンシー（能力）の一般的なモデル

　能力という概念について，カウンセリングの実践に沿って考える際，私は幅広い要因を含むことが重要だと考える。私の考えでは，能力とは何かをしている状態であるだけでなく，そこにある（being）状態のことである。パフォーマンスは能力の必要な副産物にすぎず，能力は短期的な結果を超えて，そこからさらに広がっていくものであることを認識しておくことが重要である。有能な人とは，突発的な事態を適切に扱う能力（力）を持っている人である。今日の混乱した社会経済情勢では，突発的な事態に焦点を当てておくことが極めて重要なことは明らかである。

　私は，ハンガリーのローランドエトボス大学の Dr. Magda Ritook の研究成果に焦点を当てて，八つの要素を持つコンピテンシーモデル（図12）を構成した。この研究は，「コンピテンシーチェックリスト」（巻末付録2を参照）に基づいたものであり，彼女の知見はこのモデルの構造を支持している。下記にモデルの主要な内容を概説する。

1．目的

　動機づけ，関与（コミットメント），主体性は，明らかな方向性や目的の感覚によって引き起こされる。人は，自分がしていることには価値があり，どうすればポジティブな貢献ができるかがわかると，喜んで仕事に全身全霊を捧げる。あなたが目的と感じられるものを反映させた，個人的な使命を述べる必要がある。それによって，個人的な挑戦と組織的な挑戦が一つになって，それに自信を持つことができるようになるだろう。

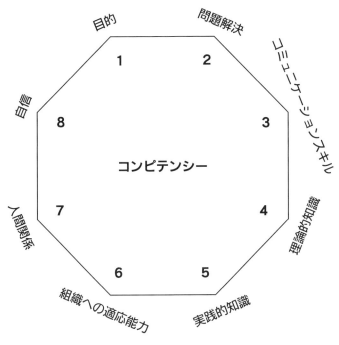

図 12　コンピテンシーモデル

2. 問題解決

　本書で示したカウンセリングモデルは明らかに，良い問題解決スキルの必要性を際立たせている。これらのスキルには，幅広い情報源から抽象的な情報を得ること，問題のあらゆる側面を考慮すること，創造的に考えること，深淵なる判断をすること，効果的な行動計画を立てることが含まれる。問題解決がうまい人は，難しい状況下にあっても明確に考えることができる。近年，クライエントの抱える問題は劇的に複雑化しており，問題解決にはますます多くのスキルが必要になっていることは疑う余地がない。

3. コミュニケーションスキル

　クライエントや同僚のカウンセラー，スーパーバイザーと効果的にコミュニケーションをする能力は，カウンセリング能力を発展するための中心的な

要素である。(伝統的ないし比喩的な) コミュニケーションスキルを通して，私たちは (言語的，非言語的，ないし書き言葉で) 自らの考えを他者に示し，他者の考えを自分の観点に加える。良いコミュニケーションをとることによって，理解を示すことも，他者を行動に向けて動機づけることもできる。

4. 理論的知識

最新の理論的な知識を発展し維持するためには，伝統的な学業期間を終えた後も，学習し続ける必要がある。生涯学習は現実のものとなっており，あなたは今の時代に追いつくために，さまざまな学習課題 (ワークショップ，カンファレンス，授業，読書) に向けて準備する必要があるだろう。知識を獲得するためには，すぐに使えるように情報を得て，それを組織化する効果的なシステムが必要となる。

5. 実践的知識

理論を実践に適用しようとすれば，これができる実践的状況を見つける必要があるだろう。この実践的な経験は，安全，妥当性，挑戦，批判的省察を含んでいる必要がある。安全な環境では自由にリスクをとって間違いをし，この過程を通して革新的な考えを発展させる必要がある。妥当性は先に述べた目的と通じるので重要である。挑戦は，高い基準を立てて，自分の能力の限界をさらに伸ばすよう，あなたを勇気づけてくれる。最後の批判的な省察は，学習を最大化し，より柔軟性を高めるために重要である。

6. 組織への適応能力

私たちの周りにある組織は，結果を出すために，システムのなかで働く能力を求める。あなたは組織がそれによって機能するような，明文化された，あるいは不文律のルールを理解して，ゴールを達成するためにこの能力を誠実に使うことができるだろう。この能力のためには，柔軟性や変化を受け入れること，同僚や組織の人と喜んで協働する必要がある。この能力に長けている人は，問題をリフレーミングして「事を起こす」ことができる。

7．人間関係

　ポジティブな関係を築き育てることは，カウンセリングの明らかな貢献である。効果的なカウンセラーであるためには，多くの異なる次元で関係を作る必要がある。人が「心配する」こととあなたの行動を通して，他者を「心配する」能力を伸ばすことを信じる必要がある（第1章参照）。ポジティブな関係を構築するには，他者からのフィードバックを求めて受け取る方法と，他者に建設的なフィードバックを与える方法とがある。このような強い支援体制を発展させることで，カウンセリングの効果が促進されるのである。

8．自信

　成功は，過去の経験やサポート，建設的なフィードバック，成功，能力の感覚，前に進みたいという前向きな気持ちから生じる。能力を獲得するためには，あなたは主体的に行動し，リスクを冒すための自信を感じる必要があるだろう。間違いから学び，それに耐える動機づけを持つためには，内的な強みを見つける必要があるだろう。この自信はしばしば，リーダーシップやメンタリングの機会にもつながる。

　コンピテンシーモデルの各要素は，全体をかたちづくるために，すべての要素が協働しているという関係にある。前述のとおり，一般的な能力のアセスメントに興味がある場合には，巻末付録2のコンピテンシーチェックリストとして役に立つだろう。

　前述のコンピテンシーモデルは，特にカウンセラーのコンピテンシーに当てはめたものである。しかしながら，このモデルはより幅広く適用できるものであり，クライエントのコンピテンシーにも適用できる。多くの面で，カウンセリングのゴールは，コンピテンシーモデルで特定されたのと同じ要素を促進することである。クライエントと会うとき，コンピテンシーモデルが彼らの相対的な強みや弱みをアセスメントするのに役立つと考えるかもしれない。このセルフアセスメントは，さらに成長したり，発展する必要がある領域に焦点を当てるのに役に立つかもしれない。

Ⅱ 内省的な瞬間

Schon の研究（1983）は，カウンセリング過程で内省する時間を持つことの重要性をはっきりと示している。創造性とより良い問題解決には，起こっていることについて内省し，新たな反応をするための時間を持つことが密接に関係している。このような内省は，通常，カウンセリングとカウンセリングの間にのみ見られる。しかし，おそらくここでのポイントは，最初の会話のセクション（第1章）にあったような，カウンセリングのなかで内省が起こる瞬間であろう。これは，すべての内省がカウンセリングのなかで起こるということではない。むしろ，クライエントに完全に集中すると同時に，ありうる仮説や新たな方向性について内省することは，カウンセラーにとって挑戦的であるということである。

カウンセリングに直接内省を導入する方法の一つは，典型的なカウンセリングの一連の活動として，内省を予期させることから始まる。こういうときには，カウンセラーは次のように言うとよいだろう。

> 「私たちが今日しようとしていることは，30分くらいでしょう。そしてそこで少し休憩を取って，私たちがこれまで達成したことと，これからすることについて，アセスメントをしましょう」

こういったやり取りをふだんからすることによって，あなたはクライエントに，カウンセリングプロセスで休憩があるだろうと思わせることができる。カウンセリングのちょうど良いところで，クライエントに，今は内省するための休憩時間なので，数分間部屋を空けると伝えられる。あなたは現在の状況と次にやることを「棚卸する」ことによって，クライエントに，これまで達成してきたことと将来の方向性について考えるよう励ますことができる。カウンセリングルームを出ることで，（もし適切であれば）ほかの人に意見を聴くことができ，何がわかってきたかについてじっくりと考えることができる。こうした内省の時間に，出来事の主要な部分をつかむような比喩を考えようとすることも役に立つだろう。比喩は，カウンセリングが別の方

向に進むかもしれない道筋を示唆するのにも役に立つ。3分以内の短い休憩の後，部屋に戻って，クライエントと見立てを共有する必要がある。クライエントに自身の見立てを尋ね，それからあなたの見立てを共有するのである。この方法を使ったことのあるカウンセラーは，短い休憩は「頭をすっきりさせて」，カウンセリングの力動をよりよく理解するのに役立ったと報告している。休憩はクライエントが「迷走」しがちで，カウンセラーがより構造化が必要だと考えるようなときに，特に役に立つように思われる。

　Anderson（1991）は，リフレクティングチームという考えを使った，別のアプローチについて述べている。この方法では，ほかのカウンセラーが面接をマジックミラーで観察しており，適切な時点でカウンセリングを中断し，観察者がカウンセラーやクライエントと交代する。そして，観察者はそこで起きていたことについて話し合い，カウンセラーとクライエントは，観察者の役割でその話し合いを聞く。その後，クライエントとカウンセラーはカウンセリングルームに戻って，今聞いたことに対する各自の反応について話し合う。クライエントやカウンセラーと観察者の交換は，カウンセリングコースにおいても時折行われることがある。このアプローチは大変興味深く，刺激的な結果をもたらしうるが，いくつか注意しなければならない点もある。このような機会を設ける前に，カウンセラーとクライエントの間で，まずは話し合いをしなければならない。観察的な役割の人は，カウンセリングルームに入るときのコメントの仕方について，ある程度指導を受けなければならない。これは，強みについて挑戦する時間であり，話し合いは注意深くならなければならない。内省的チームのプロセスは，いくらか刺激的な可能性を提供してくれる。しかし，強力な戦略でもあるため，繊細さと尊敬を持って用いられなければならない。

　カウンセラーがカウンセリング外で，内省的な時間を見つけることはメリットがある。静かに内省することが最も役立つ人もいれば，より積極的に考えを表にすることが役立つ人もいる。他者と状況について話し合うこともまた，カウンセリングプロセスのさまざまな局面を整理するのに，効果的なやり方である。

Ⅲ　共感の三つの要素

　本書ではカウンセリングの方法を強調しているが，カウンセリング実践の礎の一つである共感の重要性を，見逃すべきではない。多くのカウンセリングプログラムでは，訓練生は必要な共感性を持つことが当然のこととされる。つまりそこでの主な学習課題は，「あなたは～と思ったのですね。なぜなら～」といった言い方を使って，共感性の表し方を教えることである。共感性は間違いなく積極的傾聴の重要な要素であるにもかかわらず，この方法は表面的で，外面を見ているだけではないかと思う。共感性を使う能力には劇的な個人差があるのは疑いようがない。何がこれらの違いを生み出すのだろうか。

　Michael Schwalbe（2007）の役割取得の研究は，共感性の源を理解するために重要なものである。そこには共感性の程度の違いに関わるものとして，少なくとも三つの要因が挙げられている。

　一つ目の要因は，他者の感情や考えを正確に理解する能力，**正確さ**である。正確さは，権力のない人が，それゆえに，他者の望みや感情に焦点を当てざるをえない状況に置かれることによって育まれる。このような状況では，他者がその状況をどのように認識しているかを正確に理解することが重要となる。文学のなかには，権力のある支配者がその地位を追われて，一般庶民になることによって，初めて自らの「狡猾さ」を学ぶという物語がたくさんある。人は，力や影響力のある立場にいると，人と折り合いをつける方法を学ぶことはできないようである。謙虚さと無力という服を身に着けることによってのみ，真の共感性は獲得されるのである。これをもっと広げると，カウンセラーは多くの面で，特別な力を持った立場にあるのは間違いない。「全能の専門家」であることは，共感性を発展させるのには逆行する。カウンセラーが他者に対する共感性を拡げようとするのであれば，少なくとも正確さに関しては，カウンセリングの役割をはがして人と関わったり，あるいは失職といった課題に直面したときなど，共感を必要とするような状態に置かれたときのことを内省する必要がある。

　次の共感性の要素は**幅**である。素晴らしい共感性のスキルを持っていたと

しても，それは，とても狭い範囲に限られているかもしれない。共感性の幅を広げることができるかどうかは，異なる背景の人々と多様な経験を持つことができるかどうかにかかっている。自分とは違う人と接することを通して，私たちは違う世界観を認められるようになる。この知識の獲得は，他者を注意深く観察して，その人の物語をよく聴くことによって高めることができる。異なるものの見方をする人との出会いは，コミュニティの内外を出歩くことによって起こる。「ワンパターン」にはまって，狭い世界の人とだけ関わるのは簡単である。私たちはカウンセラーとして，他者の視点を得ることができる，という珍しい機会を持っている。私たちはクライエントに自分の人生の物語を語るように励まし，それに耳を傾ける時間を持つことで，他者の視点を得ているのである。

　共感性の第三にして最終の要素は，**深さ**である。真の共感性は問題の表面を切り開いて，人生の中心的な関心に焦点を当てることができる。人は，他者との意味のある関係に巻き込まれることによって，深さを学ぶ。感受性は，対人関係の経験と内省によってさらに高められる。私たちが人間の行動に対する洞察を発展させるためには，豊かな関係性を経験する必要がある。

　カウンセラーの訓練と発展に，正確さと幅，深さの概念を組み込むことは，共感性訓練の可能性をより豊かなものにする。人生経験と振り返りは，共感の基礎をかたちづくる，まさに鍵となる要素である。共感的なコメントをするための学びは，傾聴訓練だけではなく，さまざまな経験や振り返りからも得られる。この共感的理解の探求の例として，ニシザワスミコによる「謎の抱擁」という詩の簡略版をじっくり読んでみるとよいかもしれない。

　　私は知らない人を求めてカナダに向かった
　　小学校の私のクラスの子どもたちをよりよく理解するために
　　彼らと私の間には大きな隔たりがあった

　　私はかつて彼らをよく理解していると感じていた
　　エネルギーに満ちた40人の日本人の子どもたち
　　毎朝，彼らは私のところに来て物語を語ってくれた
　　ミドリガメや三日月，お皿に乗ったベイクドポテトの魅惑的な話

何年もの間，私は
彼らの話の聴き方を知っていた
彼らとの話し方を知っていた
教え方を知っていた
小さな世界で，
私は子どもたちを理解していると思っていた

ある日，女の子が私のクラスに加わった
彼女はほかの子どもと同じに見えた
ニューヨークの学校に3年通っていた
彼女は愛らしく，独特で，話し好きで，皆と違っていた
私は彼女を変え，私のクラスに適応させようとした
彼女は静かになった

ある日私は，韓国系日本人の女の子に会った
彼女は恥ずかしがりやで，静かで
彼女の両親は，彼女は大丈夫かどうか気にした
私はなぜ彼らがそんなに心配するのかわからなかった
彼女は一年が終わりになるにつれ笑うようになった
でも，静かなままだった

文化，言語，民族，
私は世界について何を知っていたのだろう？

私は教職を辞して，知らない人を探して，カナダに向かった
小学校の私のクラスの子どもたちをより良く理解するために
彼らと私の間には大きな隔たりがあった

カナダに住んで5年後
私は感じ始めた
アメリカ出身の少女のエネルギーに満ちた精神

韓国系日本人の女の子の民族主義への恐れ
　　私は大多数の人と違うということが何かがわかった

　　私は今も知らない人や不確かなことを探している
　　クラスのすべての生徒を抱擁するために
　　私は今も世界について学んでいる
　　彼らに世界の広さと深さを教えたいと願って

　この詩でニシザワは，他者を理解しようとする戦い，そして見方を広げる取り組みをしている。彼女は経験によって世界への気づきを広げ，周りにいる人の人生の真実をつかもうと決めた。私たちは皆，このようにドラマチックなキャリアの移行に挑戦できるわけではないが，私たち自身の「小さな世界」に立ち向かう必要性は，納得のいくものであろう。

Ⅳ　カウンセリングモデルの実践への適用

　さまざまなカウンセリングの戦略や態度について読むことと，それを実践に用いてみることは，別のことである。スーパーバイザーとして私は，学生がカウンセリングアプローチを実践に移そうとするときに起こる，数々の問題を見てきた。先述のとおり，問題の一つは，問題の定義を越えて動こうとしている人に対する難しさである。ここでは，共感を含む積極的傾聴のスキルがよく使われるが，カウンセリングの方向性を明確にすることができない。カウンセリングのプロセスは逆戻りして，話し合いは堂々巡りに見える。この状態を打開するには，しばしば自信を持って，危険を冒すように励ますことと関係する。訓練中のカウンセラーは，安全の感覚をうまく操作して，直感的な予感に基づいて表現し，行動するように励まされる必要がある（Amundson et al., 2009）。創造力や想像力がないという信念に対して，挑戦する必要がある。創造力についての研究は，人は初期のネガティブな学習経験と，率直に表現することへの恐れから，自身が持つ創造的な潜在力を過小評価することが多いと示唆している。

　まったく違うタイプの問題は，さまざまな問題解決に熱をあげて，カウン

セリング関係や問題の本質を見失うようなときに起こる。カウンセラーがこのような状況に直面するのは，新たな戦略に取り組んでいるにもかかわらず，探索すべき確固とした礎を持つための時間やエネルギーを割こうとしないときである。これらの状況ではクライエントは混乱し，カウンセラーのアジェンダ（検討課題）について不安を感じるかもしれない。このようなときに問題を最も小さくするには，カウンセラーが戦略にあまり依存しないようにして，カウンセリングプロセスに対して肩の力を抜いて臨むことである。問題定義を急ぐよりもむしろ，クライエントの物語のすべてを探索するために，十分な時間をとるようにする必要がある。

　前述の問題に関連するのは，カウンセラーが面接を問題解決のさまざまな課題でいっぱいにしようとする状況だ。こうなると，戦略を使うこと自体が目的となって，何も深まることがないまま「表面をすべってしまう」傾向がある。ある特定の戦略の力をじっくり味わうよりも，カウンセラーは次の戦略にすばやく目移りしてしまっていることに気づくだろう。カウンセリングの戦略は，それ自体が目的ではない。実効力のあるカウンセラーはこの事実を実感し，戦略を正しく使う叡智と忍耐を持っているのである。

　問題の最後のものは，クライエントが問題の定義から問題解決に移行するのを助ける際に起こる。多くのカウンセラーは移行させようとしているとき，共感性を脇に置いて，特定の戦略に焦点を当ててしまっていることに気づく。これは，カウンセラーが新しい戦略を学んで，これから起こることに集中してしまい，そこに至るまでに何が起こっているのかについて集中していないようなときに，特に起こりやすい。共感性は，カウンセリングプロセスのどこかの時点で，スイッチを切られるというようなものではない。冒頭に述べたとおり，共感性はカウンセリングの基礎であり，常にあるべきものなのである。

　実践のなかで，カウンセラーは高いレベルの共感性を維持しながらも，より積極的な戦略を用いることを学ぶ。これが，積極的な関わり（Active Engagement）によるカウンセリングモデルの真髄にある，統合なのである。

V　録音・ビデオの振り返り

　録音やビデオの再生が，カウンセラーがカウンセリングスキルを改善するのに役立つことは間違いない。Schon (1983) は内省的な実践家になることの重要性と，このプロセスにテクノロジーが役立つことを指摘している。カウンセラーは自らの行動を見聞きするにつれ，自分のカウンセリングが効果的かどうかを評価しはじめる。録音を評価する際に，私はカウンセラーに，ネガティブな面だけでなくポジティブな面も見るように薦めている (Borgen & Amundson, 1996b)。多くのカウンセラーは，何がうまくできなかったかにこだわって，効果的な瞬間に注目しない。

　クライエントが行動についてポジティブな話をするときにも，カウンセラーは「変化の瞬間」について注意深く聴く（言語的手がかりも，非言語的手がかりも）ようにしてほしい。次の引用は，動きの瞬間について，クライエントが話した例である。

　　「最初ここに来たとき，私はカウンセリングにこんなにのめりこむとは思ってもいませんでした。車輪を見ることで，すべてを違う観点から見ることができました」

　　「私は自分のことを，人と関わることができない人間だと思っていました。今日のエクササイズは，このことについて本当に考えさせられました。私は間違った見方をしていたようです。グループのリーダーになるのが好きではないということは，私が人を好きではないことを意味するわけではないのですね」

　　「私は，医療領域にそんなに多くの仕事があるとは思っていませんでした。私は医者か看護師だけを考えていましたが，それ以上にたくさんあるのですね」

　　「面接の練習をしている私をビデオで見るのは，本当に目から鱗の体験でした。自分が質問に答えるとき，こんなにも頻繁にノートを見ているなんて，信じられませんでした」

　　「こんなふうに一緒に見るのはとても興味深いです。すべては，福祉

か看護の方向を示しているように見えます。私は，今が決め時だと思います」

　これらの事例から，動く瞬間は，一見とても小さな変化でも起こりうることに気づくかもしれない。すべてが「へえ！　そうなんだ！」という体験なわけではない。私たちは大きな移行だけではなく，小さな動きにも注意を払わなければならないのである。「動く瞬間」を促して見守ることを学ぶのは，カウンセリングの重要なスキルである。カウンセラーはあるレベルでは変化が起こっていることに気づくが，クライエントの動きの瞬間を正確に特定できないことはよくある。このスキルについて実践を積むことによって，カウンセリングプロセスとそのなかで変化がいかに起こるかについて，気づきを深めることができるだろう。

　録音・ビデオの再生が実際にできるのかどうか，また，それが実践的に役に立つかどうかは，ある状況にそれがうまく当てはまるかどうかである。録音できない状況では，私はカウンセラーに，違った方法でプロセスを振り返ることを勧めている。いわゆる対人関係のプロセス想起を使うことによって，カウンセラーはあるセッションで起こったことを速やかに振り返って，観察の詳細なメモを作り（あるいは述べたことを記録する録音機器を使って），心のなかで振り返りをするべきである。私はカウンセラーに，解釈という特別なかたちを用いるよりも，面接中に起こったことを述べるように言い，その後で自分を批判的に評価するための刺激として，ノートを使ってカウンセリングプロセスを振り返ってみるように言う。

Ⅵ　スーパーバイザーの直接的なフィードバック

　最も正式なカウンセリングのトレーニングでは，マジックミラーか録音・ビデオの再生を使い，スーパーバイズをするという選択肢がある。しかし，現場のカウンセラーは，これらのフィードバックを使うことができないことが多い。このような場合，他者からのフィードバックは通常，主にケースの力動についての話し合いを通して行われる。私は，マジックミラーや録音機材が使いにくい状況では，自ら出向く方法をとっているが，それはうまく

いっているようである。私はこの方法を使うことによって，普通のスーパーバイズの成果以上のものが得られることに気づいた。利点と限界を述べる前に，私の3ステップからなるスーパーバイズの手続きを概説する。

1. 場面をセッティングする

カウンセラーはクライエントに，カウンセリングプロセスについてスーパーバイザーが定期的に訪れることを含めて説明する（見たところ，カウンセラーが訪問について過度に心配しない限りは，大半のクライエントはこの構造に特に問題はないようである）。ここでのキーポイントは，訪問は規則的なルーティンの一部であり，何か特別なことが起こることを意味しないということである。カウンセラーはまた，クライエントに対して，スーパーバイザーの訪問が適切ではないときには断ることができることを保証しておく。スーパーバイザーが導入時に手短に訪問しておくことは，関係性の構築の助けになる。

2. カウンセリングの訪問

2回目のセッションの中盤で，スーパーバイザーはドアを叩き，訪問して良いタイミングかどうかを尋ねる。上述のとおり，スーパーバイザーはカウンセラーとクライエントに招かれる場合に限って，部屋に入る。もしタイミングがよければ，カウンセラーは（クライエントに確認をしながら）何が起こったかについて要約し，カウンセリングプロセスを続ける。スーパーバイザーは，通常は観察的な役割を取り，求められたときにだけ答える。観察時間（約15分間）の後，スーパーバイザーは，すべてがいかにうまくいこうとしているように見えるかについてコメントし，カウンセリングを後にする。その後の訪問も，一連のカウンセリングのなかで，同じような感じで行われる。

スーパーバイザーが観察だけでなく，直接介入しなければならない場合もあるかもしれない。こうした場合，スーパーバイザーはカウンセラーとクライエントの関係性に留意して，情報提供をしたり，あるいはカウンセリング戦略を使ってクライエントに関わる。これらの直接的な介入をするときは，タイミングをよく見計らって，意味のある実演をしなければならない。カウ

ンセリングセッションのなかで，スーパーバイザーがカウンセラーのコントロールを奪ってしまわないことがとても重要となる。

3．デブリーフィング

　ほかのスーパーバイズのかたちとして，継続して話し合うことが役に立つ。スーパーバイザーにとっては，これらのミーティングで個人的に観察したことに焦点を当てるだけでなく，ケース全体を視野に入れることが重要である。この点に留意しながら，カウンセラーとスーパーバイザーは，観察されたことがほかのカウンセリングの力動とどこが同じで，どこが違っているのかに気づくべきである。

　この直接的なスーパーバイズを使うなかで，私は利点と限界に気づくようになった。プラスの側面は，直接的な観察やモデリングによって，確実に何かが得られることである。「部屋に」いることで，マジックミラーや録音・ビデオという観察手段を通すことで失われてしまう，独特の何かがある。一方，限界については，新たな人間が部屋に入ることで生じる中断という点に集約される。実践と感受性によって，私はこの要素を最小化することを学んだが，やはり重要な点である。また，カウンセリング関係におけるカウンセラーの権威をひそかに傷つけてしまうかもしれないという問題は，常にチェックされなければならない。

Ⅶ　比喩的なケースの概念化

　本書では，比喩を使うことを，クライエントの問題と解決の双方を表すやり方として強調してきた。比喩は，一連の複雑な情報を入れておくことができる，視覚的な入れ物である。比喩を理解し，それを変化させることを通して，クライエントが新たな洞察を得られるよう助けることができる。

　私は，視覚的なイメージを使って統合できるようになるために，比喩の使用をケースの概念化に拡げて用いている（Amundson, 1988）。StoneとAmundson（1989）の研究は，カウンセラーのトレーニングでこの特殊な方法を使用することを支持している。また最近では，Guiffridaら（2007）も，先行文献を批判的に検討して，この方法はスーパービジョンとトレーニ

ングに重要な新たな発展をもたらすと結論づけている。

比喩的なケースを概念化するための第一ステップは，カウンセラーにクライエントを比喩的なイメージで描かせることである（たとえば，霧のなかで迷っている，多すぎるボールで曲芸をしようとしている，など）。

これらのイメージは，ただ話し合いをすることもあれば，絵で表現されることもある。イメージが心のなかで明確になったら，私はカウンセラーに，自身をどのようにその状況に入れるかを考えてもらう。ある例では，カウンセラーはクライエントを，「宙に浮いたボール」をたくさん持ちすぎている，と表した。そしてカウンセラーは，自身がそのイメージのなかにいるとすると，自分は床に落ちたボールを拾う役割だと感じていた。

イメージがひとたび明確に定義されると，カウンセラーは作られたイメージのなかにある違う要素を分析することもできる。探索すべき五つの鍵となる要因は，以下のものである。

① カウンセリングプロセスに関する**方向性**の感覚。
② カウンセラーが可能な結果を考えたときの**楽観性**の程度。
③ クライエント-カウンセラー**関係**の近さや性質。
④ カウンセラーが問題に対して**責任**を感じている程度。
⑤ カウンセラーがカウンセリングの介入をアセスメントするときに感じる**有効性**の程度。　　　　　　　　　(Amundson, 1988, p.392)

クライエントが床に落としたボールを拾うカウンセラーの例に戻って，続けてみよう。あなたは，カウンセラーは方向性の感覚は持っているが，それはおそらく最も望ましいものではないと感じるだろう。そのイメージにはある種の無益（有効ではない）な感覚と，悲観主義が反映されている。カウンセラーとクライエントは協働しているが，関係の性質は本当に近しいものではない。カウンセラーはそこで起こっている問題（落ちたボール）の解決の責任のほとんどが，自分にあると感じているように見受けられる。

比喩を変化させることによって，状況のなかにある，ある種の力動を変えることができる。この状況で，カウンセラーがボール拾いをやめて，しばらく成り行きに任せたとしよう。問題は短期間的には緊迫するが，クライエン

トはそれによって現実的な能力の感覚にもっと気づくかもしれない。この状況のフォローアップとしては，カウンセラーはクライエントにより重要なボールに焦点を当てる，そして／あるいは，より良い曲芸の戦略をするように援助するかもしれない。

　描画によって比喩を得ることのメリットの一つは，焦点化すべき具体的なものがあるということである。多くのカウンセラーはクライエントと絵を共有するだけでなく，ケースを概念化するための基礎として使うこともできる。この点で，絵はクライエントが状況理解（この例では，どのようにカウンセラーに認識されているか）の助けとなるための，新たなカウンセリングのツールになる。クライエントが持っている比喩と，他者が彼らをどのように認識しているかを比較するのも興味深い。もちろん，ケースの概念化の主なポイントは，カウンセラーがカウンセリング関係の力動をよりよく理解するのを助けることにある。

Ⅷ　本章のまとめ

　実効性のあるカウンセラーになるための学びは，継続的なプロセスである。コンピテンシーモデルに含まれるさまざまな要素は，カウンセラーとしての発展のより幅広い性質をもの語っている。多くの点において，人は決してどこかに"たどり着く"のではなく，旅の行く先の数だけの喜びが訪れるのである。

　私は一貫して創造力と想像力の重要性を指摘してきた。というのも，これらの個人的特性が，カウンセリングプロセスではとても重要な要素となると思っているからである。尊敬，共感，純粋性というロジャーズの中核的な条件は，創造力と想像力を拡げるなかで経験されるものである。それによって，カウンセリングの科学だけでなく，「アート」にもつながることができる。クライエントが不確実な現状と葛藤することに妥当性があるのであれば，キャリアカウンセリングはより幅広く，柔軟なものと見なされるはずだ。

　私がここで述べる柔軟性は，多くのさまざまなレベルに広がる。最も基本的なレベルは，キャリアカウンセリングは個人カウンセリングとどのように

違うのかという質問である。Herr（1977）といった研究者は，キャリアカウンセリングと個人カウンセリングの間はかなり融合したものとなりつつあるという。カウンセリングの実践における積極的関わり（Active Engagement）モデルは，今のカウンセリングの慣例を精査し，より積極的で想像的なカウンセリングアプローチをそれに組み込むことを，自信を持って提案する。

　この最終章では，カウンセラーの個人的かつ専門家としての発達に注目してきた。カウンセラーの教育や発達は，新しいカウンセリングの方法と手をたずさえて進むべきである。この領域では，これは最もチャレンジングなものである。たとえその道が間違った方向に進んでいるようなことがあっても，多くの人が歩いた道に沿って行くのは簡単なことである。本書が，キャリアカウンセリングのプロセスのいくつかの側面を高めるための，新しいビジョンの必要性に目を向けるものとなれば，幸いである。

付録 1 気遣いの方法──質問紙，評定の手順，解釈の手引き

Norman E. Amundson, Ph.D
The University of British Columbia ⓒ 1993

I 気遣いの方法：質問紙

　この質問紙は他者との関係性を把握する方法に関するものです。ある特定の人を思い浮かべて，その人との関係性について，一連の質問に答えてください。あなたがその関係性においてどの程度重要で，気にかけられていると感じているかに注目していきます。**各質問**について注意深く考え，その人との関係性において各々が**どの程度**起こっているか，最も**当てはまる**番号を以下の 5 つのなかから選んで答えてください。（1：ほとんどない，2：めったにない，3：ときどきある，4：しばしばある　5：とてもよくある）

たとえば，周囲の人は，
(a) 私の気持ちに配慮してくれる　1　2　3　4　5
　あなた自身の経験について述べている場合は，周囲の人は**あなたの感情を考慮してくれる**と思うのであれば，「4」か「5」に○をしてください。反対に，**あなたの気持ちを考慮してくれる**と思わないのであれば，「1」か「2」に○をしてください。

(b) 私を十把一絡げに扱う　1　2　3　4　5
　あなた自身の経験に照らして考えてみて，周囲の人はあなたのことを**人として扱ってくれない**と感じるのであれば，「4」か「5」に○をしてください。反対に，そうではないのであれば，「1」か「2」に○をしてください。

周囲の人は……

A.	私の気持ちに配慮してくれる	1	2	3	4	5
B.	私を十把一絡げに扱う	1	2	3	4	5
C.	私が重要でないと感じるような態度で，私を扱う	1	2	3	4	5
D.	私にアイディアを出すように頼る	1	2	3	4	5
E.	私の進歩にほとんど関心を持っていない	1	2	3	4	5
F.	私の貢献に関して無関心だ	1	2	3	4	5
G.	私が自分の目標を達成するように助けてくれる	1	2	3	4	5
H.	私が言うことに耳を傾けない	1	2	3	4	5
I.	私を安心させようとする	1	2	3	4	5
J.	私の関与を頼りにしていない	1	2	3	4	5
K.	私の望みを考慮してくれる	1	2	3	4	5
L.	私が感じていることに気づく	1	2	3	4	5
M.	私の助けを頼りにする	1	2	3	4	5
N.	私の幸せにほとんど注意を払わない	1	2	3	4	5
O.	私の将来設計を聞くことに関心がない	1	2	3	4	5
P.	私を信じている	1	2	3	4	5
Q.	私が違った道を歩んだとしても，私に関心を持ち続ける	1	2	3	4	5
R.	私が歓迎されていると感じさせるように，努力をしない	1	2	3	4	5
S.	私が達成したことを評価しない	1	2	3	4	5
T.	私がどうしているかを見守る	1	2	3	4	5
U.	私が部屋に入ると，私の存在を認めてくれる	1	2	3	4	5
V.	私のアドバイスをほとんど受け入れない	1	2	3	4	5
W.	私に影響するような意思決定をする前に，私の意見を丁寧に聴いてくれる	1	2	3	4	5
X.	私のその後をたどることに個人的関心がほとんどない	1	2	3	4	5

II 気遣いの方法：評定の手順

スコアリング

気遣いの質問紙は4つの下位尺度（各6項目）からなる。下位尺度は以下のとおりである。

注意：他の人があなたを認め，あなたに関心を持っていると感じること
重要性：他の人があなたの欲求や考え，行動に注意を払うこと
依存：あなたがメンバーとして貢献し，他の人があなたを頼りにしていると感じること
自我の拡張：他の人があなたの成功や失望に関心を持ち，あなたの進捗を積極的に見守ること

　質問紙の項目は，半数は肯定的（例：私の感情を考慮する），半数は否定的（例：私を十把一絡げに扱う）するような形で書かれている。肯定的な得点の合計点を出すためには，否定的な項目の得点を逆転させる必要がある。逆転は次のように行う：5→1；4→2；3→3；2→4；1→5。必要に応じて，逆転したうえで，各下位尺度を評定してほしい。

例：【注意】

項目	得点		肯定的得点
(i)	5	同じ	5
(l)	4	同じ	4
(u)	3	同じ	3
(b)	4	逆転	2
(c)	3	逆転	3
(r)	1	逆転	5
		合計	22

評定の手順

【注意】

項目	得点		肯定的得点
(i)	_____	同じ	_____
(l)	_____	同じ	_____
(u)	_____	同じ	_____
(b)	_____	逆転	_____
(c)	_____	逆転	_____
(r)	_____	逆転	_____
		合計	_____

【重要性】

項目	得点		肯定的得点
(a)	_____	同じ	_____
(g)	_____	同じ	_____
(k)	_____	同じ	_____
(h)	_____	逆転	_____
(n)	_____	逆転	_____
(s)	_____	逆転	_____
		合計	_____

【依存】

項目	得点		肯定的得点
(d)	_____	同じ	_____
(m)	_____	同じ	_____
(w)	_____	同じ	_____
(f)	_____	逆転	_____
(j)	_____	逆転	_____
(v)	_____	逆転	_____
		合計	_____

【自我の拡張】

項目	得点		肯定的得点
(p)	_____	同じ	_____
(q)	_____	同じ	_____
(t)	_____	同じ	_____
(e)	_____	逆転	_____
(o)	_____	逆転	_____
(x)	_____	逆転	_____
		合計	_____

【肯定的な得点の合計点】
注意　　_____
重要性　_____
依存　　_____
自我の拡張　_____
合計　　_____

Ⅲ　気遣いの方法：解釈の手引き

　「気遣いの方法」質問紙に含まれる情報を理解するには，多様な下位尺度（注意，重要性，依存，自我の拡張）と，各領域に貢献する特定の項目を注意深くチェックする必要がある。重要な情報は合計得点に反映されるが，大抵，より丁寧なチェックが必要となる。下位尺度毎の項目を，以下に記す。

注意：他の人があなたを認め，あなたに関心を持っていると感じること
<u>肯定的</u>
　ｉ．私を安心させようとする
　ｌ．私が感じていることに気づく
　ｕ．私が部屋に入ると，私の存在を認めてくれる

否定的
b．私を十把一絡げに扱う
c．私が重要でないと感じるような態度で，私を扱う
r．私が歓迎されていると感じられるように，努力をしない

重要性：他の人があなたの欲求や考え，行動に注意を払うこと
肯定的
a．私の気持ちに配慮してくれる
g．私が自分の目標を達成するように助けてくれる
k．私の望みを考慮してくれる
否定的
h．私が言うことに，耳を傾けない
n．私の幸せにほとんど注意を払わない
s．私が達成したことを評価しない

依存：あなたがメンバーとして貢献し，他の人があなたを頼りにしていると感じること
肯定的
d．私にアイディアを出すように頼る
m．私の助けを頼りにする
w．私に影響するような意思決定をする前に，私の意見を丁寧に聴いてくれる
否定的
f．私の貢献に対して無関心だ
j．私の関与を頼りにしていない
v．私のアドバイスをほとんど受け入れない

自我の拡張：他の人があなたの成功や失望に関心をもち，あなたの進捗を積極的に見守ること

肯定的
p. 私を信じている
q. 別の道を歩んだとしても，私に関心を持ち続ける
t. 私がどうしているかを見守る

否定的
e. 私の進歩にほとんど関心を持っていない
o. 私の将来設計を聞くことに関心がない
x. 私のその後をたどることに，個人的関心がほとんどない

　これらの各項目と下位尺度をチェックする際，高得点ないし低得点に貢献した特定の状況について考えてほしい。どのような環境が人を気遣う気持ちに影響したのだろうか。
　質問紙を行った状況によっては，自分の結果を他の人の結果と比べる機会があるかもしれない。人と比べる場合には，人を気遣う気持ちに正しいとか間違った考えはないことを覚えておいてほしい。ここで興味深いのは，あなたの認知と他の人の認知が違っているのか一致しているかだ。
　この質問紙を振り返る際におそらく留意すべきなのは，あなたの個人的な価値とあなたが重要だと思う感覚は，他者が何を重要と思うかにはよらないということだ。**あなたは周りの人にどのように扱われていようが，重要で大事な人だ。**しかしながら，あなたがもし肯定的なメッセージを受け取っていない状況にあるなら，このように認知し続けることはたやすくない。気遣いのない状況では，通常，余分なエネルギーが必要となり，少しずつ自尊心や自信が蝕まれていく可能性がある。気遣いのなさには潜在的な長期的悪影響の可能性があるため，相手を大事に思う関係性の質を変えるか，状況を離れて，より肯定的な気遣いがある環境を外に求める必要がある。
　「相手を大事に思う関係性を変える」際に留意したいのは，気遣いは「互恵関係」だということだ。このため，あなたの行動を変えれば，他者の気遣いの行動も増す可能性がある。あなたはどの程度，一生懸命がんばって自分を表現し，あなたの存在を人に知らしめようとしているだろうか？多くの人は発見されるのを待つ貝殻の中の真珠のように静かにしている。このように行動を起こさないことは，目につくようにすることが「ごますり」をしてい

るようで，人としての尊厳を損なうという信念によって正当化される。このような見方に異議を唱えて，違った視点から見る必要がある。今日のペースの速い社会では，人の目につくようになることは必要だ。正直さと誠実さを売りにして，自分を市場に出すことを学ぶことは，より高次元の気遣いの鍵となるかもしれない。また，あなたの主体性と関係構築スキルを使って，友人，同僚，そして権威ある人と連絡を取り，情報共有することは，あなたのプロフィールを引き上げるために不可欠かもしれない。

　この状況を理解するほかの方法は，あなたがどのように他者を気遣っているかを知ることだ。あなたは「自分がしてほしいように人にしなさい」という黄金律に従っているだろうか。人の気持ちが分かり，他の人の意見を重視するあなたの寛大さは，あなたの感受性を高めるのに役立ち，しばしばあなた自身に戻ってくる。無条件で人に施したり，人を助けたりすることによって，あなた自身の個人的な気遣いの根源がわかるかもしれない。

　これまで述べたとおり，関係性における気遣いの質を変えることは，常に可能とは限らない。もしあなたが，**本当に**自分自身を変えて，それでもなお関係が変わらないと感じるならば，必要な気遣いが得られるほかの環境を見つけることを考える必要があるかもしれない。このような状況下でのささやかな触れ合いや別れは，両者の関わりと相互作用によるため，失敗と見なされるべきではない。しかしながら，別れる際には，背水の陣を敷かず，もし状況が変わったら，関係を新たに築けるようにしておくことが重要だ。

付録2　コンピテンシーチェックリスト

　コンピテンシーの測定はとても挑戦的なことです。コンピテンシー評価のチェックリストは，そのために設計されました。次の項目を考える際には，ある特定の領域のコンピテンシーについて考えていただきたいと思います。たとえば，最初の項目は，意見を言う前に十分に聴く時間を持つかどうかについて述べています。一対一で話しているときは可能かもしれませんが，たとえば集団では難しいと思うかもしれません。査定する側面によって得点が異なるかもしれません。

　次の評定を使って，以下の40項目について評価してください。（1：不満足である，2：ある程度改善が必要，3：十分である，4：かなり満足している，5：大変満足している）

【項目】

1. 意見を述べる前に，十分に聴く時間を取る。
2. 方向性を明確に示す。
3. ポジティブに考え，進んでリスクを冒す。
4. 他者を尊重する。
5. 時間を有効で生産的に使う。
6. 建設的な批判を受け入れ学ぶ。
7. 情報を批判的に吟味する。
8. 問題のすべての側面を考慮する。
9. 権威のある人と必要なことについて話し合う。
10. 他者とすべてのレベルでポジティブな関係性を築く。
11. 適切なときは仕事を任せる。
12. 過度の心配をせずに新たな状況にアプローチする。

13. 考えを明確に書き記す。
14. プロジェクトを進めるとき先導する。
15. 変化に効果的に対応する。
16. 鍵となる領域において最新情報を得るようにしている。
17. 基礎的な概念と特異の事実をよく理解している。
18. 葛藤状態でセルフコントロールを維持する。
19. 難しい問題に対して創造的な解決を生み出すことができる。
20. 長期的な計画に基づいて行動する。
21. 幅広い情報源から重要な情報を求める。
22. 仕事を効率的な方法で行う。
23. 喜んでリーダーシップの責任を取る。
24. 組織理解を障害の克服とゴールの達成のために使う。
25. 付加情報を迅速かつ有効に得る。
26. ゴール達成に動機づけがあり忍耐強い。
27. 他者をサポートし勇気づける。
28. 非言語的ジェスチャーが言語的言明と一致している。
29. 問題の理解に基づいた良い判断をする。
30. ポジティブな自己像を反映した行動を取る。
31. 集団で明確に考えを表現する。
32. 個人のゴールおよびライフスタイルと仕事や教育を統合する。
33. 実績を批判的に振り返り，観察された結果に基づいて変化する。
34. 有効な行動計画を確立する。
35. 組織的変化に適応することができる。
36. 新しい情報を有効に組織できる。
37. 質問や観察，経験によってパフォーマンスを改善できる。
38. 組織的なガイドラインの解釈に際して，柔軟性を示す。
39. 他者に建設的でポジティブなフィードバックをする。
40. 強みを認め，有利になるように強みを活かせる。

【スコアリング】

40の評価質問は八つのカテゴリに分けられます。順番は以下のとおりです。各カテゴリの評価を加え，各群の合計点を出しましょう。

A. 目的
2. ＿＿＿＿＿
14. ＿＿＿＿＿
20. ＿＿＿＿＿
26. ＿＿＿＿＿
32. ＿＿＿＿＿

B. 問題解決
8. ＿＿＿＿＿
19. ＿＿＿＿＿
21. ＿＿＿＿＿
29. ＿＿＿＿＿
34. ＿＿＿＿＿

C. コミュニケーションスキル
1. ＿＿＿＿＿
13. ＿＿＿＿＿
18. ＿＿＿＿＿
28. ＿＿＿＿＿
31. ＿＿＿＿＿

D. 理論的知識
7. ＿＿＿＿＿
16. ＿＿＿＿＿
17. ＿＿＿＿＿
25. ＿＿＿＿＿
36. ＿＿＿＿＿

E. 応用知識
5. ＿＿＿＿＿
15. ＿＿＿＿＿
22. ＿＿＿＿＿
33. ＿＿＿＿＿
37. ＿＿＿＿＿

F. 組織への適応
6. ＿＿＿＿＿
9. ＿＿＿＿＿
24. ＿＿＿＿＿
35. ＿＿＿＿＿
38. ＿＿＿＿＿

G. 人間関係
4. ＿＿＿＿＿
10. ＿＿＿＿＿
11. ＿＿＿＿＿
27. ＿＿＿＿＿
39. ＿＿＿＿＿

H. 自信
3. ＿＿＿＿＿
12. ＿＿＿＿＿
23. ＿＿＿＿＿
30. ＿＿＿＿＿
40. ＿＿＿＿＿

付録 3　職場の魅力
——一覧表とグラフ

I　職場の魅力とは何か

　何があなたを仕事やキャリアの選択に惹きつけるのでしょうか。キャリア選択に影響を与える要因はたくさんあります。安全を求める人もいれば，責任の増加を求める人もいます。Amundson（2007）は，**キャリア選択の際に考慮する要因**を検討して，キャリア選択に影響する職場の魅力モデルを提案しました。

　職場の魅力モデルによって，最も重要な職場の魅力となる要因と，それらがどのくらいキャリア選択に影響するかを特定することができます。仕事の位置づけ，動機づけ，価値観，知覚した才能をはっきりと理解することは，仕事人生とキャリア決定に関する計画を立てるのに役立ちます。

　職場の魅力の相対的な重要性は，時間の経過とともに変化しうるものです。成長につれて，経験やライフイベントを反映して優先順位が変化し，それらが職場の魅力の相対的な重要性に影響します。

　このモデルは，キャリア選択に重要な役割を果たす，以下の 10 の職場の魅力（安全，場所，関係，認知，貢献，適合，学習，責任，革新）を提案します。これらの変化しうる魅力のプロフィールを理解してやってみることを学ぶことは，重要なキャリア発達のスキルです。

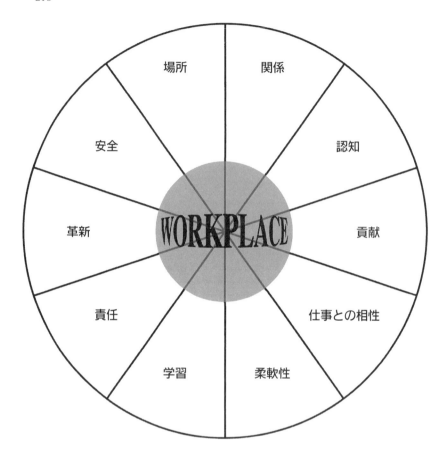

II 職場の魅力を特定する

次の質問紙は,あなたにとって最も重要な職場の魅力を特定するためのものです。質問紙をやってみて,結果についてマネージャーや信頼のおける友達と議論し,この結果をキャリアプランにどのように生かせるか話し合ってみましょう。

III 職場の魅力——質問紙

あなたは職場の何に惹きつけられるでしょうか。以下は，あなたが職場を選ぶ際に，何を重要と考えるかに関する質問です。

各文はどの程度重要でしょうか。1：それほど重要でない〜7：とても重要である，のなかで最も当てはまるものに○をつけてください。

以下の項目について，生活のなかであなたは現時点でどのように感じているかを答えて下さい。過去や未来の予測における重要性ではありません。

1．快適で気持ち良い環境で仕事をする	1	2	3	4	5	6	7
2．仕事で適切な初期トレーニングを受ける	1	2	3	4	5	6	7
3．あなたのスキルや才能にあった仕事をする	1	2	3	4	5	6	7
4．クライエントや顧客と楽しく満たされた関係を持つ	1	2	3	4	5	6	7
5．長期間，安定した職を得る	1	2	3	4	5	6	7
6．直接的でない認知を得る（評判の良い会社で働く）	1	2	3	4	5	6	7
7．地域に顕著な影響をもたらす仕事をする	1	2	3	4	5	6	7
8．(成果に左右されない) 固定給を得る	1	2	3	4	5	6	7
9．付加的な責任を得る機会がある	1	2	3	4	5	6	7
10．仕事を通して他者に重大でポジティブな影響を与える	1	2	3	4	5	6	7
11．創造的な問題解決スキルを使う	1	2	3	4	5	6	7
12．物理的に安全である（建物，安全な地域）	1	2	3	4	5	6	7
13．上司や同僚と楽しくサポーティブで充実した関係を持つ	1	2	3	4	5	6	7
14．職住近接（距離）	1	2	3	4	5	6	7
15．時間の融通が利く（例：フレックスタイム）	1	2	3	4	5	6	7

16.	新たなスキルを学ぶ機会がある	1	2	3	4	5	6	7
17.	自分の仕事を自分で決定できる権限を持つ	1	2	3	4	5	6	7
18.	スーパーバイザーや同僚の尊敬を得る	1	2	3	4	5	6	7
19.	場所の融通が利く（家で働くことができる）	1	2	3	4	5	6	7
20.	興味にあった仕事をする	1	2	3	4	5	6	7
21.	仕事や職場に新たなアプローチを使う・創りだす	1	2	3	4	5	6	7
22.	仕事の福利厚生を得る（例：医学的，歯学的，休暇，病欠）	1	2	3	4	5	6	7
23.	やりがいのある仕事，仕事を楽しむ	1	2	3	4	5	6	7
24.	興味のある場所に近い（例：公園，ショッピングモール，娯楽センター）	1	2	3	4	5	6	7
25.	地域の人々の安寧のための仕事に携わる	1	2	3	4	5	6	7
26.	専門的に発展する機会がある仕事	1	2	3	4	5	6	7
27.	個人的な価値観にあった仕事	1	2	3	4	5	6	7
28.	仕事を通して，何か新しいことやオリジナルのものを作ることができる	1	2	3	4	5	6	7
29.	個人的な生活と職業生活のバランスを保つことができる	1	2	3	4	5	6	7
30.	賛同できる職場文化を持つ会社で働く（例：雰囲気，力動）	1	2	3	4	5	6	7
31.	直接的な認知を得る（例：言語的賞賛，称揚，資格，促進）	1	2	3	4	5	6	7
32.	永続的な貢献ができる仕事に携わる	1	2	3	4	5	6	7
33.	個人的な成長を遂げることができる仕事	1	2	3	4	5	6	7
34.	他者に影響する立場を得る	1	2	3	4	5	6	7
35.	通勤しやすい（例：交通手段）	1	2	3	4	5	6	7
36.	同僚と楽しく，サポーティブで充実した関係を築く	1	2	3	4	5	6	7

37.	仕事で新しく挑戦的な活動に取り組む	1	2	3	4	5	6	7
38.	仕事のビジョンを持って，実現のために仕事をする	1	2	3	4	5	6	7
39.	コミュニティで高く評価される仕事	1	2	3	4	5	6	7
40.	プロジェクトのリーダーになる	1	2	3	4	5	6	7

Ⅳ 職場の魅力：評定

各文は職場の魅力に関係しています。下記のスコアリングシートによって，あなたが最も重要だと思う職場の魅力を特定することができます。

ステップ1──各文は，特定の職場の魅力に関係しています。下記の表に数字が書かれています。各々の文章の得点を見直して，得点を書きましょう。

ステップ2──各職場の魅力の合計点を計算し，下の表に点数を書きましょう。

魅力	安全		場所		関係性		評価		貢献	
	5		1		4		6		7	
	8		14		13		18		10	
	12		24		30		31		25	
	22		35		36		39		32	
計										

魅力	仕事との相性		柔軟性		学習		責任		革新	
	3		15		2		9		11	
	20		19		16		17		21	
	23		26		33		34		28	
	27		29		37		40		38	
計										

ステップ3——最も高い得点の要因を特定しましょう。それは，あなたにとって最も重要な職場の魅力かもしれません。

ステップ4——各カテゴリの定義を見て，以下の点について考えてみましょう。
- あなたが仕事に不可欠だと思う三つの要因は何でしょうか。
- 三つの要因のなかで，最も重要でないと思った要因を考えてみましょう（それは，必要であれば，諦めることができます）

ステップ5——以下の点について考えてみましょう。
- この情報は，今の役割やキャリアプランとどの程度一致していましたか。
- これらの職場の魅力は，あなたにとっていつも不可欠でしょうか？
- 将来，どの要因が最も重要になると思いますか？

V　10の職場の魅力

　以下に，職場の魅力の各々の定義を示します。これらを注意深く読んで，あなたにどの程度当てはまるか考えてみましょう。

① **安全**——安全と安定性（経済的，物理的，地位の安全性）は重要である。誰もが一定の経済的な安全を必要としているが，それがキャリア・役割選択の鍵になる人もいる。

② **場所**——かなりの距離でも喜んで通う人もいるが，家，家族，学校，友達，店に近いことをとても重視する人もいる。こういう人は場所を，キャリア・役割選択の鍵とする。

③ **関係性**——対人関係は，職場への愛着の決定に影響する。同僚，上司，マネージャー，メンバーないし顧客とのつながりは，キャリアや仕事の選択の鍵となる。

④ **評価**——私たちは社会的生き物として，自分達が関わる仕事が賞賛されて価値があり，知られていると感じる必要がある。評価には，直接的な表現に加え，間接的な表現，つまり評判の良い会社で働くことについて他者から認められる感覚もある。

⑤ **貢献**——多くの人々にとって，倫理的で価値があり，違いをもたらす意味のある仕事に携わっていると感じることは重要である。この目的の感覚は，遂行する仕事に対してエネルギッシュに，熱心に打ちこむために必要なものである。

⑥ **仕事との相性**——仕事のスキルと，興味関心，そして価値観の一致は，仕事の満足度の鍵となりえる。

⑦ **柔軟性**——柔軟性が重要な魅力になる人もいる。柔軟性には，ワークライフバランスの可能性や，時間，子育て，離職の自由，専門的発展，カスタマイズされた福利厚生が含まれる。

⑧ **学習**——挑戦的な活動による継続的な学習は，鍵となる動機や魅力になりうる。知的な刺激や継続的なスキルの発展を強く求める人がいる。

⑨ **責任**——大半の人は，自分が意思決定の権限を持つ仕事のプログラムで信用されたいと思う。さらなる責任を与えられることに動機づけられて，最小限の指示で，仕事をやり遂げることに奮起する人もいる。

⑩ **革新**——多くの人は，何か新しいことを生み出したと感じられるような活動に携わることを求めている。複雑な問題を解決したり，革新や創造性を発揮することが鍵になる人もいる。

Ⅵ 職場の魅力：グラフ尺度

下記は，グラフ尺度を完成させるために必要な定義です。これらを注意深く読んでから，グラフを完成させるための教示を見てください。

① **安全**——賃金や利益のような経済的安全だけでなく，地位の安全や物理的安全を含む。
② **場所**——職場の場所，環境，通勤しやすさ，他者や娯楽への近接。
③ **関係性**——同僚，上司，マネージャー，メンバーないし顧客とのつながり。
④ **評価**——言語的な評価，賞賛，認証などの直接の評価，ないし評判の良い会社で働くなどの特典や間接的評価もある。
⑤ **貢献**——意味があり，倫理的で目的があり，世界に違いをもたらす仕事からくる貢献の感覚。
⑥ **仕事との相性**——人のスキル，興味，人格や価値観と一致した仕事。
⑦ **柔軟性**——フレックスタイム，カスタマイズされた利益，休みや離職の機会，場所の自由。
⑧ **学習**——挑戦的で，専門的発展と個人の成長を促す仕事や職場環境。
⑨ **責任**——仕事や他者へ影響する機会，リーダーシップの技術の使用，責任や促進について，自律性と権威を持つこと。
⑩ **革新**——多様性を持ち，オリジナルであり，何か新しいことをするチャンス。想像力の発揮，ビジョンのある仕事，開拓者精神を持つこと。

【教示】
これらの定義を見たら，1～10の尺度で各「パイ」に線を引き，各カテゴリの**相対的な重要性**を示してください。**10 が最も重要で，1 が最も重要でないことを意味します**（サンプルは次ページ記入例参照）。

付録3　職場の魅力——一覧表とグラフ　223

　現時点において，各カテゴリの重要度をどの程度感じているかを答えてください。

　各カテゴリは，ほかのカテゴリとの**比較**で答えることを念頭においてください。複数カテゴリを同程度に評価することも可能です。

【グラフ尺度記入例】

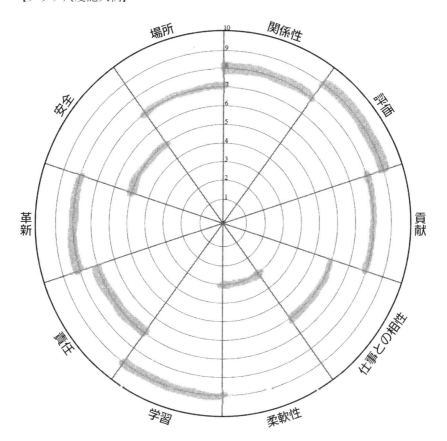

次ページであなたのグラフを完成させましょう。

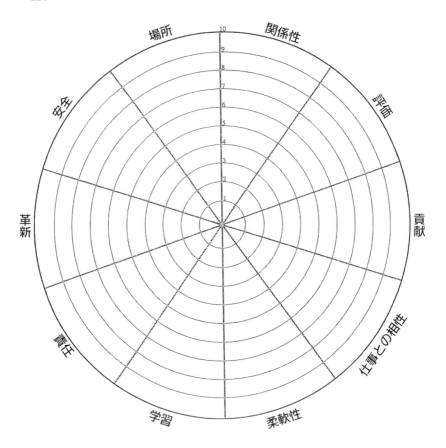

Part A：あなたが仕事において**絶対に重要**だとみなしている上位 3 カテゴリを選んでください。

1. _____ 2. _____ 3. _____

Part B：あなたが仕事において**そこまで重要でない**とみなしている 3 カテゴリを選んでください。(すなわち，もし必要ならあきらめるカテゴリ)

1. _____ 2. _____ 3. _____

付録4 上へ上へ，遠くへ──キャリア・人生の査定エクササイズ

　キャリアないし人生を歩んでいるとき，まるで丘か山を登っているように感じることがあるでしょう。この旅を成功させるには，自分がどこに向かっているのかを知り，旅の準備をしている必要があります。障害に直面したり，問題にあたって創造的になったり，忍耐強くなければならなかったり，休んでエネルギーを蓄えるときもあるでしょう。

　このエクササイズでは，あなたが直面する問題を乗り越えられるような，一連の風船を想像します。これらの風船をうまく使えば，あなたは丘や山の頂上に連れて行ってもらうことができるでしょう。

　以下は，あなたをより高みに持っていくことを助けてくれるいくつかの風船です。

① **なぜかを知る**──目的と意味の明確な感覚を持つことです。あなたの行動が世界にどんなに違いをもたらすかを理解します。あなたが貢献することを認識しましょう。

② **方法を知る**──能力を最もよく発揮するために，スキルを持ち教育を受けましょう。有給ないしボランティアの活動で，知識を仕事の経験と結びつけましょう。

③ **誰と，を知る**──他者とつながること。有効な対人ネットワークを持つこと。同僚，顧客，マネージャー，家族などとポジティブな関係を築くこと。

④ **ビジョン：外面，内面（sight and insight）**──自分と世界について情報を得て（スピリチュアルなつながりを含めて），その情報を大局的な感覚を発展させるために使うこと。受け取っているメッセージを分析し，それに気づくことができ，それを将来を予測するために使うこと。

⑤ **柔軟性**──喜んで挑戦し，伝統を変えること。問題に対して，想像力を

使ってリスクを取ること。変化と改革への欲求に基づいて,開拓者精神を持つこと。

⑥ **健康**——人生と仕事のバランスをとること。チャレンジに直面した際に,活動的である一方で,立ち止まってペースを落とすこと。

私たちは,六つないしもっと多くの風船にアクセスしました。あなたは今,キャリア,あるいは人生の道のどこにいるでしょう。各々の風船は,どのくらい空気が入っているでしょうか。風船は色もかたちも違うかもしれません。下の余白に,あなたが今持っている風船の絵を描いてみましょう。

- どの風船が現在の問題に対処するのに最も役立つと思いますか。
- もう少し空気を入れる必要のある風船を,めいっぱい膨らませるためにあなたは何ができますか。また,このプロセスにはどのようなサポートが必要ですか。

付録 5　ネットワーキング
　　　　　　――広げるための質問紙

　ネットワーキングについて考える際には，「網で魚を獲る」という比喩は考えを発展させるのに役立つかもしれません。ネットワーク構築について考える際には，以下の質問を考えてみましょう。

1. 目的にあったネットワークを，どうやって作ることができるでしょうか。漁には，多くの違った種類の網があります。

2. あなたはひとつの網，あるいは異なるタイプの複数の網を持っていますか。

3. あなたの網はどのくらいの広さでしょうか。網の「端」，たとえば中心的ではないけれど助けてくれるかもしれない人まで使っているでしょうか。

4. 生まれつきネットワーク構築が得意な人がいます。こうした人々をコネクターと呼びますが，あなたは，自分の網のコネクターを特定することができるでしょうか。

5. あなたは網を持つためにマスターすべきスキルがあるでしょうか。たとえば，誘いの電話，イベントへの参加などです。どのようにして自分にふさわしい網を作るためのスキルを習得することができるでしょうか。

6. ネットワークは文化的文脈によって変化するでしょうか。食べ物や娯楽はネットワークに役立つでしょうか。

7. ネットワーク構築に潜在している価値とは何でしょうか。「自分のためだけ」，それとも他者のニーズを聴く時間をとっているでしょうか。あなたはその関係性に何を「申し出る」ことができるでしょうか。時として，単に耳を傾けて，関心を示すことが，他者の報酬になることを思い出してください。

8. 網を修復するとはどういうことを意味するでしょうか。壊れたときに何かするだけでしょうか，それとも予防的な行動をとる必要があるでしょうか。いくつかアイディア（必要がないときもコンタクトをとり続ける，フォローアップを学ぶ）があります。

9. コーチング，メンタリング，カルチャーガイドは，ネットワークにどのように関係するでしょうか。

10. あなたのネットワークは，履歴書にどのように貢献するでしょうか。単に最後に推薦状としてリストアップされるだけでしょうか。他者からもらったコメントを，推薦のページを展開させるために使うことはできるでしょうか。

11. もしあなたが人に魚をあげたとしたら，その人は一日だけ食べることができるでしょう。もし，あなたが人に人生に役立つ魚の獲り方を教えたとしたら，その人は一生食べることができるでしょう。「ネットワーキング」の考えは，このストーリーにどのように加えることができるでしょうか。これらの要素を加えて，もう一度物語を語り直してみてください。

12. もしグループで取り組むとしたら，ほかの人をどのように助けられるでしょうか。他者を助ける多くの違う方法をどれだけ特定できるでしょうか。

監訳者あとがき

　本書はカナダのブリティッシュコロンビア大学教育学部の Norman E. Amundson 先生が 1998 年に書いたキャリアカウンセリングに関する書籍 *Active Engagement: Enhancing the Career Counselling Process* の，第 3 版 *Active Engagement: The Being and Doing of Career Counselling* の翻訳書である。初版から 20 年を経ていることになるが，この間，2 回改訂されており，20 年を迎える 2018 年には記念版として第 4 版が出版された。残念ながら，本書はその前の 2009 年の改訂版の翻訳であるが，そこに書かれているキャリアカウンセリングのエッセンスの重要性は今なお衰えることはない。

　また，初版と第 3 版の副題が違っていることからもわかるように，改訂を重ねる毎に最新の知見や，Amundson 先生の臨床スタンスのこだわりが増強されており，今なお新鮮なメッセージを受け取ることができる。このような時代の変化を超えた価値に加えて，本書のもう一つの特徴は，多言語に翻訳されているという地域を超えた汎用性の高さにある。当然のことながら，その土地特有の制度や文化によって補われるべき点もあるであろうが，地域の特性を超えた普遍的な要素が詰まっているという点にも価値があるといえよう。

　筆者が最初に Amundson 先生にお目にかかったのは，2012 年であった。筆者は現在，心理職という実践者であるが，同時に臨床心理学の研究者であり，教育者でもある。もともと臨床心理学を学び始めたのは，1990 年代後半のバブル崩壊後であり，当時，リストラや倒産によって大幅に増えた失業者の心理に関する研究をしたのが，最初の研究であった。バブル崩壊以前の日本では，失業に関する臨床心理学的研究はほとんど行われていなかったが，海外には 1930 年代，1980 年代以降を中心に多くの研究の蓄積があった。多くはアメリカやイギリス，オーストラリア，カナダであり，失業問題では後れを取っている日本が，これから失業支援を考えるうえで，海外の研

究者から学ぶところは大きいと考えた。

　そのような思いから，2012 年，カナダで大規模な失業研究を行っていたブリティッシュコロンビア大学教育学部の William A. Borgen 先生と Norman E. Amundson 先生を訪ねた。そのときに，同行したのが本書の訳者であり，同じ研究室の OG であった石津先生であった。Amundson 先生は，豊かなひげを蓄えた恰幅の良い先生で，私たちをとても温かく迎えてくださった。先生は，その場でご自身の研究の説明をしてくださったが，それはとてもユニークなものであった。難しい話はさておき，その場で立ち上がり，先生の指示に従って体を動かすように言われた。先生のレクチャーはもうすでに始まっていたのだ。頭で理解するのではなく，体で理解するというわけである。ワークをすることで，何より身体の緊張が一気に解けたのを覚えている。Amundson 先生がその場で示してくださった温かな態度や，身体を使ったワーク，ウィットの利いた比喩を織り交ぜた興味深い話は，まさに本書の内容を体現するものであった。

　Amundson 先生が強調されている Active Engagement は，キャリアカウンセリングやキャリアコンサルティングといったキャリア支援だけでなく，臨床心理学における心理援助にも通じるものがある。キャリアカウンセリングでも臨床心理学でも，基礎トレーニングとしてロジャースの 3 条件をもとにした傾聴は学ぶが，それだけでは問題は解決しないことも多い。しかし，傾聴を超えて，具体的にどうカウンセリングを展開するかについて，意外と系統だったアプローチや方法論が乏しいように感じている。

　一方，臨床心理学では，さまざまなアプローチや療法の知識や技法を活用してさらに面接を発展させるところであるが，キャリアの問題は特有の難しさがあると思われる。これはアプローチや療法の違いというより，臨床心理学とキャリアカウンセリングという領域の境界で起こる問題だからであろう。心理援助では病理や疾病に関する問題ばかりではなく，人が職業人としてどうキャリアを歩むか，あるいはワークライフバランスも含めライフキャリアをどう構築するか，という人生の岐路に立った問題が持ち込まれることもある。もちろん必要に応じて，キャリア支援の専門職との協働が望ましい場合もあるが，キャリアの問題を心理的な問題とはっきりと切り離すことが難しいケースや，心理援助のなかで扱うほうが良いと思われることもある。

そのようなとき，心理職は他者の人生の選択に立ち会うことに，ある種の恐怖や不安を抱くことがある．もちろん特定のアプローチや療法を用いて援助することも可能かもしれないが，キャリアの問題は，労働市場と自己理解のマッチングでもあるため，援助にしり込みをする心理職もいるであろう．心理職も意外とキャリア支援に関する教育をきちんと受けていないことが多いように思われる．

　クライエントとの出会いから終結までのプロセスに沿って一連の流れを提示している本書は，キャリアカウンセラーやキャリアコンサルトなど，キャリア支援に関わる専門職はもちろん，心理職でありながらキャリアの問題に携わる可能性のある人にとっても，キャリア支援の積極的な関わりを知るうえで役に立つと思われる．また，関わり方についても抽象的な理論ではなく，具体的な関わりの工夫が多数紹介されているという点で実用書としての価値がある．当然のことながら，支援者養成に関わる教育者にとっても示唆に富んでいる．

　さらに，不安定なことが多い社会において，本書はDoingだけでなくBeingの重要性を指摘するなど，現代社会の曖昧さや不安定感にも目を向けており，不確定な世の中を生き延びるには何が大事かについて考えさせられる点も興味深い．かつてのように，生涯一つの会社で勤めあげるようなライフキャリアが見込めなくなっている昨今，自分のライフキャリアは自分で築き続けなくてはならない．ライフキャリアの振り返りや検討をするのは，何も就職や転職，失業の瞬間だけではない．これからは人生の折々に，自分自身のライフキャリアを考えてみることも必要となるであろう．そういう意味では，本書はキャリア支援・心理支援を担う支援者だけでなく，自らのライフキャリアの岐路に立つ当事者やその家族にとっても役に立つと思われる．

　翻訳によりこれらの良さが十分に伝わらないのではないかという不安もあるが，本書が自分自身や他者のより良いライフキャリアの構築に積極的に関わりたいと願う多くの日本の読者の役に立つことを祈っている．

平成30年7月

高橋　美保

文　献

Amundson, N. E. (1979). Using projective techniques in career counselling. *Canadian Counsellor, 13,* 225-229.
Amundson, N. E. (1984). Career counselling with primary group involvement. *Canadian Counsellor, 18,* 180-183.
Amundson, N. E. (1988). The use of metaphor and drawings in case conceptualization. *Journal of Counseling and Development, 66,* 391-393.
Amundson, N. E. (1989). A model of individual career counseling. *Journal of Employment Counseling, 26,* 132-138.
Amundson, N.E. (1993). Mattering: A foundation for employment counseling and training. *Journal of Employment Counseling, 30,* 146-152.
Amundson, N. E. (1994). Negotiating identity during unemployment. *Journal of Employment Counseling, 31,* 98-104.
Amundson, N. E. (1995a). An interactive model of career decision making. *Journal of Employment Counseling, 32,* 11-21.
Amundson, N. E. (1995b). Pattern identification exercise. *ERIC Digest,* EDD-CG-95-69, Greensboro, NC: ERIC/CASS.
Amundson, N. E. (1999). *Individual style survey.* Edmonton, Alberta: Psychometrics Canada.
Amundson, N. E. (2002). Coloring outside the lines: Boundary issues for counselors. *Journal of Employment Counseling, 39,* 138-144.
Amundson, N.E. (2003). *The physics of living.* Richmond, B.C.: Ergon Communications.
Amundson, N.E. (2005). The potential impact of global changes in work for career theory and practice. *International Journal for Educational and Vocational Guidance,* 5, 91-99.
Amundson, N.E. (2006a). Challenges for career interventions in changing contexts. *International Journal for Educational and* Vocational *Guidance,* 6, 3-14.

Amundson, N.E. (2006b). *Metaphors: The poster*. Richmond, B.C.: Ergon Communications.
Amundson, N.E. (2006c). Walking the yellow brick road. *Journal of Employment Counseling*, 43, 31-38.
Amundson, N.E. (2007). The influence of workplace attraction on recruitment and retention. *Journal of Employment Counseling*, 44, 154-162.
Amundson, N.E. (2008). Bridge over troubled waters: Guidance crosses. *Perspectives in Education*, 26, 91-98.
Amundson, N.E. (in press). Mold, mould, mole-d: The three M's of career development. *Journal of Employment Counseling*.
Amundson, N. E., & Borgen, W. A. (1987). Coping with unemployment: What helps and hinders. *Journal of Employment Counseling*, 24, 97-106.
Amundson, N. E., & Borgen, W. A. (2000). Mandated clients in career or employment counseling. *Journal of Employment Counseling*, 37, 194-203.
Amundson, N.E., Borgen, W.A., Jordan, S. & Erlebach, Anne (2004). Survivors of downsizing: Helpful and hindering experiences. *The Career Development Quarterly*, 52, 256-271.
Amundson, N.E., Harris-Bowlsbey, J. & Niles, S.G. (2009). *Essential elements of career counseling: processes and techniques*. Second Edition. Upper Saddle River, New Jersey: Pearson Education.
Amundson, N. E., & Penner, K. (1998). Parent involved career exploration. *The Career Development Quarterly*, 47, 135-144.
Amundson, N. E., & Poehnell, G. (2004). *Career pathways (3rd ed.)*. Richmond, B.C.: Ergon Communications.
Amundson, N.E., Poehnell, G., & Pattern, M. (2005). *CareerScope: Looking in, looking out, looking around*. Richmond, B.C.: Ergon Communications.
Amundson, N. E., & Poehnell, G. (2008). *Career pathways: Quick trip*. Richmond, BC: Ergon Communications.
Amundson, N. E., Poehnell, G., & Smithson, S. (1996). *Employment counselling theory and strategies: A book of readings*. Richmond, BC: Ergon Communications.

Amundson, N. E., Westwood, M., & Prefontaine, R. (1995). Cultural bridging and employment counselling with clients from different cultural backgrounds. *Canadian Journal of Counselling, 29,* 206-213.

Anderson, T. (1991). *The reflecting team: Dialogues and dialogues about the dialogues.* New York: Norton.

Arthur, M. B., Claman, P. H., & De Fillippi, R. J. (1995). Intelligent enterprise, intelligent career. *Academy of Management Executive,* 9, 7-20.

Arthur, M. B., Inkson, K., & Pringle, J. K. (1999). *The new careers: Individual action and economic change.* London: Sage.

Azrin, N. H., Flores, T., & Kaplan, S. J. (1975). Job-finding club: A group assisted program for obtaining employment. *Behavior Research and Therapy, 13,* 17-27.

Bedi, R.P. (2004). The therapeutic alliance and the interface of career counseling and personal counseling. *Journal of Employment Counseling,* 41, 126-135.

Berne, E. (1964). *Games people play.* New York: Ballantine Books.

Bezanson, M. L., DeCoff, C. A., & Stewart, N. R. (1985). *Individual employment counselling: An action based approach.* Toronto: Guidance Centre.

Bloch, D.P. (2005). Complexity, chaos, and nonlinear dynamics: A new perspective on career development theory. *The Career Development Quarterly,* 53, 194-207.

Borgen, W. A. (1995). *Starting points: Finding your route to employment (B.C. Edition).* Victoria/Ottawa: Assessment, Counselling and Referral Initiative of MOEST and HRDC. (adapted from Westwood, M.W., Amundson, N.E. & Borgen, W.A.,1994, *Starting points: Finding your route to employment.*)

Borgen, A. W., Pollard, D. E., Amundson, N. E., & Westwood, M. J. (1989). *Employment groups: The counseling connection.* Toronto: Lugus.

Borgen, W. A., & Amundson, N. E. (1987). The dynamics of unemployment. *Journal of Counseling and Development, 66,* 180-184.

Borgen, W. A., & Amundson, N. E. (1996). Strength challenge as a process for supervision. *Counselor Education and Supervision, 36,* 159-169.

Borgen, W.A., & Maglio, A.T. (2007). Putting action back into action planning: Experiences of career clients. *Journal of Employment Counseling*, 44, 173-184.

Boy, A. V., & Pine, G. J. (1990). *A person-centered foundation for counseling and psychotherapy.* Springfield, IL: Charles C. Thomas.

Bright, J.E.H., & Pryor, R.G.L. (2005). The Chaos Theory of Careers: A user's guide. *The Career Development Quarterly*, 53, 291-305.

Bright, J.E.H., Pryor, R.G.L., & Harpham, L. (2005). The role of chance events in career decision making. *Journal of Vocational Behavior*, 66, 561-576.

Brower, D., & Weider, L. (1950). Projective techniques in business and industry. In L. E. Abt & L. Bellak (Eds.), *Projective psychology*. New York: Grove Press.

Bryan, M., Cameron, J. & Allen, C. (1998). *The artist's way at work.* London: Pan Books.

Burton, M. L., & Wedemeyer, R. A. (1991). *In transition.* New York: Harper Business.

Butterfield, L., Borgen, W. & Amundson, N. (in press). The impact of a qualitative research interview on workers' view of their situation. *Canadian Journal of Counselling.*

Carlsen, M.B. (1988). *Meaning making – Therapeutic processes in adult development.* New York: W.W. Norton.

Chen, C.P. (2006). Strengthening career human agency. *Journal of Counseling & Development*, 84, 131-138.

Cochran, L. (1997). *Career counseling: A narrative approach.* Thousand Oaks, CA: Sage.

Combs, G. & Freedman, J. (1990). *Symbol, story & ceremony.* New York: Norton.

Connolly, K.M., & Myers, J.E. (2003). Wellness and mattering: The role of holistic factors in job satisfaction. *Journal of Employment Counseling,* 40, 152-160.

Corbiere, M. & Amundson, N.E. (2007). Perceptions of the ways of mattering by people with mental illness. *The Career Development Quarterly,* 56, 141-149.

Csikszentmihalyi, M. (1991). *Flow: The psychology of optimal experience.*

New York: Harper Collins.
Csikszentmihalyi, M. (1997). *Finding flow in everyday life*. New York: Basic Books.
Combs, G., & Freedman, J. (1990). *Symbol, story & ceremony*. New York: Norton.
de Shazer, S. (1985). *Keys to solution in brief therapy*. New York: Norton.
de Bono, E. (1985). *Six thinking hats*. Boston: Little, Brown.
Denning, S. (2001). *The springboard: How storytelling ignites action in knowledge-era organizations*. Boston: Butterworth Heinemann.
Dixon Rayle, A. (2006). Mattering to others: Implications for the counseling relationship. *Journal of Counseling and Development, 84*, 483-487.
Earnshaw, A.R., Amundson, N.E., & Borgen, W.A. (1990). The experience of job insecurity for professional women. *Journal of Employment Counseling, 27*, 2-18.
Egan, G. (1986). *The skilled helper: Models, skills, and methods for effective helping* (3rd Ed.). Pacific Grove, CA: Brooks/Cole.
Fleming, J., & Ritchie, H. (2002). Reference coaching: A proactive approach to career enhancement. Unpublished manuscript. University of British Columbia.
Foster, R. J. (1978). *Celebration of discipline: The path to spiritual growth*. New York: Harper & Row.
Friedman, S. (Ed.). (1993). *The new language of change*. New York: The Guilford Press.
Fritz, R. (1991). *Creating*. New York: Fawcett Columbine.
Fritz, R. (1989). *The path of least resistance: Learning to become the creative force in your own life*. New York: Columbine.
Gabriel, Y. (2000). *Storytelling in organizations: Facts, fictions, and fantasies*. Oxford, UK: Oxford University Press.
Gati, I. (1986). Making career decisions: A sequential elimination approach. *Journal of Counseling Psychology, 33*, 408-417.
Gelatt, H. B. (1989). Positive uncertainty: A new decision-making framework for counseling. *Journal of Counseling Psychology, 33*, 252-256.
Gelatt, H. B. (1991). *Creative decision making*. Los Altos, CA:

Crisp Publications.

Gelso, C. J., & Carter, J. A. (1985). The relationship in counseling and psychotherapy: Components, consequences, and theoretical antecedents. *The Counseling Psychologist, 13*(2), 155-244.

Gilbert, D. T., & Cooper, J. (1985). Social psychological strategies of self-deception. In M. W. Martin (Ed.), *Self deception and self understanding* (pp. 75-94). Lawrence: University Press of Kansas.

Goldman, L. (1992). Qualitative assessment: An approach for counselors. *Journal of Counseling and Development, 70,* 616-621.

Greenberg, L. S., Rice, L. N., & Elliott, R. (1993). *Facilitating emotional change: The moment by moment process.* New York: Guilford Press.

Guiffrida, D.A., Jordan, R., Saiz, S. & Barnes, K.L. (2007). The use of metaphor in clinical supervision, *Journal of Counseling & Development,* 85, 393-400.

Gusella, J., Casey, S. & Schurter, M. (2002). Recovery mountain and the stages of change. *Eating Disorders,* 10, 339-343.

Gysbers, N. C., & Moore, E. J. (1987). *Career counseling skills and techniques for practitioners.* Boston: Allyn & Bacon.

Hammer, E. F. (1958). *The clinical application of projective drawing.* Springfield, IL: Charles C. Thomas.

Handy, C. (1994). *The age of paradox.* Boston: Harvard Business School Press.

Hanna, F.J., Bemak, F. & Chung, R.C. (1999). Toward a new paradigm for multicultural counseling, *Journal of Counseling & Development, 77,* 125-134.

Hansen, F.T. & Amundson, N.E. (in press). Residing in silence and wonder: Career counselling from the perspective of 'Being'. *International Journal for Educational and Vocational Guidance.*

Harris, A.H.S., Thoresen, C.E., & Lopez, S.J. (2007). Integrating positive psychology into counseling: Why and (when appropriate) how. *Journal of Counseling & Development,* 85, 3-13.

Herr, E. L. (1993). Contexts and influences on the need for personal flexibility for the 21st century (part I). *Canadian Journal of Counselling,* 27, 148-164.

Herr, E. L. (1997). Perspectives on career guidance and counseling in the 21st century. *Educational and Vocational Guidance Bulletin, 60,* 1-15.

Herr, E. L. (1999). *Counseling in a dynamic society: Contexts and practices for the 21st century.* Alexandria, VA: American Counseling Association.

Herzberg, F., Mausner, B., & Snyderman, B.B. (1959). *The motivation to work.* New York: John Wiley.

Holcombe Ehrhart, K. & Ziegert, J.C. (2005). Why are individuals attracted to organizations? *Journal of Management, 31,* 901-919.

Holland, J. (1985). *Making vocational choices: A theory of vocational personalities and work environments (2nd ed.).* Englewood Cliffs, NJ: Prentice-Hall.

Holland, J. (1994). *The self-directed search.* Odessa, FL: Psychological Assessment Resources.

Inkson, K. (2004). Images of career: Nine key metaphors. *Journal of Vocational Behavior, 65,* 96-111.

Inkson, K. & Amundson, N. E. (2002). Career metaphors and their application in theory and counseling practice. *Journal of Employment Counseling, 39,* 98-108.

Kershaw, C. F. (1980). *An introduction to graphology.* Unpublished paper. Vancouver, B.C.

Krumboltz, J.D. & Levin, A.S. (2004). *Luck is no accident.* Atascadero, CA: Impact Publishers.

Kwapis, M. (2008). *My life as a kite.* Unpublished paper. University of British Columbia, Vancouver, B.C.

Lakoff, G., & Johnson, M. (1980). *Metaphors we live by.* Chicago: The University of Chicago Press.

Levy, S. (1950). Figure drawing as a projective test. In L. E. Abt & L. Bellak (Eds.), *Projective psychology.* New York: Grove Press.

Lindzey, G. (1952). The thematic apperception test: Interpretive assumptions and related empirical evidence. *Psychological Bulletin, 49,* 1-25.

Lorenz, E.W. (1993). *The essence of chaos.* Seattle, WA: University of Washington Press.

Lyddon, W.I., Clay, A.L., & Sparks, C.L. (2001). Metaphor and change in counseling. *Journal of Counseling & Development, 79,* 269-274.

McCormick, R., Amundson, N. E., & Poehnell, G. (2006). *Guiding circles: An Aboriginal guide to finding career paths. Booklet 1: Understanding yourself.* Saskatoon, SK: Aboriginal Human Resource Council of Canada.

McCormick, R. M., & Amundson, N. E. (1997). A career-life planning model for First Nations people. *Journal of Employment Counseling, 34,* 171-179.

Mitchell, T.R., Holtom, B.C., Lee, T.W. & Erez, M. (2001). Why people stay: Using job embeddedness to predict voluntary turnover. *The Academy of Management Journal,* 44, 1102-1122.

Mitchell, K. E., Levin, A. S., & Krumboltz, J. D. (1999). Planned happenstance: Constructing unexpected career opportunities. *Journal of Counseling and Development,* 77, 115-124.

Moses, B. (1997). *Career intelligence.* Toronto: Stoddart.

Mossop, C. (1994). *Values cards.* Toronto: Mossop, Cornelissen Consultants, Inc.

Murphy, G. (1947). *Personality.* New York: Harper & Row.

Myers, I. & Briggs, K. (1993). *The Myers-Briggs type indicator.* Palo Alto, CA: Consulting Psychologists Press.

Niles, S. & Amundson, N.E. (2008). Career flow. Unpublished manuscript: The Pennsylvania State University.

Parker, H. L. P. (1996). The new career paradigm: An exploration of "intelligent career" behavior among MBA graduates and students. Unpublished master's thesis, The University of Auckland, New Zealand.

Parker, H. L. P. (2000). Career communities. Unpublished doctoral dissertation. The University of Auckland, New Zealand.

Patsula, P. (1992). *The assessment component of employment counselling.* Ottawa: Human Resources Development Canada.

Peacock, F. (2001). *Water the flowers not the weeds.* Montreal, Quebec: Open Heart Publishing.

Peavy, V. (2004). *SocioDynamic counseling: A practical approach to meaning making.* Chagrin Falls, OH: Taos Institute.

Pedersen, P. (1997). *Culture-centered counselling interventions.* London: Sage.

Peruniak, G.S. (2008). The promise of quality of life. *Journal of Employment Counseling, 45,* 50-60.

Pine, B. J., & Gilmore, J. H. (1999). *The experience economy: Work is theatre & every business a stage.* Boston: Harvard Business School Press.

Pistole, M.C. (2003). Dance as a metaphor: Complexities and extensions in psychotherapy. *Psychotherapy: Theory, Research, Practice, Training, 40,* 232-241.

Plant, P. (1997). Careerist, wage-earner, or entrepreneur: Work values and counseling. *Journal of Employment Counseling, 34,* 165-170.

Poehnell, G., & Amundson, N. (2002). CareerCraft: Engaging with, energizing, and empowering creativity. In M. Peiperl, M. Arthur, & N. Anand (Eds.), *Career creativity: Explorations in the remaking of work* (pp. 105-122). Oxford, U.K.: Oxford University Press.

Poehnell, G. & Amundson, N. (2001). *Career crossroads: A personal career positioning system.* Richmond, B.C.: Ergon Communications.

Poehnell, G, Amundson, N. & McCormick, R. (2006). *Guiding Circles: An Aboriginal guide to finding career paths Booklet 2 – Finding new possibilities.* Saskatoon, SK: Aboriginal Human Resource Council of Canada.

Ponterotto, J.G, Rivera, L., & Adachi Seuyoshi, L. (2000). The Career-in-Culture Interview: A semi-structured protocol for the cross-cultural intake interview. *Career Development Quarterly, 49,* 85-96.

Prochaska, J. & DiClemente, C. (1982). Transtheoretical therapy: Towards a more integrative model of change. *Psychotherapy: Theory, research and practice, 19,* 276-288.

Prochaska, J., DiClemente, C., & Norcross, J. (1992). In search of how people change: Applications of addictive behaviors. *American Psychologist, 47,* 1102-1114.

Pryor, R.G.L., Amundson, N.E., & Bright, J.E.H. (2008). Probabilities and possibilities: The strategic counselling implications of the chaos theory of careers. *The Career Development Quarterly, 56,* 309-318.

Pryor, R.G.L. & Bright, J.E.H. (2003). The chaos theory of careers. *Australian Journal of Career Development, 12,* 12-20.

Pryor, R.G.L. & Bright, J.E.H. (2006). Counseling chaos: Techniques for practitioners. *Journal of Employment Counseling, 43,* 2-17.

Quinn, J. B. (1992). *Intelligent enterprise*. New York: The Free Press.
Redekopp, D. E., Day, B., Magnusson, K., & Durnford, C. (1993). *Creating self-portraits*. Edmonton, AB: Centre for Career Development Innovation.
Regensteiner, E. (1970). *The art of weaving*. New York: Van Nostrand Reinhold.
Reid, A. (1996). *Shakedown: How the new economy is changing our lives*. Toronto: Doubleday.
Rico, G. L. (1983). *Writing the natural way*. New York: J. P. Tarcher.
Rogers, C. R. (1951). *Client-centered therapy*. Boston: Houghton-Mifflin.
Rogers, C. R. (1961). *On becoming a person*. Boston: Houghton-Mifflin.
Rogers, C. R. (1980). *A way of being*. Boston: Houghton-Mifflin.
Rosenberg, M. & McCullough, B. (1981). Mattering: Inferred significance and mental health among adolescents. *Research in Community and Mental Health, 2,* 163-182.
Ross, R. (1992). *Dancing with a ghost: Exploring Indian reality*. Markham, ON: Octopus.
Sampson, J. P., Kolodinsky, R. W., & Greeno, B. P. (1997). Counseling on the information highway: Future possibilities and potential problems. *Journal of Counseling and Development, 75,* 203-212.
Savickas, M. L. (1997). The spirit in career counseling. In D. P. Block, & L. J. Richmond (Eds.), *Connections between spirit of work in career development* (pp. 3-25). Palo Alto, CA: Davies-Black.
Savickas, M.L. (2005). The theory and practice of career construction. In S.D. Brown, & R.W. Lent (Eds.), *Career development and counseling: Putting theory and research to work* (pp. 42-70). Hobokem, N.J.: John Wiley & Sons.
Schein, E. H. (1992). Career anchors and job/role planning: The links between career planning and career development. In D. H. Montross & C. J. Shinkman (Eds.), *Career development: Theory and practice*. Springfield, IL: C.C. Thomas.
Schlossberg, N. K., & Robinson, S. P. (1996). *Going to plan B*. New York: Simon & Schuster.
Schlossberg, N. K., Lassalle, A., & Golec. R. (1988). *The mattering scale for adults in higher education* (6th ed.). College Park, MD: University of Maryland.

Schlossberg, N. K., Lynch, A. Q., & Chickering, A. W (1989). *Improving higher education environments for adults.* San Francisco, CA: Jossey-Bass.

Schon, D. A. (1983). *The reflective practitioner.* New York: Basic Books.

Schutt, D.A. (2007). *A strength-based approach to career development using appreciative inquiry.* Broken Arrow,OK: National Career Development Association.

Schwalbe, M. (2007). *The sociologically examined life.* New York: McGraw Hill.

Seligman, M.E.P., & Csikszentmihalyi, M. (2000). Positive psychology. *American Psychologist, 55,* 5-14.

Stone, D., & Amundson, N. (1989). Counsellor supervision: An exploratory study of the metaphoric case drawing method of case presentation in a clinical setting. *Canadian Journal of Counselling, 23,* 360-371.

Strauss, A., & Corbin, J. (1990). *Basics of qualitative research: Grounded theory procedures an*d *techniques.* London: Sage.

Super, D.E. (1990). Career and life development. In D. Brown & L. Brooks (Eds.), *Career choice and development: Applying contemporary theories to practice* (2nd ed., pp. 197-261). San Francisco: Jossey-Bass.

Super, D. E., Osborne, W. L., Walsh, D. J., Brown, S. D., & Niles, S. G. (1992). Developmental career assessment and counseling: The C-DAC model. *Journal of Counseling and Development, 71,* 74-82.

Talmon, M. (1990). *Single-session therapy.* San Francisco: Jossey-Bass.

Thorsted, A.C. (2008). Adult play as a cradle for innovation and a new perspective on future work life. Presentation at the Fourth Art of Management and Organization Conference, Banff, Alberta.

Thrift, E. & Amundson, N, (2005). Hermeneutic-narrative approach to career counselling: An alternative to postmodernism. *Perspectives in Education, 23,* 9-20.

Tursi, M.M., & Cochran, J.L. (2006). Cognitive-behavioral tasks accomplished in a person-centered relational framework. *Journal of Counseling & Development, 84,* 387-396.

Vahamottonen, T. (1998). Reframing career counselling in terms of counsellor-client negotiations. Doctoral dissertation, University of

Joensuu, Finland.

Vahamottonen, T., Keskinen, P. A., & Parrila, R. K. (1994). A conceptual framework for developing an activity-based approach to career counselling. *International Journal for the Advancement of Counselling, 17,* 19-34.

Vogel, D.L., Wester, S.R., & Larson, L.M. (2007). Avoidance of counseling: Psychological factors that inhibit seeking help. *Journal of Counseling & Development,* 85, 410-423.

Walter, J. L., & Peller, J. E. (1992). *Becoming solution-focused in brief therapy.* New York: Brunner/Mazel.

Weinrach, S. G., & Thomas, K. R. (1996). The counseling profession's commitment to diversity-sensitive counseling: A critical reassessment. *Journal of Counseling and Development, 73,* 472-477.

Westwood, M. J. (1994). Developing skills for social-cultural competencies. Unpublished manuscript. UBC, Vancouver.

Westwood, M. J., & Ishiyama, F. I. (1991). Challenges in counseling immigrant clients: Understanding intercultural barriers to career adjustment. *Journal of Employment Counseling, 28,* 130-143.

Westwood, M., Amundson, N. E., & Borgen, W. A. (1994). *Starting points: Finding your route to employment.* Ottawa: Human Resources Development Canada.

White, M., & Epston, D. (1990). *Narrative means to therapeutic ends.* New York: Norton.

Whyte, D. (2001). *Crossing the unknown sea: Work as a pilgrimage of identity.* New York: Riverhead Books.

Wickman, S.A., Daniels, M.H., White, L.J. & Feswmire, S.A. (1999). A 'primer' in conceptual metaphor for counselors. *Journal of Counseling and Development,* 77, 389-394.

Wurman, R. S. (1989). *Information anxiety.* New York: Doubleday.

Young, R. E., Becker, A. L., & Pike, K. L. (1970). *Rhetoric: Discovery and change.* New York: Harcourt Brace Jovanovich.

■監訳者紹介

高橋美保(たかはし　みほ)
1999 年　慶應義塾大学大学院社会学研究科社会学専攻修士課程修了
2008 年　東京大学大学院教育学研究科臨床心理学コース博士課程修了
現　在　東京大学大学院教育学研究科臨床心理学コース教授
著 訳 書　『臨床心理学：シリーズ心理学と仕事 8』（共編）（北大路書房，2017 年）
　　　　　『チームワークの心理学』（東京大学出版会，2014 年）
　　　　　『中高年の失業体験と心理的援助―失業者を社会につなぐために』（ミネルヴァ書房，2010 年）

■訳者紹介

石津和子(いしづ　かずこ)
2009 年　東京大学大学院教育学研究科総合教育科学専攻臨床心理学コース博士課程単位取得退学
現　在　駒沢女子大学人間総合学群心理学類准教授
著　　書　『職場の IT 化が会社員の精神的健康へ及ぼす影響』（風間書房，2013 年）

ノーマン・アムンドソン著

キャリアカウンセリング
── 積極的関わりによる新たな展開

2018年10月25日　第1刷発行

監訳者	高　橋　美　保
発行者	柴　田　敏　樹
印刷者	日　岐　浩　和

発行所　株式会社　誠信書房

〒112-0012　東京都文京区大塚 3-20-6
電話　03(3946)5666
http://www.seishinshobo.co.jp/

中央印刷㈱／協栄製本㈱
検印省略
ⓒSeishin Shobo, 2018

落丁・乱丁本はお取り替えいたします
無断で本書の一部または全部の複写・複製を禁じます
Printed in Japan
ISBN978-4-414-41471-4 C3011

心理職の組織への関わり方
産業心理臨床モデルの構築に向けて

新田泰生・足立智昭 編

組織と関わる心理臨床の特徴として、個人の内界にばかり目を向けるのではなく、職場環境さらに組織全体を視野に入れたアプローチが必要となる。心理職はいかに組織に関わるべきか。組織での実践はいかにモデル化できるのか。組織に関わる心理臨床家が、自身の取り組みを発展させていくために役立ててほしい一冊。

目次
第1章 方法論を意識した産業心理臨床
第2章 心理職と組織の多面的な関わり
第3章 ストレスチェック制度に活かす心理職の専門性
第4章 「組織のメンタルヘルス体制作り」と「再就職支援」の最前線
　　　──現場からのモデルづくり、ビジョンづくりをめぐって

A5判並製　定価(本体2000円+税)

職場のストレスマネジメント（CD付き）
セルフケア教育の企画・実施マニュアル

島津明人 編著

厚労省の研究班によるヘルスケア普及・浸透のためのガイドラインで、個人向けストレス対策分野担当の編者による、セルフケア研修実施マニュアル。事業所の規模や職種、開催回数の異なる3種類の研修を紹介。使用教材は付属CDに収録。

主要目次
知識編
　個人向けストレス対策（セルフケア）の基本的な考え方 / 効果的なセルフケア教育のための二つのポイント / 他
実践編
　Ⅰ　実践例1：仕事に役立つメンタルヘルス研修
　Ⅱ　実践例2：認知行動アプローチに基づいた集合研修式講習会
　Ⅲ　実践例3：問題解決スキルの向上を目的とした単一セッションによる集合研修

B5判並製　定価(本体3300円+税)

TEMでひろがる社会実装
ライフの充実を支援する

安田裕子・サトウタツヤ 編著

今やTEMは、質的研究法としてひろく用いられるに至っている。外国語学習および教育、看護・保健・介護などの支援の現場に焦点をあてた論文に加え、臨床実践のリフレクションにおける実践的応用の事例を収録。

目次
序章　TEA(複線径路等至性アプローチとは何か
第1章　言語を学ぶ・言語を教える
第2章　学び直し・キャリア設計の支援
第3章　援助者・伴走者のレジリエンスとエンパワメント
第4章　臨床実践をリフレクションする
第5章　TEAは文化をどのようにあつかうか
　　　　──必須通過点との関連で

A5判上製　定価（本体3400円＋税）

産業保健スタッフのためのセルフケア支援マニュアル
ストレスチェックと連動した相談の進め方

島津明人・種市康太郎 編

ストレスチェックの概要、調査票の読み取り方、相談対応の進め方を解説。さらに相談対象者のセルフケア支援の方法も紹介した決定版。

目次
第1章　ストレスチェック制度の概要
第2章　職業性ストレス簡易調査票（厚労省推奨版）の説明
第3章　ストレスチェック結果の読み取り方と面談・相談対応の進め方
第4章　プロフィールのパターンによるストレスチェック結果の解釈
第5章　対象者のニーズに合わせたセルフケアの支援方法

B5判並製　定価（本体2300円＋税）

職場のポジティブメンタルヘルス
現場で活かせる最新理論

島津明人 編著

従業員のメンタルヘルス対策に役立つ最新理論の活かし方を第一線の研究者が実践例とともに紹介。すぐに使えるちょっとした工夫が満載。

主要目次
第Ⅰ部　職場のポジティブメンタルヘルスの考え方
　・健康の増進と生産性の向上は両立する！
　・"ワーカホリック"な働き方に要注意！/他
第Ⅱ部　組織マネジメントへの活用
　・チームのエンゲイジメントを観察して、チームの生産性を上げる
　・職場の人間関係のポイント/他
第Ⅲ部　セルフマネジメントへの活用
　・ポジティブ心理学の力
　・レジリエンス/他
第Ⅳ部　生活のマネジメントへの活用
　・よく働きよく遊べ！
　・パートナーの理解や助けは、仕事からのリカバリーに効く！/他

A5判並製　定価(本体1800円+税)

職場のポジティブメンタルヘルス２
科学的根拠に基づくマネジメントの実践

島津明人 編著

従業員のメンタルヘルス対策に役立つ最新理論を、第一線の研究者がわかりやすく紹介した好評書籍の第２弾。簡単に使える工夫が満載。

主要目次
第Ⅰ部　セルフマネジメントへの活用
　・今、目標がありますか？
　・「ポジティブ」の流れにどうしても乗れないあなたに/他
第Ⅱ部　組織マネジメントへの活用
　・多様化する職場の組織力を高める
　・倫理風土と仕事の有意味感の関連性
　・ジョブ・クラフティングをうながす「しなやか」マインド・セット/他
第Ⅲ部　生活のマネジメントへの活用
　・仕事とのほどよい距離感
　・仕事とプライベートとのポジティブな関係/他

A5判並製　定価(本体1800円+税)